北京邮电大学“十四五”规划教材

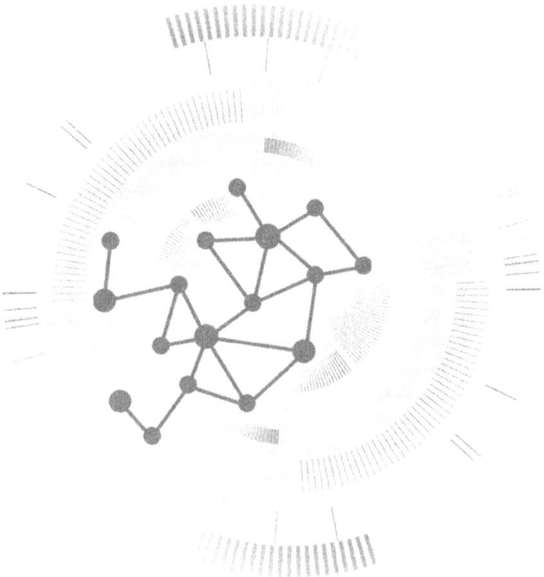

SMART EMERGENCY SCENARIO MANAGEMENT

智慧应急场景管理

王长峰　张晓航◎编著

企业管理出版社
ENTERPRISE MANAGEMENT PUBLISHING HOUSE

图书在版编目（CIP）数据

智慧应急场景管理 / 王长峰，张晓航编著. -- 北京：企业管理出版社，2025. 8. -- ISBN 978-7-5164-3273-0

Ⅰ. D035

中国国家版本馆 CIP 数据核字第 20257R1V89 号

书　　名：智慧应急场景管理

书　　号：ISBN 978-7-5164-3273-0

作　　者：王长峰　张晓航

责任编辑：徐金凤　黄　爽

出版发行：企业管理出版社

经　　销：新华书店

地　　址：北京市海淀区紫竹院南路 17 号　　**邮编**：100048

网　　址：http：//www.emph.cn　　**电子信箱**：emph001 @163.com

电　　话：编辑部（010）68701638　　发行部（010）68417763　68414644

印　　刷：北京亿友数字印刷有限公司

版　　次：2025 年 8 月第 1 版

印　　次：2025 年 8 月第 1 次印刷

开　　本：787mm × 1092mm　1/16

印　　张：19

字　　数：365 千字

定　　价：78.00 元

编委会

序

进入21世纪，随着新一代信息技术的飞速发展，我国智慧应急管理的普及和应用日新月异，给智慧应急管理学科建设和发展带来难得的机遇和挑战。2022年，国务院印发的《“十四五”国家应急体系规划》（国发〔2021〕36号）提出：到2025年，应急管理体系和能力现代化建设取得重大进展，形成统一指挥、专常兼备、反应灵敏、上下联动的中国特色应急管理体制，建成统一领导、权责一致、权威高效的国家应急能力体系，防范化解重大安全风险体制机制不断健全，应急救援力量建设全面加强，应急管理法治水平、科技信息化水平和综合保障能力大幅提升，安全生产、综合防灾减灾形势趋稳向好，自然灾害防御水平明显提升，全社会防范和应对处置灾害事故能力显著增强。到2035年，建立与基本实现现代化相适应的中国特色大国应急体系，全面实现依法应急、科学应急、智慧应急，形成共建共治共享的应急管理新格局。

随着智能技术在应急管理领域的广泛应用，以及从“互联网+X（场景）”“智能+X（场景）”到“人工智能（AI）+X（场景）”数智化转型认知的逐渐升级，全面剖析“应急场景”、厘清多元应急场景的业务流、揭示应急场景多源异构数据信息流，再探究“智能技术”“应急场景”和“场景管理”深度融合之关键问题，实现智能技术赋能应急场景管理，达成由“应急智脑”调配应急资源目标显得尤为重要。因此，亟待构建“智慧应急场景管理”理论体系。

本书在规划和编写过程中，始终以剖析多元“应急场景”为主线，以“感知数据——交互信息——洞察分析——决策行动”为逻辑主线，强调智能技术赋能传统应急场景管理，由经验式、粗放化的管理范式向科学化、精准化和智能化转型升级，贯彻智慧应急场景管理的理念，强调以多元应急场景管理解决实际问题为导向，提升实际操作能力和解决实际问题的能力。

本书作为高等院校课程教材，也可以用于各行业企业相关专业人员和政府部门的认证培训。

国家重大项目首席专家
北京邮电大学经济管理学院二级教授、博士生导师
中国“双法”研究会数字化场景研究与智慧管理分会副主任委员兼秘书长
国务院学位委员会、教育部全国工程管理专业学位研究生教育指导委员会委员
2025 年 3 月

前 言

运用数据智能服务推动应急场景管理实现数字化转型、智能化升级、智慧化提升已成为各界共识。近年来，以大数据、互联网、物联网、云计算、人工智能技术为代表的数字技术正在颠覆传统应急场景管理模式。在新一轮科技革命和产业变革深入发展的时代背景下，数字化转型、智能化升级、智慧化提升成为破解智慧应急场景管理发展瓶颈的钥匙，更是加快其高质量发展的重要手段和有效途径；与中国式现代化相适应，通过充分运用智能化技术，提升科学化和精细化管理水平，全面推动依法应急、科学应急、智慧应急落地见效，形成共建共治共享的应急管理新格局，已成为当前应急体系建设的必然要求。

智慧应急场景管理是以应急场景管理全过程数据为主要资源，以 5G 或 6G 通信技术与互联网为数据传输载体，以云计算为算力支撑，依托智能技术形成的具备人类智慧特征的“生命综合体”。它依托新一代信息技术（N-IT）、应急场景运营技术（E-OT）与管理技术（MT）的深度融合（简称 E-IOM-3T），构建起“人 - 信息 - 应急物理场景 - 管理”复杂智能化系统（Human-Cyber Emergency Physical Scenario Management System，简称 H-CEpsMS）。该系统通过感知应急场景全过程中“万物”多源异构海量数据、交互存储海量信息、洞察认知机会与风险、敏捷决策行动新价值链，由人工智能驱动或者云脑模拟人类智慧，实现应急场景管理自动研判、自主决策、自我演进，达成智慧应急场景管理，最终实现应急场景管理的数字化转型升级和智慧化提升。

智慧应急场景管理作为一个多学科交叉的复杂智能化系统，具有多元应急场景主体的泛在网络特征。本书以“感知数据——交互信息——洞察分析——决策行动”为逻辑主线，依据智慧应急场景管理过程组——应急预防过程、应急准备过程、应急响应过程、应急恢复过程，从过程域维度、场景域维度、应用域维度和智慧域维度四个维度，展开对十二个宏观场景域和若干多元微观场景（譬如：智慧风险监测场景、智慧风险识别场景、智慧风险评估场景等）的研究，形成了完整的智慧应急场景管理的理论体系框架。

本书旨在帮助政府工作人员、企业管理者、研发人员、业务人员，以及高等院校教师和学生更好地掌握应急场景管理数字化转型、智能化升级、智慧化提升的落地路径与方法论，推动国家应急管理体系和能力现代化。本书可以作为高等院校教材，以及政府管理部门、企业的培训教材和参考资料。

本书得到北京邮电大学“十四五”规划教材（第三批）、国家社科基金重大项目（22&ZD135）、国家社科基金国家应急管理体系建设专项（20VYJ061）、国家自然科学基金项目（70972123）的资助；同时，还得到全国工程管理专业学位研究生教育指导委员会的大力支持，在此表示衷心的感谢。

目 录

第1章 引 论

1.1 概述和目的

应急管理可以追溯到多元场景的灾害管理。多元场景灾害自古就有，甚至可以说人类社会是在不同场景灾害应对的基础上建立和发展完善起来的。其间，应急管理模式更新换代，具体做法与时俱进。突发事件场景具体分类和举例如下。

① 自然灾害场景。2008 年中国四川大地震，2011 年日本福岛地震引发海啸，2021 年河南郑州“7・20”特大暴雨灾害。

② 事故灾难场景。1986 年苏联切尔诺贝利核电站发生事故引发核泄漏，2014 年马航 MH370 空难事件。

③ 公共卫生事件场景。1976 年和 2014 年非洲埃博拉病毒（伊波拉病毒）疫情，2003 年非典（SARS）疫情，2020 年新冠疫情。

④ 社会安全事件场景。2001 年发生于美国的“9・11”恐怖袭击事件。

智慧应急场景管理是基于大数据技术、互联网技术、人工智能技术等新一代信息技术，赋能传统应急场景管理于“智慧”的新的应急场景管理范式。

进入 21 世纪，随着新一代信息技术在应急管理领域的广泛应用，以及“互联网+X（场景）”“智能+X（场景）”“人工智能（AI）+X（场景）”等认知的不断升级，高等院校、科研院所和企业的管理者及研究人员逐渐认识到构建“智慧应急场景管理”理论体系和场景体系已经势在必行。

本书基于应急场景管理实践经验，融合数字化、信息化时代的智慧技术和方法，力图构建“智慧应急场景管理”的理论体系，揭示应急场景管理的智慧过程逻辑机理，提出智慧应急场景管理框架，给出智慧应急场景管理方向，提供智慧应急场景管理的工具和方法，为政府部门、行业企业应对突发事件提供工作指南。

1.2 智慧应急场景管理的重要性

传统应急场景管理普遍存在明显的短板和不足，比如：整合监测辨识突发性事件多源异构数据信息不充分，未有效利用大数据技术快速精准甄别潜在风险源；危机预警意识淡薄，严重性和影响性评估认识不足，快速精准前瞻性预警警情指导迟滞；响应机制落伍，应急决策缓慢，防控施策不及时；未能整合多元技术、方法、算法、工具等先进高效的精准感知协同体系；缺乏“总体性”精准感知体系，应急管理能力现代化水平亟待提高。

自2020年以来，针对应急管理领域重大突发事件，国家鼓励运用大数据、人工智能、云计算等数字技术，在应急风险监测、应急风险识别和评估、应急风险预警与防控、资源调配等方面更好发挥支撑作用。自2015年以来，从“互联网+X（场景）”到“智能+X（场景）”，再到“人工智能（AI）+X（场景）”认知的不断升级，体现了时代之变、科技之变；这种认知剖析“应急场景”、厘清多元应急场景的业务流、揭示应急场景多源异构数据信息流，再探究“智能技术”“应急场景”和“场景管理”深度融合之关键问题，实现智能技术赋能应急场景管理于人类之“智慧”，达到“应急智脑”调配应急资源的目的。同时，《“十四五”国家应急体系规划》提出如下目标：到2035年，建立与基本实现现代化相适应的中国特色大国应急体系，全面实现依法应急、科学应急、智慧应急，形成共建共治共享的应急管理新格局。目前应急场景管理需要解决以下现实问题：如何借助大数据、互联网、人工智能等新一代技术，基于重大突发事件多元场景、多源异构数据信息，研究高效先进、快速精准的智能技术、模型、算法、方法和工具等，提高计算能力，实现智慧应急场景管理，提升重大突发事件智慧应急场景管理体系和能力的现代化水平。

因此，实现应急场景管理的“循数治理、全域监测、多元协同、智能研判”，快速精准感知多元场景、多源异构数据信息，优化整合高效智能化技术、算法、方法和工具，提高快速计算能力，推进传统应急场景管理数智化转型，构建智慧应急场景管理理论体系和场景体系已经势在必行。

综上所述，构建传统应急场景管理的“大防范、大检测、大救援、大决策”的数字应急大生态体系，关键是从多维度、多空间视角，快速精准感知多元场景、多源异构警源数据信息，通过优化整合高效的智能化技术、算法、方法和工具，提高快速计算能力，推进传统应急场景管理的数字化转型、智能化升级、智慧化提升。

1.3 基本概念和组成部分

1.3.1 基本概念

1. 突发事件

突发事件：突然发生，造成或者可能造成严重社会危害，需要对相应场景采取应急处置措施，并予以应对的自然灾害、事故灾难、公共卫生事件和社会安全事件。

2. 应急场景管理

应急场景管理：政府、企业以及其他公共组织，针对相关实际场景，为了保护公众的生命财产安全，维护公共安全、环境安全和社会秩序，在突发事件事前、事发、事中、事后所进行的预防、响应、处置、恢复等活动的总称。应急场景管理是围绕突发事件而展开的预防（Precaution）、响应（Response）、处置（Handling）、恢复（Recovery）的活动。

3. 智慧应急场景管理

智慧应急场景管理：智能技术赋能传统应急场景管理使其具有模拟人类智慧之“生命综合体”，实现基于新一代信息技术（N-IT）、应急场景运营技术（E-OT）与管理技术（MT）彼此融合（简称“E-IOM-3T”）的“人－信息－应急物理场景－管理”复杂智能化系统（Human-Cyber Emergency Physical Scenario Management System，简称 H-CEpsMS），依据感知多元应急场景全过程中“万物”多源异构海量数据、交互存储海量信息、洞察认知机会与风险、敏捷决策行动新价值链，由人工智能驱动或者云脑模拟人类智慧，实现应急场景管理智慧化（见图 1-1、图 1-2）。

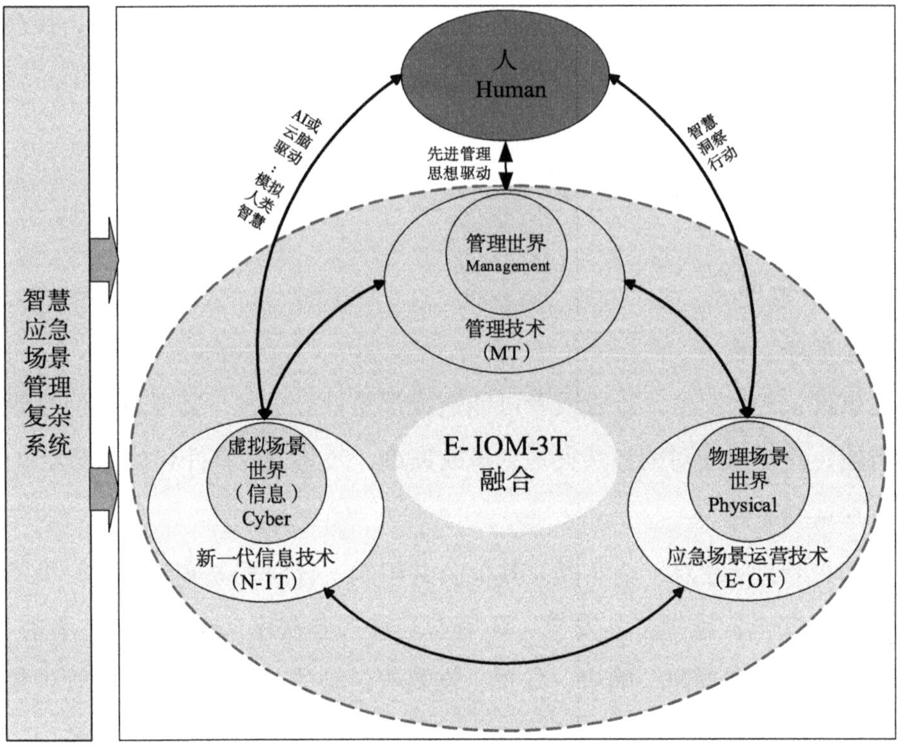

图 1–1　基于 E–IOM–3T 的“人 – 信息 – 应急物理场景 – 管理”系统

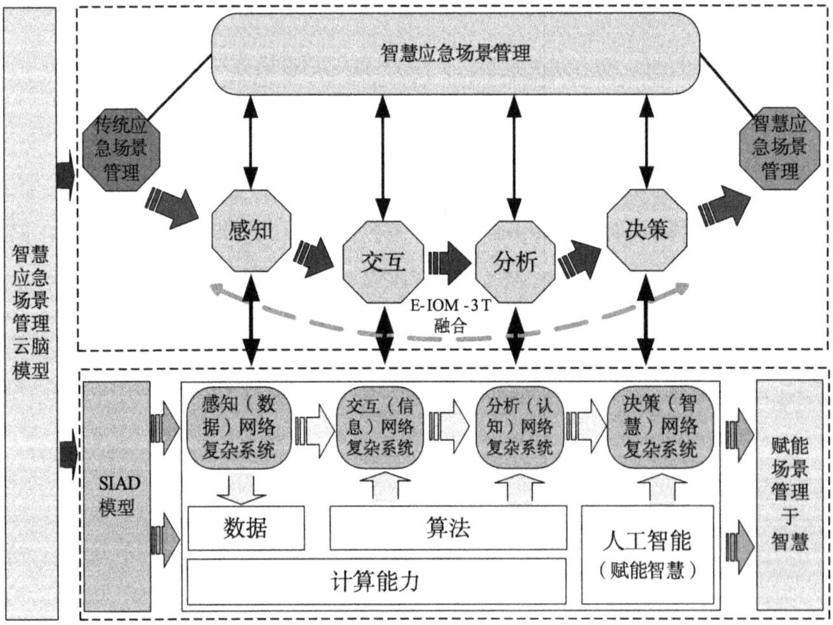

图 1–2　智慧应急场景管理云脑模型

图 1–1 表示基于 E–IOM–3T 的“人 – 信息 – 应急物理场景 – 管理”复杂智能化系统(H–CEpsMS),图 1–2 表示基于 H–CEpsMS 的智慧应急场景管理云脑模型。其中，SIAD 模型是由感知（See）– 交互（ Interaction ）– 分析（Analyze）–决策（Decision）组合而成的模型，感知、交互、分析、决策是智慧的四个层次。应用 SIAD 模型有助于应急场景管理建立核心业务的智慧能力，其智慧过程涉及大数据、模型、算法、人工智能技术，进而提升智慧算力，赋能人类之“智慧”。

综上所述，在智慧应急场景管理过程中，由“感知数据”向“感知数据 +AI/ 云脑”驱动，实现智慧应急场景管理。

与传统应急场景管理相比，智慧应急场景管理旨在实现将传统应急场景管理逐渐向数字化转型、智能化升级、智慧化提升的方向发展，建立传统应急场景管理的“大防范、大检测、大救援、大决策”的数字应急大生态体系，形成智慧应急场景新型管理范式；决策行动（应急智脑）是智慧应急场景管理指挥的核心，其基于外部应急环境智能化做出决策，采取行动，实现智慧应急场景的救援、处置、恢复和重建。因此，“智慧”是传统应急场景管理实现“智能化、智慧化”的引擎，直接影响智慧应对场景突发事件的能力，直接影响智慧应急场景的感知与研判的效率和准确性，直接影响应急场景管理向智能化、科学化、精细化的有效转型。智慧应急场景管理关系见图 1–3。

图 1–3 是图 1–1 和图 1–2 的具体体现，表示“智慧应急场景管理之 IT 技术”贯穿应急场景管理的预防过程、响应过程、处置过程和恢复过程四个全过程，以及相对应的十二个智慧应急场景管理全生命周期的场景域。

4. 数字化、智能化和智慧化的含义

① 数字化：将应急场景管理许多复杂多变的信息转变为可以度量的数字、数据，再用这些数字、数据建立适当的数字化模型，把它们转变为一系列二进制代码，引入计算机内部进行统一处理。

② 智能化：应急场景管理在大数据、互联网、物联网、人工智能等技术的支持下，所具有的能满足人的各种需求的属性。譬如，智能家居通过语义理解和智能感应，可以判断发出的指令，从而执行指令，对家电进行智能控制和管理。

③ 智慧化：智能技术赋能应急场景管理，使其具有人类“智慧”的各种属性的“生命综合体”，由人工智能驱动或者云脑驱动模拟人类智慧，实现应急场景管理自动研判、自主决策、自我演进。

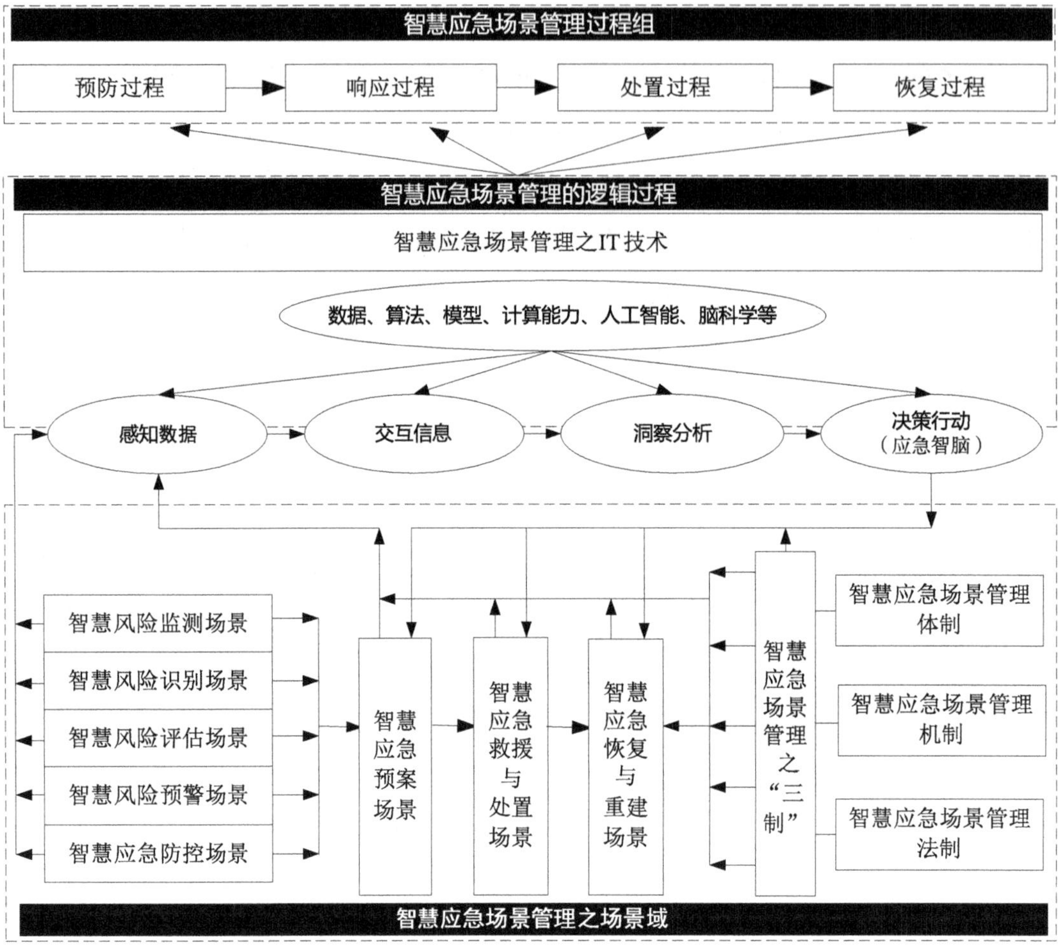

图 1–3　智慧应急场景管理关系

5. 数据驱动变革

大数据正在颠覆传统应急场景管理的范式，促进传统应急场景管理的组织变革。从应急场景管理过程角度来看，大数据旨在推动应急场景管理组织从平时状态转到战时状态，从而达成特定的安全目标。在应急预警开始之前，通常将此时的组织描述为“平时状态”，大数据驱动传统应急场景管理组织变革旨在确保“总体性”社会安全，实现安全目标。

6. 场景、场景域和智慧应急场景管理之典型场景

① 场景与场景域：场景是指在特定时间、空间之内，由人物、时间、物理实体、环境等因素构成的具体画面或者情景。核心要素主要包括人物、空间、时间、事件、物理实体、环境氛围等。场景域是指场景的管理边界，是一个包含过程、实践、依据、

结果、工具和技术的集合。

② 智慧应急场景管理之典型场景：指的是智慧应急场景管理全过程生命周期的基本组成单元，指的是面向应急管理全生命周期、智慧应急实施全过程、全环节核心问题，通过新一代信息技术与先进应急场景运营技术的深度融合，部署智慧应急装备、工业软件、系统、管理，实现具备协同和自治特征、具有特定功能和实际价值的应用，以及风险识别中的多个环节多元活动场景。

③ 安全一体化管控场景：面向安全风险识别、安全应急响应等业务活动，针对安全风险实时监控难、处置效率低等问题，搭建生产安全管控和应急处置系统，应用生产运行风险动态监控、安全预警等技术，提高安全防护水平和安全事故快速处置能力，降低事故发生率和损失。

1.3.2 组成部分

1. 智慧应急场景管理复杂智能化系统

该系统由过程域维度、场景域维度、应用域维度和智慧域维度四个维度组成，如图 1-4 所示。本书就是围绕该“复杂系统”的四个维度展开论述的。

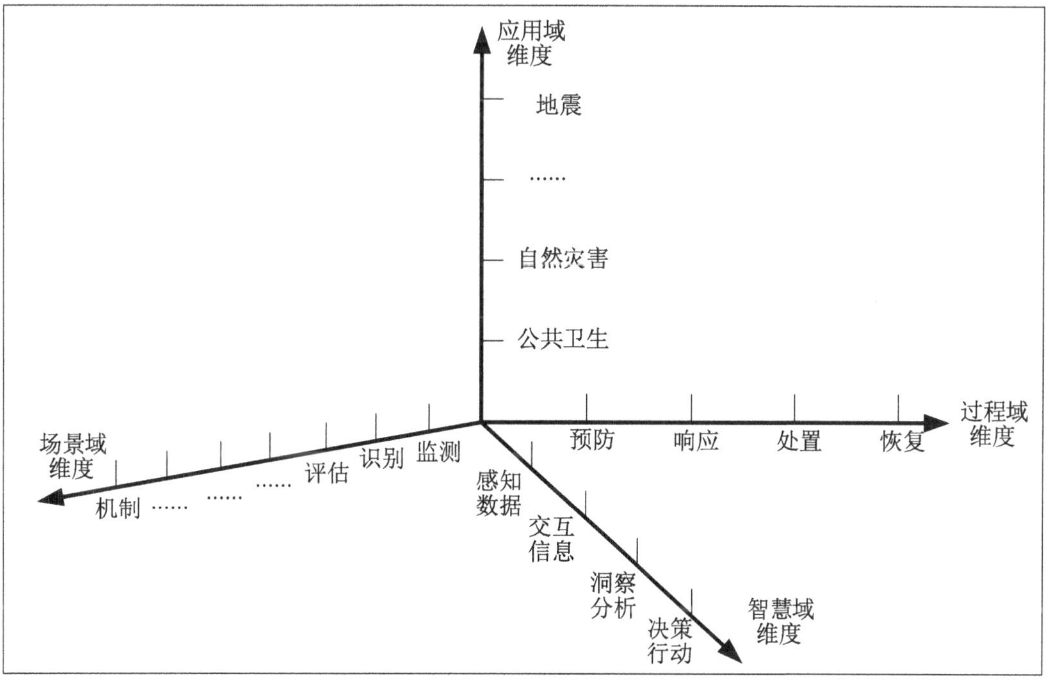

图 1-4 四个维度

2. 智慧应急场景管理生命周期

智慧应急场景管理生命周期是由事前、事发、事中和事后四个阶段组成的，是一个动态过程，并由若干个过程组组成；过程组是指对应急场景管理过程进行逻辑分组，是应急场景管理的依据工具与技术、结果的逻辑组合。依据智慧应急场景管理生命周期的事前、事发、事中和事后四个阶段，将智慧应急场景管理过程组划分为智慧应急预防过程、智慧应急响应过程、智慧应急处置过程和智慧应急恢复过程（见图 1–5）。

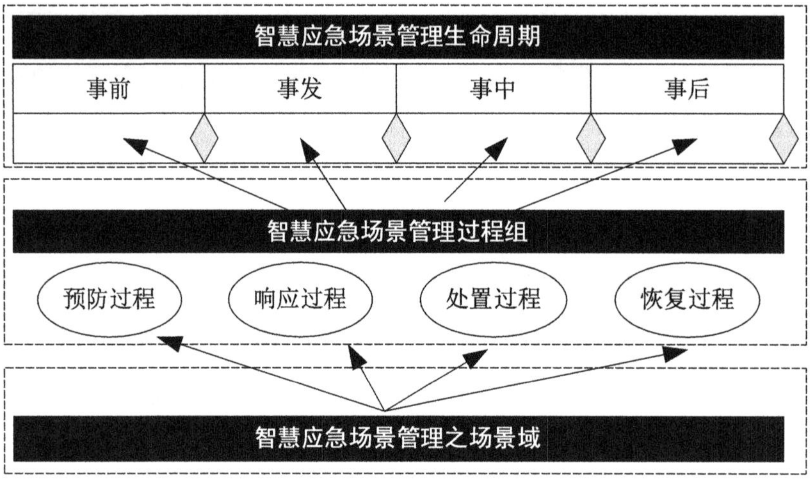

图 1–5　智慧应急场景管理生命周期

3. 应急场景管理的智慧过程

智慧应急场景管理是一个融合“人 – 信息 – 应急物理场景 – 管理”的复杂智能化系统，该系统中感知数据、交互信息、洞察分析、决策行动依次递进，再分别反馈至感知数据、交互信息、洞察分析，进而形成智慧闭环，依次迭代提升智慧升级，也就是依据感知应急场景全过程中“万物”多源异构海量数据、交互存储海量信息、洞察认知机会与风险、敏捷决策行动新价值链，由 AI 驱动模拟人类智慧，实现自动研判、自主决策、自我演进。应急场景管理的智慧过程见图 1–6。

应急场景管理的智慧过程主要体现在数据、算法、模型、计算能力、人工智能等方面，以及多元智能技术的集成。智慧应急场景管理的 IT 技术总体编写框架如图 1–7 所示。

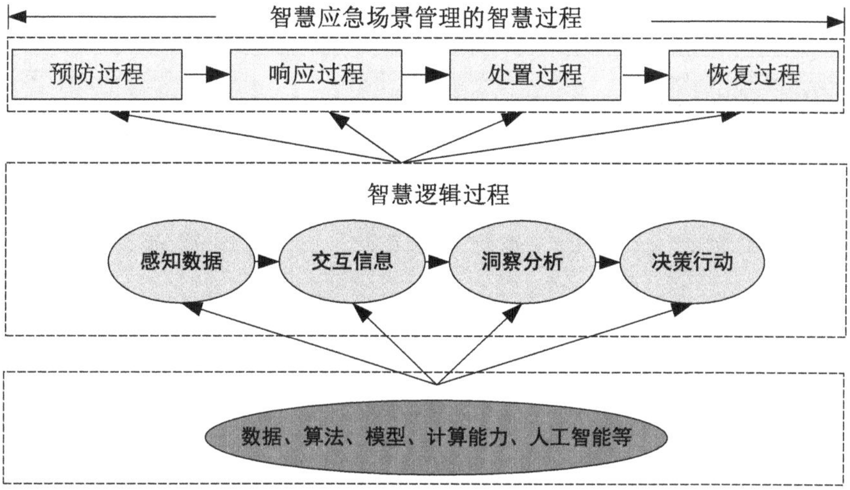

图 1-6　应急场景管理的智慧过程

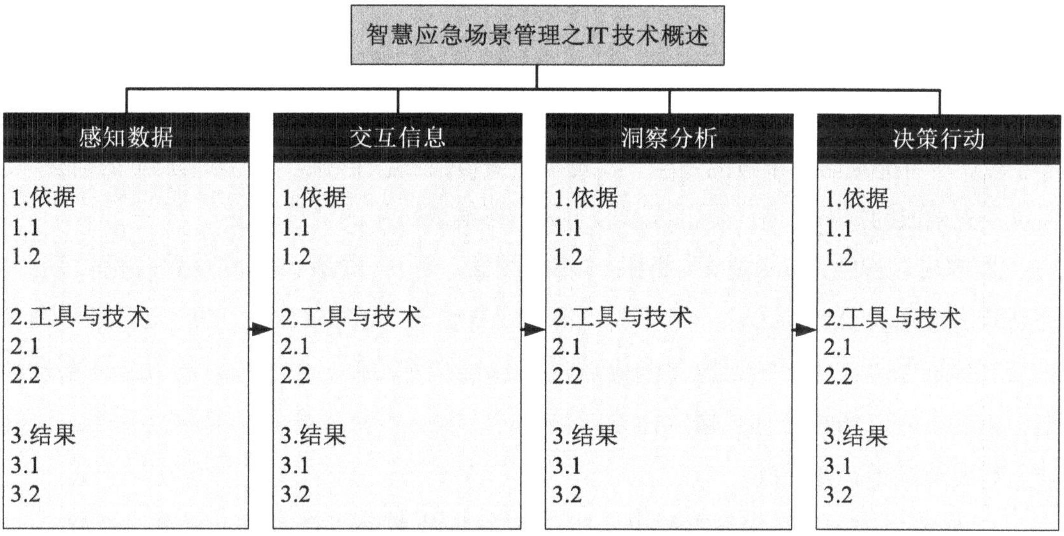

图 1-7　智慧应急场景管理的 IT 技术总体编写框架

4. 智慧应急场景管理过程的逻辑关系

智慧应急场景管理基于一系列应急管理的活动场景，通过合适的智慧应急场景管理工具、技术将一个或多个输入依据转化成一个或多个输出结果。输出结果可以是可交付成果或结果；结果是场景的最终成果。

智慧应急场景管理通过其产生的结果建立相应的逻辑联系，整个过程可能包含整个突发事件智慧应急场景管理期间相互重叠的活动。因此，每个场景过程的输出结果通常成为以下二者之一：另一个场景过程的依据；突发事件智慧应急场景管理某阶段的可交付成果或结果。图 1–8 是对具体场景过程的示例。

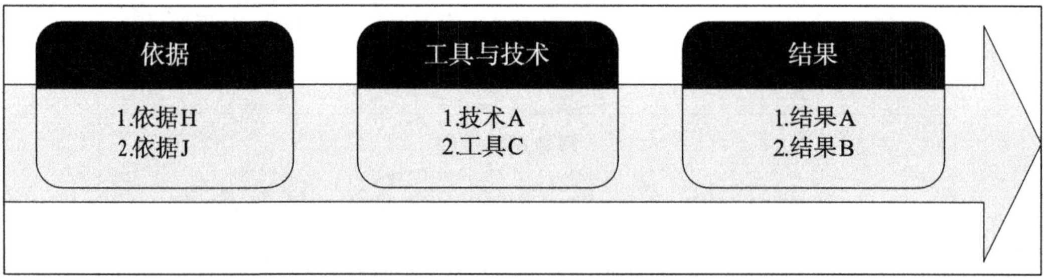

图 1–8　场景过程示例：依据、工具与技术和结果

5. 智慧应急场景管理过程组

智慧应急场景管理过程组是指对智慧应急场景管理的过程进行逻辑分组，以达成应急场景管理的特定安全目标。过程组不同于应急场景管理阶段，可分为四个过程组。

① 预防过程组：预防过程组是为防止事故发生或降低事故影响等，预先采取一系列措施的一组过程。预防有两层含义，一是事故的预防工作，即通过安全管理和安全技术等手段，尽可能地防止事故的发生，实现本质安全；二是在假定事故必然发生的前提下，通过预先采取的预防措施，降低或减缓事故的影响或后果的严重程度。

② 响应过程组：包括意识、组织、机制、预案、队伍、资源、培训演练等过程，其中，提高政府管理者及社会公众的危机管理意识是关键，建立高效运行的应急场景管理现场指挥部是保障，建立快速应急响应运行机制是效率之源，科学可行的应急预案是依据，高素质应急场景管理救援队伍是行动主体，快速筹措应急资源是物质基础，实施应急培训演练是必要措施。

③ 处置过程组：在突发事件发生以后所进行的各种紧急处置和救援工作的一组过程。

④ 恢复过程组：突发事件的威胁或危害得到控制或者消除后所采取的处置工作的一组过程。恢复工作包括短期恢复和长期恢复。

智慧应急场景管理过程通过具体的依据和结果相互联系，即一个场景管理过程的成果或结果可能成为另一个场景管理过程（不一定在同一过程组）的依据。

6. 智慧应急场景管理之场景域

场景管理过程可以按场景域进行分类。场景域指按所需场景内容来定义的智慧应急场景管理的边界，并用其所含过程、实践、依据、结果、工具和技术进行描述。

虽然各场景域相互联系，但从智慧应急场景管理的角度来看，它们是分别定义的。本书确定了大多数情况下智慧应急场景管理通常使用的十二个场景域，其中智慧应急管理“三制”由智慧应急场景管理体制、机制和法制三个场景域组成。场景域具体包括以下内容。

① 智慧风险监测场景：对风险监测目标的状态数据进行采集，并对数据进行评估、存储。包括两方面，一是选择监测数据的指标体系，并制定风险数据监测方案，主要内容是构建科学的智慧风险监测指标体系和实施方案；二是依托大数据、人工智能等技术手段，对数据进行采集、评估、存储。

② 智慧风险识别场景：基于智慧应急监测所形成的状态大数据，采用智能化风险识别的方法、工具和技术，辨识风险因素，形成风险列表。

③ 智慧风险评估场景：基于智慧风险识别列表，构建风险评估指标体系，量化定性评估指标，无量纲化定量评估指标，设置指标权重，进行智慧评估。其目标在于辅助决策，通过开展风险评估工作，对风险情况做一次全面摸底，构建一个系统的、全面的智慧风险评估体系。

④ 智慧风险预警场景：基于智慧风险评估结果，构建智慧应急风险预警指标体系，采用智能化预警方法，进行智慧应急风险预警评估。主要包括构建预警指标体系、监测预警指标、预测预警指标、设置预警阈值、预警可视化和预警控制。

⑤ 智慧应急防控场景：贯穿智慧应急场景管理的全过程，即在从第一道预防“关口”，到精准预警，再到快速精准响应与施策的全过程中，基于物联网、云计算、大数据分析、虚拟现实等先进技术，提前准备快速精准应对和快速精准监控突发事件挑战的高招，以便在有突发事件时有效进行应急精准施策，抓住战略主动权。

⑥ 智慧应急预案场景：又称应急救援预案或应急计划，是政府为了提高保障公共安全和处置突发事件的能力，最大限度地预防突发事件、减少其造成的损害，保障公众的生命财产安全，维护国家安全和社会稳定，促进经济社会全面、协调、可持续发展，依据宪法及有关法律、法规，制定突发事件应对的原则性方案。它提供应对突发事件的标准化反应程序，是处置突发事件的基本规则和应急响应的操作指南。

⑦ 智慧应急救援与处置场景：面对突发事件，需要迅速做出反应，并采取相应的应急救援和处置措施，这是应急管理的核心环节之一。该阶段，智能感知体现在依靠物联网、地理信息系统等技术，实现各个渠道信息互联互通，并通过监测监控等实时

了解和模拟突发事件发展态势；智能分析体现在依靠云平台、大数据、人工智能等技术，评估应对突发事件的能力以及损失情况；智能处置体现在统筹协调多方救援队伍和应急资源，快速生成应对方案，实现对应急处置过程的全程监控，并综合现场情况、救援力量等进行动态调整，以便提高应急处置效率，控制事态发展，最大限度减少突发事件造成的损失。

⑧ 智慧应急恢复与重建场景：恢复与重建是消除突发事件短期、中期、长期影响的过程。主要包括两类活动：一是恢复，即使社会生产活动恢复正常状态；二是重建，即对于因为灾害或灾难影响而不能恢复的设施等进行重新建设。恢复与重建是一项十分艰巨的工作。面对自然条件复杂、基础设施损毁严重的困难局面，灾后恢复与重建任务异常繁重，通过精心规划、精心组织、精心实施，重建物质家园和精神家园，可使社会生产生活恢复正常。

⑨ 智慧应急场景管理之“三制”：“三制”指智慧应急场景管理体制、机制和法制，是智慧应急场景管理“一案三制”的重要组成部分，是构建安全生产、自然灾害数字应急场景管理大生态的组织基础，也是对安全生产、自然灾害开展智慧应急场景管理的重要保证。“三制”针对智慧应急场景管理过程组的各种过程的应急场景活动，进行体制、机制和法制的识别、定义、整合、计划、统一和协调，因此可以说“三制”贯穿智慧应急场景管理的各个过程。

⑩ 智慧应急场景管理之IT技术：应急场景管理智慧的逻辑过程体现在感知数据、信息交互、洞察分析、决策行动四个阶段，其中所涉及的智慧应急场景IT技术主要是指大数据、互联网、人工智能等新一代信息技术，以及与之相关的算法、模型、方法、工具、多元智能技术的集成最终体现出来的智慧能力。

7. 智慧应急场景管理过程组与场景域的关系

智慧应急场景管理过程组包括预防过程、响应过程、处置过程和恢复过程，而智慧应急场景管理包括智慧风险监测场景、智慧风险识别场景、智慧风险评估场景、智慧风险预警场景、智慧应急防控场景、智慧应急预案场景、智慧应急救援与处置场景、智慧应急恢复与重建场景、智慧应急场景管理体制、智慧应急场景管理机制、智慧应急场景管理法制、智慧应急场景管理之IT技术十二个场景域，智慧应急管理过程组与场景域的对应关系如表1-1所示。

表 1–1 智慧应急场景管理过程组与场景域的关系

场景域		智慧应急场景管理过程组			
		预防过程	响应过程	处置过程	恢复过程
智慧风险监测场景		Y	Y		
智慧风险识别场景		Y	Y		
智慧风险评估场景			Y		
智慧风险预警场景			Y		
智慧应急防控场景				Y	Y
智慧应急预案场景		Y	Y	Y	Y
智慧应急救援与处置场景				Y	Y
智慧应急恢复与重建场景					Y
智慧应急场景管理之“三制”	智慧应急场景管理体制	Y	Y	Y	Y
	智慧应急场景管理机制	Y	Y	Y	Y
	智慧应急场景管理法制	Y	Y	Y	Y
智慧应急场景管理之IT技术		Y	Y	Y	Y

8. 本书各章的逻辑关系

由图 1–3 智慧应急场景管理关系可知，智慧应急场景管理以智慧应急场景管理过程组为基础，该过程组包含应急预防、应急响应、应急处置和应急恢复四个过程。同时，“感知数据——交互信息——洞察分析——决策行动”这一智慧逻辑主线贯穿智慧应急场景管理过程组及十二个多元场景域。其中，“智慧风险监测”是智慧逻辑主线中“感知数据——交互信息”的第一步。在此基础上，结合智慧风险识别、智慧风险评估、智慧风险预警、智慧应急防控、智慧应急预案、智慧应急救援与处置、智慧应急恢复与重建等实际场景，形成智慧逻辑主线中“洞察分析”环节的内容，并为“智能决策”提供所需的“知识”。最终通过“智能决策”采取行动，快速精准地做出应对措施。而智慧应急场景管理中的“三制”，则贯穿整个过程的始终。

9. 智慧应急场景管理数据传输过程

智慧应急场景管理数据传输过程如图 1–9 所示。

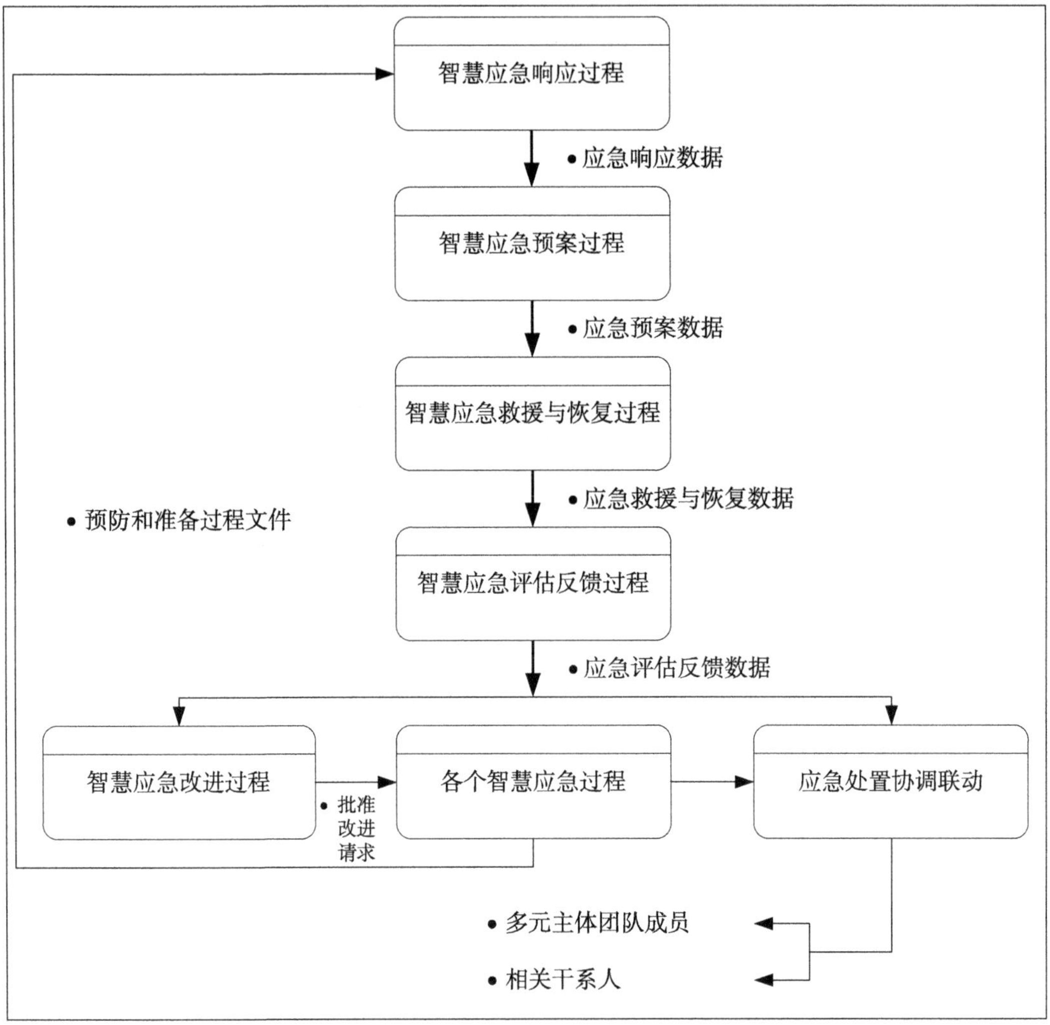

图 1–9　智慧应急场景管理数据传输过程

第2章 智慧风险监测场景

智慧风险监测场景是指开展智慧风险监测的相关集成活动。智慧风险监测就是对应急风险监测目标的状态数据进行采集，并对数据进行评估、存储。面向突发事件的监测包括以下内容：一方面，对灾害要素的阈值和可能的触发要素进行监测；另一方面，对突发事件的类型、强度、时空特性进行监测监控。面向承灾体的监测包括以下内容：一方面，对承灾体在突发事件下的受破坏方式进行监测监控；另一方面是对承灾体包含的灾害要素被释放的可能性和强度进行监测监控。

风险监测包括两个方面，一是选择监测数据的指标体系，并制定风险数据监测方案，该过程的主要内容是构建科学的指标体系、制定实施方案；二是对应急风险指标数据进行采集、评估、存储，该过程主要是依托遥感、遥测、物联网、互联网、大数据、人工智能等技术手段。

智慧风险监测包括风险监测指标体系构建、风险监测方案制定、风险监测实施、风险监测数据质量评估和风险监测数据存储五个过程。智慧风险监测目标是采用不同方法和工具对不同类型的风险事件产生的数据进行跟踪和采集。及时、准确地感知、获取应急事件的状态数据，才能快速精准有效地控制风险。

图2-1概括了智慧风险监测的过程。在本书中，各智慧风险监测过程以界限分明和相互独立的形式出现，但在实践中均会以本书无法全面详述的方式相互交叠和相互作用。

智慧风险监测场景分析：基于实际场景分析依据，首先剖析风险监测指标体系构建、风险监测方案制定、风险监测实施、风险监测数据质量评估、风险监测数据存储等的业务逻辑关系，形成业务链条；其次，基于业务链条形成数据信息链条；最后，结合相应的智能化组合技术与工具，形成智慧风险监测场景的结果——风险监测数据载体。

图 2–1　智慧风险监测场景过程

2.1　风险监测指标体系构建

风险监测指标体系构建是针对应急风险源，选择对当前风险管理有参考价值的统计数据，是使得风险可描述、可度量、可拆解的重要过程。依据数据指标体系采集数据，为应急风险识别、评估等过程提供数据支持。如在安全生产监测中，主要是对涉高危作业企业的气体、压力、液位、温度、位移、人员、机械、环境等运行状态信息和工业设施故障状态信息进行采集，并将监管监察业务数据与企业安全生产基础数据、实时监测数据、安全监控系统运行状态数据、日常安全监理数据、视频智能分析数据相结合，建立行业企业安全生产风险监测指标体系。在自然风险监测中，各涉灾部门针对地震、水旱等自然灾害，完善城市自然灾害综合监测物联感知、视频感知、遥感监测、航空监测、舆情监测等基础设施和信息系统。定期开展自然灾害综合风险普查，摸清城市主要承灾体和灾害综合风险隐患底数，更新自然灾害综合风险基础数据库，编制灾害风险区域和综合防治区划图。图 2–2 描述本过程的依据、工具与技术、结果，图 2–3 是本过程的数据流向图。

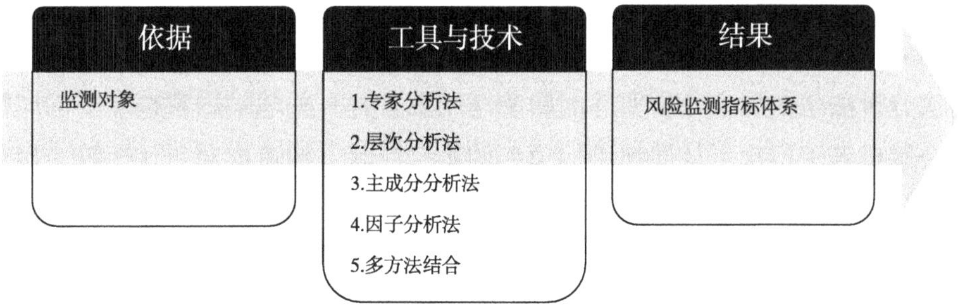

图 2–2　风险监测指标体系构建：依据、工具与技术、结果

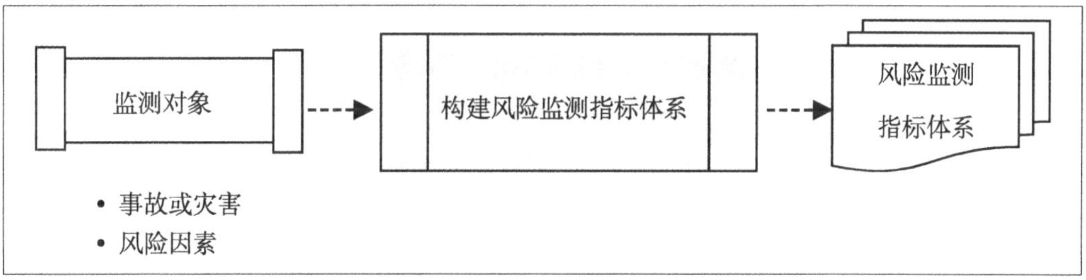

图 2–3　风险监测指标体系构建：数据流向

风险监测指标体系构建表面上开始于风险监测的构思阶段，实则开始于风险管理目标确定后。

智慧风险监测指标体系构建场景分析：首先，选择监测对象作为监测依据，采用相关智能化技术，监测多源异构数据，形成数据池，并经过数据清洗、存储等形成信息。其次，基于相关数据信息，挖掘影响风险监测的指标因素，再依据层次分析法等确定指标权重。最后，优选风险监测指标，建立智慧风险监测指标体系。

2.1.1　构建风险监测指标体系的依据

监测对象

明确监测对象，确定应急风险监测目标和风险监测范围，资料文件还需要监测对象的典型风险因素和风险特点；国内外权威的数据指标体系以及标准；不同行业部门根据自身管理、运行的需求，建立的风险指标库；现有的科学文献提出的指标体系。

2.1.2 工具与技术

2.1.2.1 专家分析法

基于历史经验和专家经验，推理各种风险因素，以及通过发散性思维方式采用头脑风暴法或德尔菲专家调查法将风险数据指标广泛汇总，还包括情景分析法建立风险数据源图。

2.1.2.2 层次分析法

层次分析法是在深入分析实际问题的基础上，将有关风险因素按照不同属性自上而下地分解成若干层次，从层次结构模型的第二层起，构造成对对比矩阵。接着对每一成对比较阵计算最大特征根及对应特征向量，并做一致性检验。最后计算组合权向量并做组合一致性检验。

2.1.2.3 主成分分析法

主成分分析法是考察多个风险指标间相关性的一种多元统计方法，研究如何通过少数几个主成分来揭示多个指标间的内部结构，即从原始指标中导出少数几个主指标，使它们尽可能多地保留原始指标的信息，且彼此间互不相关。通常数学上的处理就是将原来众多具有一定相关性的指标（设为 P 个）作为新的综合指标。

2.1.2.4 因子分析法

因子分析法是从指标内部相关的依赖关系出发，把一些具有错综复杂关系的指标归结为少数几个综合因子的一种多变量统计分析方法。其基本思想是将指标进行分类，将相关性较高，即联系比较紧密的分在同一类中，而不同类指标之间的相关性则较低，那么每一类指标实际上就代表了一个基本结构，即公共因子。

2.1.2.5 多方法结合

多方法结合一定程度上能弥补单一方法的缺陷。如运用聚类分析对通航风险影响因素进行分类，并结合结构方程模型建立风险演变指标体系。

2.1.3 构建风险监测指标体系的结果

风险监测指标体系

筛选能够代表风险事件状态的指标，依托指标体系，进行数据获取与计量分析，这对风险识别与评估具有一定的指导意义。

2.2 风险监测方案制定

风险监测方案制定是基于风险监测指标体系，确定如何实施风险监测活动的过程。本过程的主要作用是确定风险监测采集的目标数据与风险监测指标体系相匹配。图 2–4 描述本过程的依据、工具与技术、结果，图 2–5 是本过程的数据流向图。

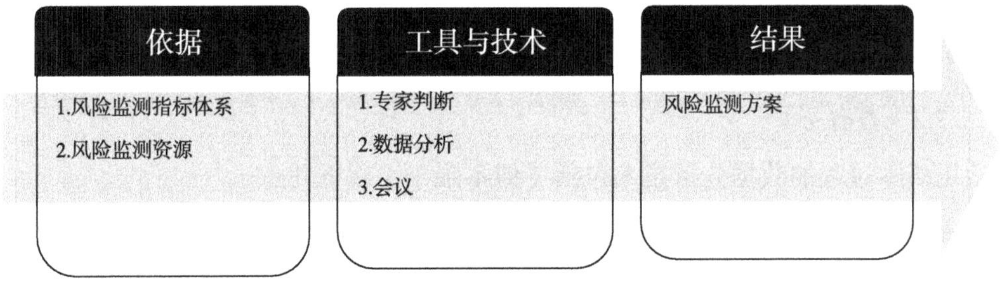

图 2–4　风险监测方案制定：依据、工具与技术、结果

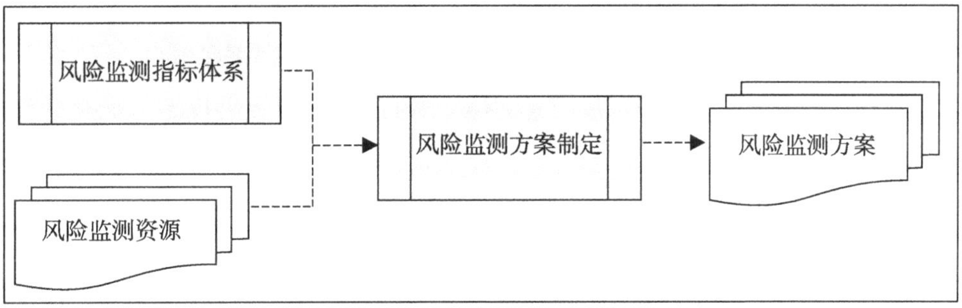

图 2–5　风险监测方案制定：数据流向

风险监测方案制定过程开始于确定风险监测指标体系，在风险监测早期完成。在风险监测后期，若有必要可根据实际情况重新开展该过程，如实际获取数据的情况发生变化，或者后续对风险监测的有效性进行审查且确定需要调整风险监测过程时。

2.2.1 制定风险监测方案的依据

2.2.1.1 风险监测指标体系

遵循目的性、可行性、全面性、无冗余四大原则，选取能反映风险事件的数据指标，并构建递阶层次结构图。

2.2.1.2 风险监测资源

风险监测方案的制定依赖可利用的资源，主要包括数据源、计算硬件、软件、存储、资金、人力资源和政策等。

2.2.2 工具与技术

2.2.2.1 专家判断

应考虑具备以下专业知识或接受过相关培训的应急小组成员和应急专家的意见。

① 熟悉行业或组织所采取的风险监测的方法，包括该方法所适用的风险管理体系。

② 裁剪风险管理以适应应急的具体需求。

③ 在相同领域的应急管理上可能遇到的风险类型。

2.2.2.2 数据分析

适用于本过程的数据分析技术包括（但不限于）以下几点。

① 相关方分析：相关方分析会产生相关方清单和关于相关方的各种信息，例如，在智慧应急管理中的角色、与应急管理的利害关系、期望、态度。相关方的利害关系可包括（但不限于）以下各条的组合。

兴趣——个人或群体会受到与风险管理有关的决策或成果的影响。

权利——国家的法律框架可能已就相关方的合法权利做出规定，如个人隐私保护等。

所有权——人员或群体对数据资产拥有的法定所有权。

知识——专业知识有助于更有效地达成风险监测目标，或有助于了解风险管理涉及的各方组织结构，从而有益于风险监测。

贡献——提供资金或其他资源，包括人力资源，或者以无形方式为应急风险监测提供支持。

② 文件分析：评估现有应急风险文件及以往应急风险管理的经验教训，以识别相关方和其他支持性信息。

2.2.2.3 会议

风险监测方案制定可以是风险管理会议上的一项工作，或者可以举办专门的规划会议来编制风险监测方案。参会者可能包括风险管理经理、指定项目团队成员、关键相关方，以及负责管理应急风险监测过程的团队成员。如果需要，也可邀请其他外部人员参加，包括客户、卖方和监管机构。熟练的会议引导者能够帮助参会者专注于会议事项，就风险监测方案的关键方面达成共识，识别和消除偏见，并解决任何可能出现的分歧。

2.2.2.4 工作分解结构

工作分解结构（简称 WBS），是指把一个风险监测项目按一定的原则分解，项目分解成任务，任务再分解成一项项工作，再把一项项工作分配到每个人的日常活动中，直到分解不下去为止。即：项目→任务→工作→日常活动。

工作分解结构以风险监测方案为导向，对风险监测要素进行分组，它归纳和定义了风险监测的整个工作范围，每下降一层就意味着对监测工作的更详细定义。WBS 处于计划过程的中心，也是制订进度计划、明确资源需求、进行成本预算等的重要基础。

2.2.3 制定风险监测方案的结果

2.2.3.1 风险监测方案

风险监测方案描述如何安排与实施应急风险监测活动。风险监测方案可包括以下部分或全部内容。

① 方法论：确定应急风险监测的数据来源，并确定数据采集、数据质量评估、数据存储的具体方法。

② 角色与职责：确定每项风险监测活动的领导者和团队成员，并明确他们的职责。

③ 资金：确定开展风险监测活动所需的资金。

④ 监测点：依据监测指标体系，确定各监测指标的监测点。

⑤ 监测时间和频率安排：确定在风险管理周期实施风险监测的时间和频率。

⑥ 风险分类：确定风险监测中进行风险分类的方式，并找到每类风险对应的风险源。

⑦ 相关方风险偏好：应在风险监测方案中记录关键相关方的风险偏好，其风险偏好会影响制定风险监测方案过程的细节。

⑧ 跟踪：确定将如何记录风险监测活动，以及将如何审计风险监测的管理过程。

例如，在城市内涝监测中，可以利用先进的市政物联网技术、云计算技术、GIS 技术、自动控制技术、通信技术、数据库技术等，实现城区雨水、污水全过程监管。具体监测指标包括积水监测、水位监测、排水监测、水雨情监测等。监测点包括道路桥梁、河道、城市管道等。一般在雨季需要加大数据采集频率，并要进行实时采集。

2.3 风险监测实施

风险监测实施是执行风险监测方案的过程。本过程的主要作用是按计划通过各种技术手段，获得风险监测数据。随着网络、传感器技术的发展，各行业都有自主可控的大数据发展需求，也在逐步打造大数据平台。因此，在风险监测过程中，依托大数据搜索与挖掘、人工智能等技术可以更好地帮助我们获得多格式、多维度、覆盖面更全的风险监测数据。图 2–6 描述本过程的依据、工具与技术、结果，图 2–7 是本过程的数据流向图。

本过程要在风险监测方案制定完成后开展，风险监测责任人应该适当关注实施风险监测方案的过程，确定方案措施得到实际执行。

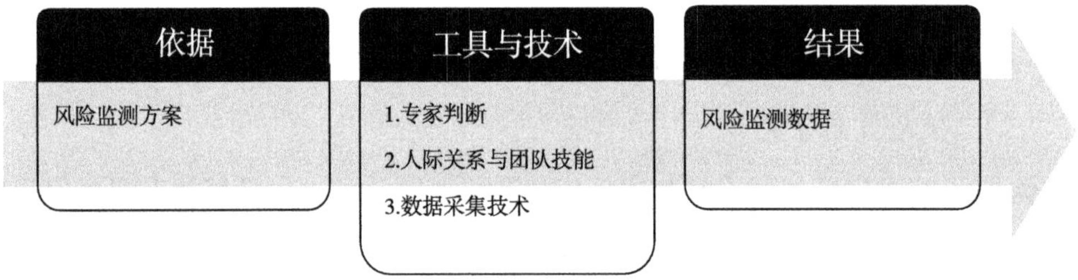

图 2–6 风险监测实施：依据、工具与技术、结果

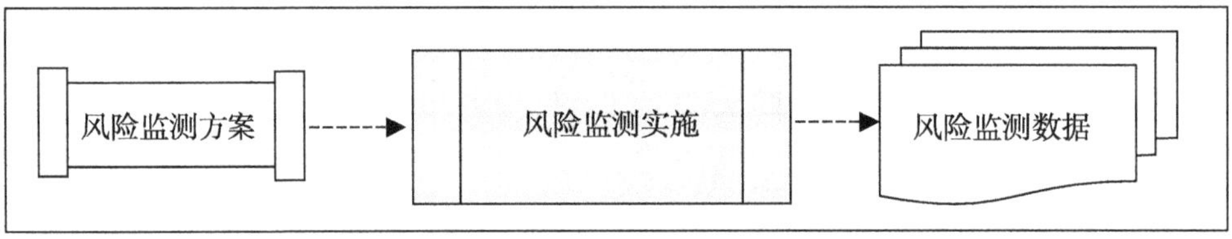

图 2–7 风险监测实施：数据流向

2.3.1 风险监测实施的依据

风险监测方案是风险监测实施的依据，风险监测方案列明了与风险监测相关的组织团队成员和其他相关方的角色和职责，还明确了对数据源的具体监测方法以及负责数据采集的技术人员的职责。

2.3.2 工具与技术

2.3.2.1 专家判断

在确认或修改（如必要）风险监测措施，以及决定如何以最有效率和最有效果的方式实施风险监测，应征求具备相应专业知识的个人或小组的意见。

2.3.2.2 人际关系与团队技能

适用于本过程的人际关系与团队技能包括（但不限于）影响力。有些风险监测措施可能由直属项目团队以外的人员去执行，或由存在其他竞争性需求的人员去执行。这种情况下，负责引导风险管理过程的人员就需要施展影响力，去鼓励指定的风险责任人采取所需的监测行动。

2.3.2.3 数据采集技术

2.3.2.3.1 互联网数据采集

互联网数据采集是通过网络爬虫或网站公开应用程序编程接口（API）等方式从网站获取风险数据信息，并从中抽取风险监测所需要的属性内容。技术点包括互联网文本数据采集、互联网视频数据采集、互联网图像数据采集等子技术。

（1）互联网文本数据采集

互联网文本数据采集技术是为了实现对网页文本数据的分析与过滤，用网络爬虫抓取网页视频数据，通过获取网页内容，借助语义识别抽取出所需属性的内容值，再将抽取的网页文本内容写入数据库。

（2）互联网视频数据采集

互联网视频数据采集技术是指用网络爬虫抓取网页视频数据，通过获取网页视频内容，抽取出所需属性的内容值，将抽取的网页视频数据写入数据库。

（3）互联网图像数据采集

互联网图像数据采集技术是指为实现对网页图片数据的分析与过滤，用网络爬虫抓取目标图像数据，通过获取网页图像内容，抽取出所需属性的内容值，将抽取的网页图像数据写入数据库。

2.3.2.3.2 信息系统数据采集

信息系统数据采集主要用于实现对数据库表、系统运行状态等数据的分布式抓取，技术点包括面向采集的数据服务封装、异构数据访问、采集监控与调度等子技术。

（1）面向采集的数据服务封装

网络在不同系统之间传输数据时，一般采用数据包的形式进行，通过把采集到的数据映射到封装协议中，然后填充对应协议的包头，就能形成封装协议的数据包，并完成速率适配。

（2）异构数据访问

异构数据是不同数据库、不同类型数据的集合。要实现对异构数据的访问，针对多个异构的数据集，需要做进一步集成处理或整合处理，将来自不同数据集的数据收集、整理、清洗、转换后，生成一个新的数据集，为后续查询和分析处理提供统一的数据视图。

（3）采集监控与调度

针对数据采集的过程，可实现监控数据的接收和转存，数据库、系统运行数据的采集，端口健康状态的监测等。

2.3.2.3.3　传感器数据采集

传感器数据采集主要用于实现对异构传感器数据流的实时接入，技术点包括异构传感设备实时接入、异构传感数据分布式缓冲、异构传感数据解析与抽取等子技术。

（1）异构传感设备实时接入

各种传感设备接口协议不一样，需要实现物联网异构设备数据的实时数据无延时处理和接入。其核心技术包括多内存队列缓存技术、实时数据无延时过滤解析技术等。

（2）异构传感数据分布式缓冲

数据分布式缓冲技术能够高性能地读取数据，能够动态地扩展缓存节点，在实时多数据流并发时，可对传感数据进行分布式协作处理。

（3）异构传感数据解析与抽取

通过实时计算框架，拓展处理大规模流式数据，实现对接入的传感数据进行实时数据解析，并抽取所需属性的内容值，统一格式化。

2.3.2.3.4　遥感遥测数据采集

遥感通过传感器或遥感器这类对电磁波敏感的仪器，在远离目标和非接触目标物体条件下对物体的电磁辐射、反射等特性进行探测的技术。

遥测技术具有良好的跟踪性能、遥控性能，它是一种新型的集成性能好的技术，是利用传感技术、通信技术和数据处理技术，将对象参量的近距离测量值传输至远距离的测量站来实现远距离测量的一门综合性技术。

2.3.3　风险监测实施的结果

风险监测数据

本过程输出的是对数据源进行数据采集后的风险监测数据，包括各类风险的信息。

各个数据源主要包括应急管理整个生命周期所涉及的数据采样、第三方机构数据、媒体等。后续可根据风险监测数据进行定性或定量分析。

2.4　风险监测数据质量评估

风险监测数据质量评估是对所采集的应急风险监测数据的可用性进行评估，包括对数据的完备性、一致性、及时性、完整性、有效性进行评估。该过程的主要作用是可以通过数据质量评估筛选出高质量数据，从而在风险管理过程中高效识别风险点，及时做出应对。图 2–8 描述本过程的依据、工具与技术、结果，图 2–9 是本过程的数据流向图。

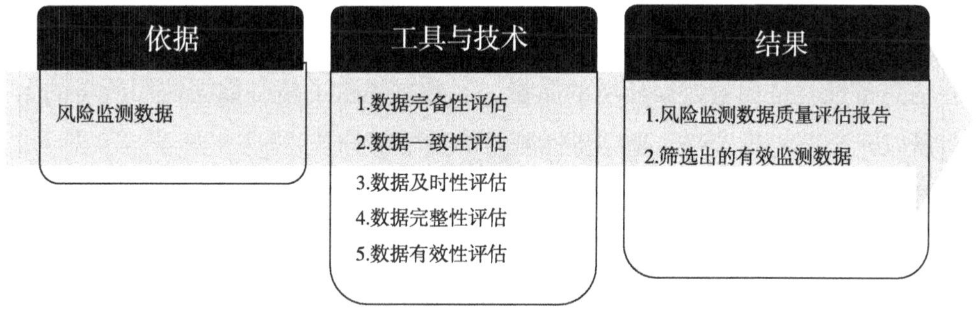

图 2–8　风险监测数据质量评估：依据、工具与技术、结果

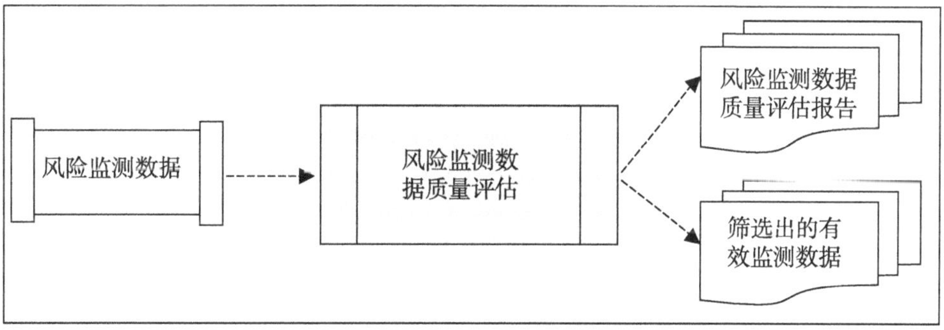

图 2–9　风险监测数据质量评估：数据流向

本过程是在获得风险监测数据后开展的，在某些情况下，质量评估需要尽快完成，以便为下一步开展工作做好准备。进行大规模数据质量评估时，可以借助大数据等技术手段。

从简单的定性评估，到详细的定量测量，数据质量评估可以通过不同的方式完成。评估可以基于尝试、指导原则或具体标准进行，也可以在大致内容的宏观层面，或在特定字段、微观层面上进行评估。

2.4.1 风险监测数据质量评估的依据

风险监测数据

参照 2.3.3，通过风险监测方案实施能够采集到源数据，同时也应采集元数据，即数据的格式、字段大小、数据类型等。

2.4.2 工具与技术

2.4.2.1 数据完备性评估

数据完备性指的是数据集含有所需的属性和足够数量的记录，且这些属性填充的程度符合风险管理的期望。

评估完备性就是测量数据环境的质量，元数据提供了核心数据使用所需的上下文环境，所以元数据的质量评估是完备性测量的重要部分。

元数据评估首先测试存在性和完整性，例如，已定义表的百分比、已定义列的百分比等。其次测试定义的清晰度和质量（易懂、明确、语法上正确等）和表示的一致性（以相同的方式定义相同字段的内容）。

该评估过程需要从一个元数据储存库或数据字典中得到一个可用形式的输出，如电子表格或者可以查询的数据库，以便进行比较。

此外，数据集的完备性评估包括以下内容。

① 对于处理的可用性：用于文件，确认所有文件都可以处理。

② 记录数与控制记录相比：用于文件，将一个文件中的记录数与控制记录记载的记录数作比较。

③ 汇总数额字段数据：用于文件，将数额字段的汇总数据与一个控制记录提供的汇总数额作比较。

④ 将现在的大小与过去的大小作比较：进行合理性检查，将输入的大小与以前运行相同过程的历史数据输入大小作比较，比较文件的记录数、消息的数目或速率、汇总数据等。

⑤ 拒绝记录的理由：把因为特定原因删除的记录数和比例与既定的阈值或历史记录数和百分比作比较。

⑥ 针对特定目的的总体充分性：将宏观数据库内容（例如，数据域、数据源、记录数、数据的历史广度、所表示的实体）与对数据特定用途的需求作比较。

⑦ 测量和控制的总体充分性：评估特定数据质量指标相对于关键数据的有效性和全面性。

记录的完备性评估主要看长度，确保记录的长度符合已定义的期望。

字段的完备性评估包括以下两点。

① 不可为空的字段：确保所有不可为空的字段都被填充。

② 来自数据源的默认值：将数据源提供的关键字段的默认值记录数和百分比与既定的阈值或历史记录数和百分比作比较。

2.4.2.2 数据一致性评估

数据一致性评估包括以下内容。

① 评估一个字段内的列属性和数据格式的一致性：格式一致性的评估应该与其他列级评估相结合进行。该评估所使用的元数据来自确定数据类型的模型以及定义格式化规则的规范。规则本身的一致性也必须被检查，然后将检查结果与规则相比较。

② 评估一个字段内默认值使用的一致性：对可以分配默认值的每个字段评估列属性和数据的默认值。

③ 评估跨表的默认值使用的一致性：对整个数据库中数据类型相同的字段评估列属性和数据默认值的一致性。

④ 一致性列剖析：将值的记录数分布（列剖析）与过去填充相同字段的数据实例作比较。

⑤ 数据集内容的一致性：将一个数据集内表示实体的不重复值（例如，客户编号）的计数与阈值、历史记录或总记录数作比较。

⑥ 数据集内容的一致性：把重要的字段 / 实体（例如，客户 / 销售办事处，索赔 / 被保险人）的不重复计数之间的比率与阈值或历史比率作比较。

⑦ 一致性多列剖析：将跨多个字段的值的记录数分布与历史百分比作比较，以测试业务规则。

⑧ 表内时序与业务规则的一致性：将日期值与时序的业务规则作比较。

⑨ 用时一致性：与过去填充相同字段数据的实例比较用时的一致性。

⑩ 数额字段跨二级字段计算结果的一致性：将数额列的计算结果、数额总和、占

总额的百分比，以及跨二级字段的平均数额与历史计数和百分比作比较，用限定符来缩小结果范围。

⑪ 按聚合日期汇总的记录数的一致性：将某个聚合日期（如一个月、一个季度或一年）相关联的记录数和记录数的百分比，与历史记录数和百分比作比较。

⑫ 按聚合日期汇总的数额字段数据的一致性：将按日期（月、季、年）汇总的数额字段数据（总额、总额的百分比）与历史总计和百分比作比较。

⑬ 跨表的多列一致性剖析：将跨相关的表的列值的记录数分布与历史百分比作比较，以测试对业务规则的遵守情况。

⑭ 跨表的时序与业务规则的一致性：基于相关表的时序业务规则的跨表合理性测量。

⑮ 跨表数额列计算结果的一致性：对相关表的汇总数额的计算结果（总数、占总数的百分比等）作比较。

⑯ 按聚合日期汇总的跨表数额列的一致性：对相关表中与某个日期（月、季、年）相关的数额字段数据（总数、占总额的百分比）作比较。

⑰ 与外部基准比较的一致性，将数据质量测量结果与一套基准（如外部行业或国家为类似的数据建立的度量）作比较。

2.4.2.3　数据及时性评估

数据及时性评估包括以下两点。

① 用于处理的数据的交付及时性：将数据交付的实际时间与计划交付时间作比较。

② 用时比较：数据处理时，将数据处理用时与计划或历史的处理用时作比较。

2.4.2.4　数据完整性评估

数据完整性评估包括以下内容。

① 重复数据删除：找出并删除重复数据。

② 重复记录的合理性检查：将一个数据集中重复记录占总记录数的比例与数据集的过去实例中的比例作比较。

③ 父 / 子参照完整性：确定表之间记录级（父 / 子）的参照完整性，以确定无父记录的子记录。

④ 子 / 父参照完整性：确定表之间记录级（子 / 父）的参照完整性，以确定无子

记录的父记录。

2.4.2.5　数据有效性评估

数据有效性评估包括以下内容。

① 单字段的详细结果：将传入数据的值与既定的域（参照表、范围或数学规则）中的有效值作比较。

② 卷积汇总：将有效 / 无效值的卷积计数和百分比与历史水平作比较。

③ 表内多列的详细结果：将同一个表中的相关列值与一个映射关系或业务规则中的值作比较。

④ 跨表的详细结果：跨表比较映射或业务规则关系中的值，以确保数据一致性。

2.4.3　风险监测数据质量评估的结果

2.4.3.1　风险监测数据质量评估报告

风险监测数据质量评估报告包括对数据质量（一致性、及时性、完整性、有效性）和监测流程有效性的总结，对通过测量发现的任何数据质量问题的回应，以及对改进机会的确定结果。此外，还应包括对测量本身有效性的评估，对特定测量的改进建议。

2.4.3.2　筛选出的有效监测数据

对评估过程中发现的数据错误应尽可能予以纠正，当发现的错误不能予以纠正，或者有些数据不符合监测的要求而又无法弥补时，就需要对数据进行筛选。数据筛选包括两方面的内容：一是将某些不符合要求的数据或有明显错误的数据予以剔除；二是将符合某种特定条件的数据筛选出来，对不符合特定条件的数据予以剔除。

2.5　风险监测数据存储

风险监测数据存储是将有效的风险监测数据存储到高性能的存储器中，方便数据使用者进行访问。大数据时代，风险监测数据的存储有海量、异构、非结构化等特点。通过优化存储基础设施和提供高性能、高吞吐量、大容量的数据存储方案，可以解决大规模风险监测数据的存储问题，为大规模风险数据的分析提供支撑。图 2–10 描述本过程的依据、工具与技术、结果，图 2–11 是本过程的数据流向图。

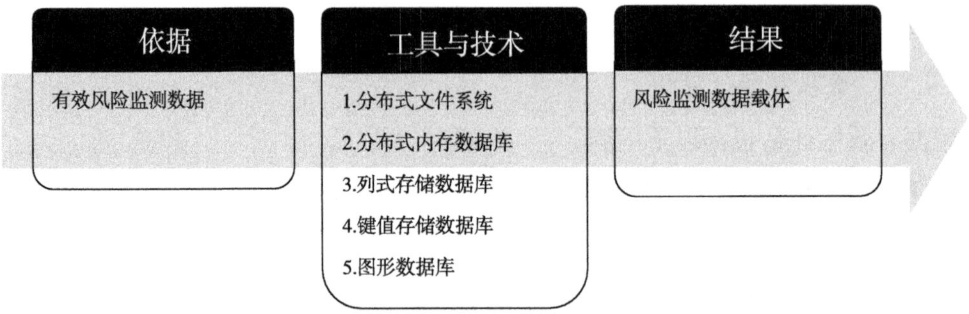

图 2-10　风险监测数据存储：依据、工具与技术、结果

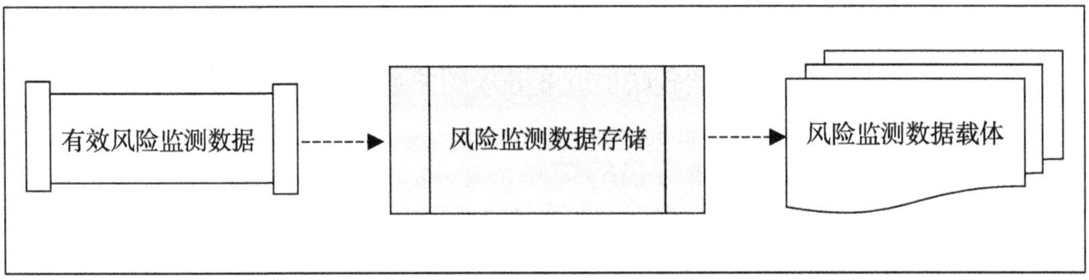

图 2-11　风险监测数据存储：数据流向

传统的关系型数据库以及电子文件主要用于一般数据量的结构化数据存储，技术相对成熟，但其在大数据的存储效率、灵活性和可拓展性等方面存在一定的问题。大数据存储技术解决方案是本节的重点，因此，对关系型数据库不做过多解释。大数据存储主要包括分布式文件系统、分布式内存数据库、列式存储数据库、键值存储数据库、图形数据库五个子类，其中，分布式文件系统和列式存储数据库是大数据存储解决方案的核心技术。

2.5.1　风险监测数据存储的依据

有效风险监测数据

源数据经过数据质量评估后被筛选出的即为有效监测数据。

2.5.2　工具与技术

2.5.2.1　分布式文件系统

分布式文件系统面向海量数据的存储访问与共享需求，提供基于多存储节点的高性能、高可靠和可伸缩的分布式文件存储与访问能力，实现分布存储节点上多用户文件存储的访问与共享。技术点包括分布式元数据管理、多层级存储管理、数据一致性保障、高并行读写优化、分布式散列与动态均衡、存储高可用、海量小文件高性能存储访问等。

（1）分布式元数据管理

分布式元数据管理主要通过元数据服务分布式部署的方式，实现了元数据分布式管理，解决一般分布式文件系统的单元数据服务节点导致的响应用户请求效率不高、存储文件数目受限和单点故障等问题，具有降低用户请求处理延迟，提高分布式文件系统的可扩展性和可用性的特性。一般包括完全分布式架构、元数据访问负载均衡、元数据服务器高效索引、元数据服务器弹性伸缩等技术点。

（2）多层级存储管理

多层级存储管理用于实现内存 /SSD（固态硬盘）/HDD（机械硬盘）等异构存储设备的池化管理，以及各类存储设备的动态接入管理。它通过设备抽象和提供统一命名空间，面向分布式文件系统提供统一的存储资源池，支持热点数据自动感知和智能化存储调度，最大程度提升数据存储与访问的效能。一般包括异构存储设备管理、多存储系统适配、统一命名空间、基于热度的存储资源调度等技术点。

（3）数据一致性保障

数据一致性保障主要解决分布式文件系统中多副本和缓存等在数据存储与访问过程中的一致性问题，通过构建数据一致性模型、进行数据一致性校验等方式，保障数据在存储和访问过程中的一致性，在提升数据访问性能的同时确保数据存储和访问的正确性；一般包括一致性协议优化、一致性检验等技术点。

（4）高并行读写优化

高并行读写优化用于提高分布式文件读写的并行化水平，最大化提升分布式文件系统下的数据访问效率；一般包括分布式数据访问缓存管理和调度算法优化、IO 算法优化和合并 IO 等技术点。

（5）分布式散列与动态均衡

分布式散列与动态均衡实现分布式文件系统下高性能的数据块定位，提高数据访问性能，以及数据块的迁移和再平衡，提升分布式文件系统的稳定性和可持续服务能力；一般包括基于一致性哈希的数据块索引管理、动态数据再平衡等技术点。

（6）存储高可用

存储高可用通过数据多副本技术、状态自检测和自修复、核心服务分布式部署等技术手段，自动检测分布式文件系统中的各种错误和失效，并且在文件系统出现错误和失效时可自行进行多副本间的数据修复，最终持续向用户提供正常的数据访问服务；一般包括可配置数据多副本、数据自恢复及自维护等技术点。

（7）海量小文件高性能存储访问

海量小文件高性能存储访问主要采用小文件汇集成大文件进行存储、细粒度二级索引管理等技术，实现在现有分布式文件系统的基础上，扩展对海量小文件的存储与访问的能力，同时解决小文件的随机读写问题，大大提高分布式文件系统对海量小文件的存储访问效率。

2.5.2.2　分布式内存数据库

分布式内存数据库面向实时数据存储与访问需求，提供基于分布式内存的高性能数据存储与访问功能，通过将分布式和内存访问结合在一起，兼具可扩展性和高速访问特点，相对于传统集中式的数据库具有良好的灵活性与可扩展性，在处理海量数据时，其性能和可靠性上有着更大的优势。分布式内存数据库的技术点包括数据分层存储调度、数据版本管理、分布式内存节点管理等子技术。

（1）数据分层存储调度

数据分层存储调度提供内存 /SSD/HDD 等存储资源的分层管理，支持存储设备热插拔，同时，面对不同的数据存储性能要求和可靠性需求，自动选择合适的存储资源。

（2）数据版本管理

数据版本管理可面向数据处理各个阶段提供数据更新版本关系，根据版本关系提供数据的高可用性，当中间数据丢失时，可基于版本关系通过上一阶段任务重新运行，恢复相应数据，降低中间过程数据丢失对整个数据处理的影响，提升数据处理的效率和可靠性。

（3）分布式内存节点管理

分布式内存节点管理提供统一的分布式存储节点管理，对外提供统一的内存管理接口，一般采用主从（Master–Slave）架构构建，Master（主设备）节点管理所有 Slave（从设备）节点的内存元数据信息，在数据访问过程中，通过 Master 节点来完成内存节点的存储分配与管理，实现分布式环境下统一内存的访问。

2.5.2.3 列式存储数据库

列式存储数据库用于提供高性能的结构化数据存储与访问。以列相关存储架构进行数据存储的数据库，主要适用于批量数据处理和即时查询，其优势在于复杂查询的效率高、读磁盘少、存储空间少。其下的技术点包含轻量级配置管理、表元数据管理、分区数据管理等子技术。

（1）轻量级配置管理

轻量级配置管理提供列式存储数据库分布式节点信息、配置模式的快速访问和一致性能力，多采用无中心设计，由选举策略完成系统的决策节点，负责对外配置信息的管理和存储。

（2）表元数据管理

表元数据管理提供对列式存储数据库中全局数据的元信息更新、组织、管理和快速访问能力。表元数据可采用平衡二叉树保存在内存中，实现整个系统的快速访问与更新。

（3）分区数据管理

分区数据管理基于管理元数据，提供海量数据的分区、分块的组织存储，同时对外提供分区数据访问能力。数据通过 Key（输入）的内容进行 Hash（哈希）分区，分区管理模块接受分区数据，并形成本地的数据管理，同时实时上报本地数据信息，维护数据的一致性，分区数据管理可实现数据的隔离性和数据访问的高效性。

2.5.2.4 键值存储数据库

键值存储数据库提供了基于 Key-Value（键值对）方式的数据存储，通过高性能索引构建和检索技术，支持快速数据检索与查询。它相比于传统的关系数据库有着极高的查询速度，具备大容量数据存储和高并发、灵活动态扩容等特点。

2.5.2.5 图形数据库

图形数据库是一种非关系数据库，它应用图形理论存储实体之间的关系信息，用来提供高效的方法来查询数据项之间、模式之间的关系，或多个数据项之间的相互作用。通过应用图形理论来表达和存储实体及实体之间的关系信息，这是最接近高性能的一种用于存储数据的数据结构方式之一。与关系数据库相比，图形数据库更直观、更简单、语义更丰富并且搜索效率更高，且更能适应大数据的存储和检索。一般包含图形信息管理、图形信息存储等技术点。

（1）图形信息管理

图形信息管理是指以图形对象为基本类型，对基本图形数据类型进行定义，并设计图形间引用，以实现对复杂图形的管理。

（2）图形信息存储

图形信息存储提供复杂图形的底层存储设计，实现具体图形数据的存储，同时对接上层数据处理引擎，对底层原始数据进行提取、转换、重构与二次处理。

2.5.3 风险监测数据存储的结果

风险监测数据载体

风险监测数据的存储载体就是支持存储和访问需求的存储器。

2.6 智慧风险监测之智慧

风险场景监测旨在通过“感知数据——交互信息——洞察分析——决策行动”智慧过程，感知多元风险场景的多源异构数据，构建感知数据“池”，再通过数据的清洗，形成数据信息，进而结合风险场景业务流，形成可供智能决策的知识，以便采取智能化行动，应对、管控可能的风险危害。

第3章　智慧风险识别场景

智慧风险识别场景是指开展智慧风险识别的相关集成活动。智慧风险识别包括风险源识别、风险因素识别、风险等级划分和风险关系分析四个过程。智慧风险识别的目的是针对不同风险种类及特点，识别其存在的危险源、风险发生概率，评估可能产生的直接后果，以及风险因素之间的关系。智慧风险识别是智慧应急管理的重要内容，也是智慧应急管理的基础。四个基本过程有一定的先后顺序关系，即首先进行风险源识别，风险源是风险事件发生的条件；其次进行风险因素识别，风险因素是风险源中的人的不安全操作或物的不安全状态；再次对风险源或风险因素进行等级划分，实现安全风险分级管控；最后进行风险关系分析，为安全风险精准管控和科学预警提供参考。智慧风险识别的主要依据是智慧风险监测数据，基于监测数据采用智能化技术方法和手段，通过数据分析与比较发现异常数据，以便识别风险因素。

图 3–1 概括了智慧风险识别的各个过程。虽然在本书中，各智慧风险识别过程以界限分明和相互独立的形式出现，但在实践中它们会以本书无法全面详述的方式相互交叠和相互作用。

智慧风险识别的有关概念

风险识别是用感知、判断或归类的方式对现实和潜在风险的性质进行鉴别的过程。存在于人们周围的风险是多样的，既有当前的也有潜在的，既有内部的也有外部的，既有静态的也有动态的，等等。风险感知是人们对某个特定风险的特征和严重性所做出的主观判断，是测量公众心理恐慌的重要指标。

风险因素（Risk Factors）是指引起或增加风险事故发生的机会或扩大损失幅度的原因。构成风险因素的条件越多，发生损失的可能性就越大，损失就会越严重。风险因素是风险事故发生的潜在原因，是造成损失的内在的或间接的原因。风险产生于风险源。

图 3-1 智慧风险识别概述

风险源是能够带来风险的人、物或者事件。危险源是事故的源头，是能量、危险物质集中的核心。危险来源于物（设施）的不安全状态、人的不安全行动、管理缺陷，以及可能造成职业病、中毒的劳动环境和条件。风险源或危险源是具体事物，风险是抽象概念。风险源是指那些可能会导致风险后果的因素或条件的来源。相同的风险因素可能是由不同的风险源产生，风险源存在于确定的系统中，不同的系统范围，风险源的区域和所指对象不同。

危险源辨识（或识别）就是识别危险源并确定其特性的过程。危险源辨识主要是对危险源的识别，对其性质加以判断，对可能造成的危害、影响进行预防。辨识危险源首先应考虑存在危险源的业务活动及活动场所，包括厂址、厂区平面布局、建筑物、组织的活动（含临时工作任务、相关方的活动、使用外部提供的产品或服务）、生产设备、装置、生活配套设施、应急设施、各项制度、外出人员 / 外来工作人员的活动。

按照不同的风险辨识方法对风险的分级略有不同，如按照《中华人民共和国突发事件应对法》第六十三条“可以预警的自然灾害、事故灾难和公共卫生事件的预警级别，按照突发事件发生的紧急程度、发展势态和可能造成的危害程度分为一级、二级、三级和四级，分别用红色、橙色、黄色和蓝色标示，一级为最高级别”分级。

安全风险分级管控就是指通过识别生产经营活动中存在的危险、有害因素，并运用定性或定量的统计分析方法确定其风险严重程度，进而确定风险控制的优先顺序和风险控制措施，以达到改善安全生产环境、减少和杜绝安全生产事故的目标。

结合各个行业的智能化需求，依托大数据、人工智能等技术，应急管理领域的“智慧风险识别”应运而生，以人工智能为驱动的数据分析技术应用日益广泛。与此同时，智慧风险识别的关注面正在扩大，其发展趋势和新兴实践包括（但不限于）以下三点。

① 智慧风险识别。智慧风险识别的基础就是大数据技术，在数据挖掘和机器学习方法广泛应用的大背景下，风险识别方法也不断改进。例如：使用数据挖掘的聚类算法，选定风险识别指标；采用深度学习模型进行系统风险识别，即利用深度学习模型学习规则，再利用学习好的规则求解实际问题。

② 动态风险识别。系统一直处于动态运作和动态演化的过程，且面对复杂多变的动态环境，对部分风险因素，需要搭建基于物联网的远程智能监控系统，综合考虑时间、过程变量和变量的变化及其耦合，采用动态的方法来模拟这种耦合，然后识别系统动态过程的可靠性和安全性。

③ 脆弱性识别。脆弱性反映被研究系统遭受功能失效的潜在可能性，其研究成果可提高人们对被研究系统的风险意识，树立以防为主的思想。脆弱性识别能更有效地反映系统的抗风险水平，一般基于可靠性理论或者复杂网络理论来进行。

3.1 风险源识别

风险源是指那些可能会导致风险后果的因素或条件的来源，风险源辨识是对风险源进行确认的过程。本过程的主要作用是找出风险因素的源头，全面加强安全生产源头管控和安全准入工作，是防范和遏制重特大事故的有效手段。图 3–2 描述本过程的依据、工具与技术、结果，图 3–3 是本过程的数据流向图。

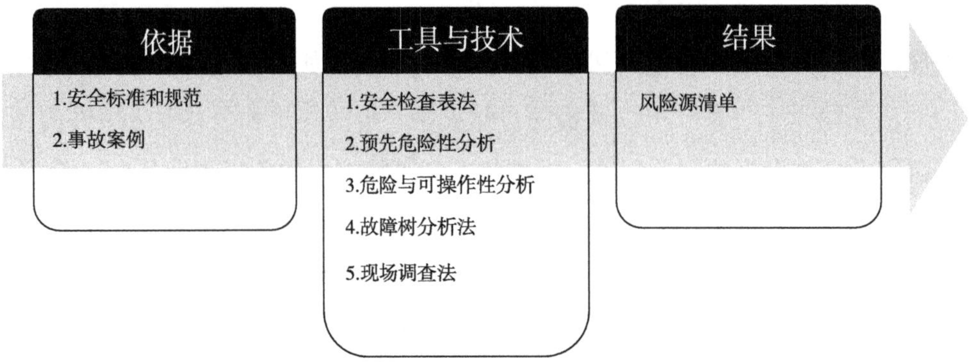

图 3–2 风险源识别：依据、工具与技术、结果

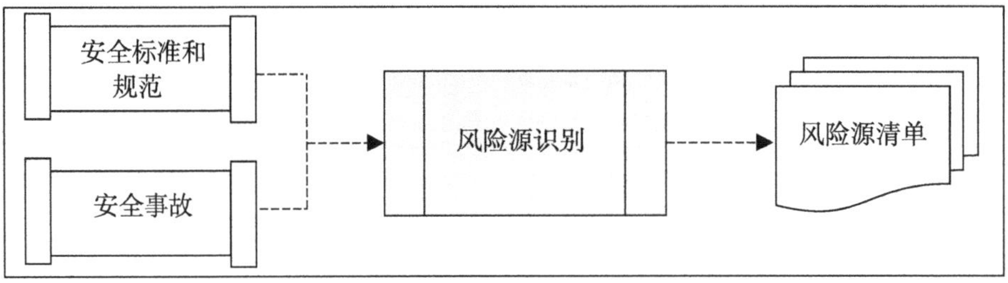

图 3–3 风险源识别：数据流向

智慧风险源识别场景分析：首先，识别风险源的依据是安全标准和规范、典型事故案例等；其次，结合安全检查表法、预先危险性分析、故障树分析法等，识别风险源，形成风险源“池”；最后，基于风险源“池”，结合相关智能化技术和工具，甄别风险源，形成风险源清单。

3.1.1 风险源识别的依据

3.1.1.1 安全标准和规范

部分安全标准和规范明确了生产经营活动中安全生产领域危险源辨识的流程，如国标《危险化学品重大危险源辨识》（GB 18218—2018）、《生产过程危险和有害因素分类与代码》(GB/T 13861—2022)。

3.1.1.2 事故案例

事故案例是企业风险源识别的主要信息来源。依据事故案例分析企业风险源，识别主要作业场所、设备及设施的不安全状态，人的不安全行为和管理上的缺陷。

3.1.2 工具与技术

3.1.2.1 安全检查表法

安全检查表法(Safety Check-List，SCL)是分析人员较为全面地列出某类事项面临的一些危险项目以及有关的已知类型的危险、设计缺陷和事故隐患，从而用于逐个识别风险的一种方法。该方法通常用于检查各种规范和标准的执行情况。通过检查确定系统、场所的状态是否符合安全要求，发现系统中存在的安全隐患，进而提出改进措施的一种方法。检查项目可以包括场地、周边环境、设施、设备、操作、管理等方面。

3.1.2.2 预先危险性分析

预先危险性分析(Preliminary Hazard Analysis，PHA)也称初始危险分析，是指在每项生产活动之前，特别是在设计的开始阶段，对系统存在的危险类别、危险出现条件、事故后果等进行概略地分析，尽可能评价出潜在的危险性。

危险性预先分析是在每项工程项目活动之前，如设计、施工、生产之前，或技术改造后制定操作规程和使用新工艺等情况之前，对系统存在的危险类型、来源、出现条件、导致事故的后果以及有关措施等，做一概略分析。其目的是辨识系统中存在的潜在危险，确定其危险等级，防止这些危险发展成事故。

在固有系统中采取新的操作方法，接触新的物料、工具和设备时，也适宜进行危险性预先分析。这种方法是一种简单易行、经济、有效的定性分析方法。

1. 危险性的辨识

要对项目系统进行危险性分析，首先要找出系统可能存在的所有危险因素，也就是危险性辨识要解决的问题。所谓危险因素，就是在一定条件下能够导致事故发生的潜在因素。既然危险因素有一定的潜在性，辨识危险因素就需要有丰富的知识和实践经验。为了迅速查出危险因素，可以从以下几方面入手。

（1）从能量转移概念出发

能量转移论的基本观点：人的生产活动和生活实践都离不开能量，能量在受控情况下可以做有用功——制造产品或提供服务。一旦失控，能量就会做破坏功，转移到人就造成人员伤害，转移到物就造成财产损失或环境破坏。能量转移论者认为，事故就是不希望的能量转移的结果。

该理论的原始出发点是防止人身伤害事故。能量转移论者认为“生物体（人）受伤害只能是某种能量的转移”，并提出了“根据有关能量对伤害事故加以分类的方法”。哈登（Haddon）将伤害分为两类，第一类伤害是由于施加了超过局部或全身性损伤的能量引起的，第二类伤害是由于影响了局部或全身性能量交换引起的。

既然事故来自能量的非正常转移，那么，在对一个系统进行危险因素辨识的时候，首先就要确定系统内存在的各种类型的能量，以及它们存在的部位，正常或不正常转移的方式，从而确定各种危险因素。这也就是按第一类伤害的能量类型确定危险因素。其次，还要按第二类伤害考察影响人体内部能量交换的危险因素，如引起窒息、中毒、冻伤等的致害因素。

（2）从人的操作失误考虑

一个项目或系统运行的好坏和安全状况如何，除了机械设备本身的性能、工艺条件外，很重要的因素就是人的可靠性。由于受科技水平和经济状况的限制、不少机械设备还达不到本质安全的要求。因此，在系统运行过程中必然存在程度不同的危险性。这样，人的操作行为的可靠度对系统安全性有着更加重要的影响。然而，人作为系统的一个组成部分，其失误概率要比机械、电气、电子元件高几个数量级。这就要求，在辨识系统可能存在的危险性时，还要从操作标准查找可能偏离正常损伤的危险。在这方面，人机工程、行为科学都有成熟的经验，系统安全分析方法中也有人的差错分析、可操作性研究等可供借鉴。

（3）从外界危险因素考虑

系统安全不仅取决于系统内部人、机、环境因素及其配合状况，有时还要受系统以外其他危险因素的影响。其中有外界发生事故对系统的影响，如火灾；有自然灾害对系统的影响，如地震、洪水、雷击、飓风等。尽管外界危险因素发生的可能性很小，但危害却很大。因此，在辨识系统危险性时也应考虑这些因素，特别是处于设计阶段的系统。

2. 危险性等级

在分析系统危险性时，为了衡量危险性的大小及其对系统破坏性的影响程度，可以将各类危险划分为四个等级，见表 3-1。

表 3-1 危险等级划分

级别	危险程度	可能导致的后果
Ⅰ	安全的	不会造成人员伤亡及系统损坏
Ⅱ	临界的	处于事故的边缘状态，暂时还不至于造成人员伤亡、系统损坏或降低系统性能，但应予以排除或采取控制措施
Ⅲ	危险的	会造成人员伤亡和系统损坏，要立即采取防范措施
Ⅳ	灾难性的	造成人员重大伤亡及系统严重破坏的灾难性事故，必须予以果断排除并进行重点防范

3. 分析步骤

进行危险性预分析，一般采取以下几个步骤。

① 通过经验判断、技术诊断或其他方法调查确定危险源（即危险因素存在于项目哪个子系统中），对所需分析项目系统的制造（生产、实施）目的、物料、装置及设备、工艺过程、操作条件以及周围环境等进行充分详细的调查了解。

② 根据过去的经验教训及同类行业项目系统的制造（生产、实施）中发生的事故（或灾害）情况，对系统的影响、损坏程度，类比判断所要分析的系统中可能会出现的情况，查找能够造成系统故障、物质损失和人员伤害的危险性，分析事故（或灾害）的可能类型。

③ 对确定的危险源进行分类，编制预先危险性分析表。

④ 识别转化条件。即研究危险因素转变为危险状态的触发条件和危险状态转变为事故（或灾害）的必要条件，并进一步寻求对策措施，检验对策措施的有效性。

⑤ 进行危险性分级，排列出重点和轻重缓急次序，以便处理。

⑥ 制定事故（或灾害）的预防性对策。

4. 应用实例

危险性预先分析的结果，可直观地列在同一个表格中，表 2-4 以液化石油火灾、爆炸为例列出危险性预先分析表。

为了准确地进行危险性预先分析，对表 3–2 的有关项目的含义及其相互关系予以说明。

危险因素：在一定条件下能够导致事故发生的潜在因素，它是“事故情况”的原因。一般情况下，它不能单独引起事故发生。

触发事件：促使形成危险因素的原因事件。促使某一危险因素形成，可以有若干触发事件，它与事故发生没有直接关系。

发生条件：指危险因素形成事故的条件。也就是说，危险因素和形成事故的原因事件都存在的情况下才会发生事故。

表 3–2　液化石油气火灾、爆炸危险性预先分析

危险因素	液化石油气及其残液泄漏，压力容器爆炸
触发事件（一）	1. 故障泄漏 ①贮罐、汽化器、管线、阀门、法兰等泄漏或破裂； ②贮罐等超装溢出； ③机、泵破裂或转动设备、泵密封处泄漏； ④罐、器、机、泵、阀门、管道、流量计、仪表等连接处泄漏； ⑤罐、器、机、泵、阀门、管道等因质量不好（如制造加工质量、材质、焊接等）或安装不当泄漏； ⑥撞击（如车辆撞击、物体倒落）或人为破坏造成罐、器及管线等破裂而泄漏； ⑦由自然灾害造成的破裂泄漏，如雷击、台风等。 2. 运行泄漏 ①超温、超压造成破裂、泄漏； ②安全阀等安全附件失灵、损坏或操作不当； ③垫片撕裂造成泄漏； ④骤冷、急热造成罐、器等破裂、泄漏； ⑤液化石油气瓶等压力容器未按有关规定及操作规程操作； ⑥转动部分不洁摩擦产生高温及高温物件遇易燃物品。
发生条件	1. 液化石油气浓度达到爆炸极限 2. 液化石油气及其残液遇明火 3. 存在点火源、静电火花、高温物体等引燃、引爆能量

续表

危险因素	液化石油气及其残液泄漏，压力容器爆炸
触发事件（二）	1. 明火 ①点火吸烟； ②烟火； ③抢修、检修时违章动火，焊接时未按“十不烧”及有关规定动火； ④外来人员带入火种； ⑤物质过热引起燃烧； ⑥其他火源，如电动机不洁、轴承冒烟着火； ⑦其他火灾引发二次火灾等. 2. 火花 ①穿带钉皮鞋产生火花； ②击打管道，设备产生撞击火花； ③电器火花； ④电器线路陈旧老化或受到损坏产生短路火花，以及因超载、绝缘烧坏引起明火； ⑤静电放电； ⑥雷击（直接雷击、雷电二次作用、沿着电气线路或金属管道侵入）； ⑦进入车辆未带阻火器等（一般要禁止驶入）； ⑧焊、割、打磨产生火花等。
事故后果	液化石油气跑损、人员伤亡、停产、造成严重经济损失。
危险等级	Ⅳ
防范措施	1. 控制与消除火源 ①严禁吸烟、携带火种、穿带钉皮鞋进入易燃易爆区； ②动火必须严格按动火手续办理动火证，并采取有效防范措施； ③易燃易爆场所使用防爆型电器； ④使用不发火的工具，严禁钢质工具敲打、撞击、抛掷； ⑤按规定安装避雷装置，并定期进行检测； ⑥按规定采取防静电措施； ⑦加强门卫，严禁机动车辆进入火灾、爆炸危险区，运送液化石油气的车辆必须配带完好的阻火器，正确行驶，杜绝发生任何故障和车祸。 2. 严格控制设备质量及安装 ①罐、器、管线、机、泵、阀等设备及其配套仪表要选用合格产品，并把好安装关； ②管道、压力容器及其仪表等有关设施要按要求进行定期检验、检测、试压；

续表

危险因素	液化石油气及其残液泄漏，压力容器爆炸
防范措施	③对设备、管线、机、泵、阀、仪表、报警器、监测装置等要定期进行检查、保养、维修，保持完好状态； ④按规定安装电气线路，定期进行检查、维修、保养，保持完好状态； ⑤有液化石油气泄漏风险的场所，高温部件要采取隔热、密闭措施。 3. 防止液化石油气及其残液的跑、冒、滴、漏 4. 加强管理、严格工艺纪律 ①禁火区内根据“170 号公约”和危险化学品安全管理条例张贴作业场所危险化学品安全标签； ②杜绝“三违”（违章作业、违章指挥、违反劳动纪律），严守工艺纪律，防止生产控制参数发生变化； ③坚持巡回检查，发现问题及时处理，如液位报警器，呼吸阀，压力表，安全阀，防寒保温、防腐、联锁仪表，消防及救护设施是否完好，液位报警器是否正常，贮罐、管线、截止阀、自动调节阀等有否泄漏，消防通道、地沟是否畅通等； ④检修时，特别是针对液化石油气及其残液贮罐，必须做好与其他部分的隔离（如安装盲板等），并且要彻底清理干净，评估合格后，在有现场监护及通风良好的条件下，方能进行动火等作业； ⑤检查有否违章、违纪现象； ⑥加强培训、教育、考核工作； ⑦防止车辆撞坏管线等设施。 5. 安全设施要齐全完好 ①安全设施（如消防设施、遥控装置）齐全并保持完好； ②贮罐安装高低液位报警器； ③易燃易爆场所安装可燃气体检测报警装置。

3.1.2.3　危险与可操作性分析

危险与可操作性分析（Hazard and Operability Study）又称为 HAZOP，是英国帝国化学工业公司蒙德分部于 20 世纪 60 年代发展起来的系统危险分析方法。该方法全面、系统地研究系统中每一个元件，以及其中重要的参数偏离了指定的设计条件所导致的危险和可操作性问题。危险与可操作分析主要通过研究工艺管线和仪表图、带控制点的工艺流程图或工厂的仿真模型，重点分析由管路和每一个设备操作所引发潜在事故的影响，选择相关的参数，如流量、温度、压力和时间，然后检查每一个参数偏离设计条件的影响。

3.1.2.4 故障树分析法

故障树分析（Fault Tree Analysis，简称 FTA）又称事故树分析，是安全系统工程中最重要的分析方法。事故树分析从一个可能的事故开始，自上而下、一层层地寻找顶事件的直接原因和间接原因事件，直到基本原因事件，并用逻辑图把这些事件之间的逻辑关系表达出来。

故障树分析是对既定的生产系统或作业中可能出现的事故条件及可能导致的灾害后果，按工艺流程、先后次序和因果关系绘成程序方框图，表示导致灾害、伤害事故（不希望事件）的各种因素之间的逻辑关系。它由输入符号或关系符号组成，用以分析系统的安全问题或系统的运行功能问题，并为判明灾害、伤害的发生途径及其与灾害、伤害之间的关系提供一种最形象、最简洁的表达形式。基本程序如下：

① 熟悉系统。要详细了解系统状态、工艺过程及各种参数，以及作业情况、环境状况等，绘出工艺流程图及布置图。

② 调查事故。广泛收集同类系统的事故资料，进行事故统计（包括未遂事故），设想给定系统可能要发生的事故。

③ 确定顶事件。要分析的对象事件即为顶事件。对所调查的事故进行全面分析，分析损失大小和事故发生的频率，从中找出后果严重且较易发生的事故作为顶事件。

④ 确定目标值。根据经验教训和事故案例，经统计分析后，求出事故发生的概率（频率），作为要控制的事故目标值，计算事故的损失率，采取措施，使之达到可以接受的安全指标。

⑤ 调查原因事件。全面分析、调查与事故有关的所有原因事件和各种因素，如设备、设施、人为失误、安全管理、环境等。

⑥ 画出事故树。从顶事件起，按演绎分析的方法，逐级找出直接原因事件，直到所要分析的深度，按其逻辑关系，用逻辑门将上下层连结，画出事故树。

⑦ 定性分析。按事故树结构运用布尔代数，进行简化，求出最小割（径）集，确定各基本事件的结构重要度。

⑧ 求出顶事件发生概率。确定所有原因发生概率，标在事故树上，并进而求出顶事件（事故）发生概率。

⑨ 进行比较。将求出的概率与统计所得概率进行比较，如不符，则返回（5）查

找原因事件是否有误或遗漏，逻辑关系是否正确，基本原因事件的概率是否合适等。

⑩ 定量分析。分析研究事故发生概率，如何才能降低事故概率，并选出最优方案。通过重要度分析，确定突破口，可行性强的加强控制，防止事故的发生。

3.1.2.5 现场调查法

现场调查法是指风险识别主体对存在或遭遇风险的活动进行详尽的现场调查来识别风险的过程。该方法由三个部分组成，分别是调查前的准备工作、现场调查、形成调查报告。调查前的准备工作是确保现场调查成功的前提和基础，其中关键是确定调查需要花费的时间以及调查的开始时间，其核心是确定现场调查的内容，可以通过编制一个现场调查计划表来反映调查的内容、进度和人员安排，以组织整个调查活动。现场调查的过程中，风险管理人员可以通过座谈、访问、查阅相关文件档案、实地观察业务活动等方式完成先期编制的现场调查表中所列举的项目，同时又不应完全局限于此，还需要根据在现场调查中发现的新信息，及时调整需要调查的项目和关注的重点，以期为尽可能成功地完成风险识别等后续工作获得准确、全面的第一手资料和信息。现场调查后，风险管理人员应立即对现场调查的资料和信息进行整理、研究和分析，并在此基础上根据现场调查的目的来撰写调查报告。

3.1.3 风险源识别的结果

风险源清单

风险源清单中逐一列出企业面临的安全风险源，并将这些风险源与企业的经营活动联系起来。

3.2 风险因素识别

风险因素识别是通过调查了解判断风险是否存在的过程。本过程的主要作用是判定风险是否存在，对风险进行筛选。企业要组织专家和全体员工，采取安全绩效奖惩等有效措施，全方位、全过程辨识生产工艺、设备设施、作业环境、人员行为和管理体系等方面存在的安全风险，做到系统、全面、无遗漏，并持续更新完善。图 3–4 描述本过程的依据、工具与技术、结果，图 3–5 是本过程的数据流向图。

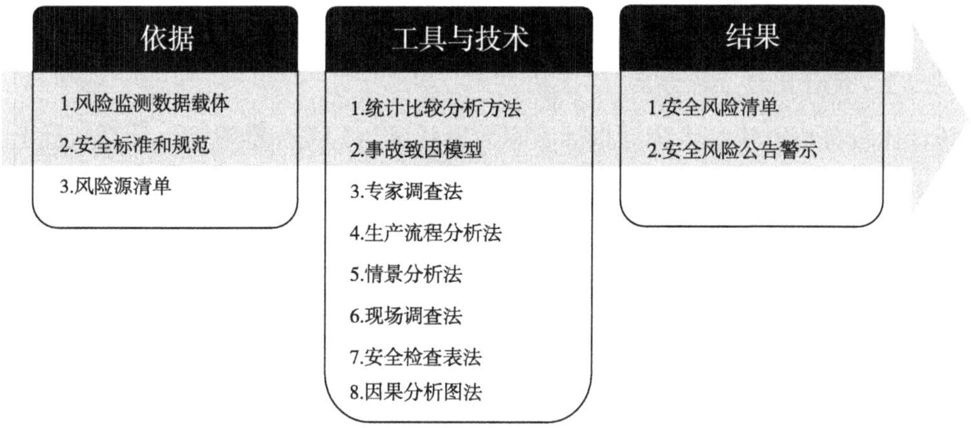

图 3–4　风险因素识别：依据、工具与技术、结果

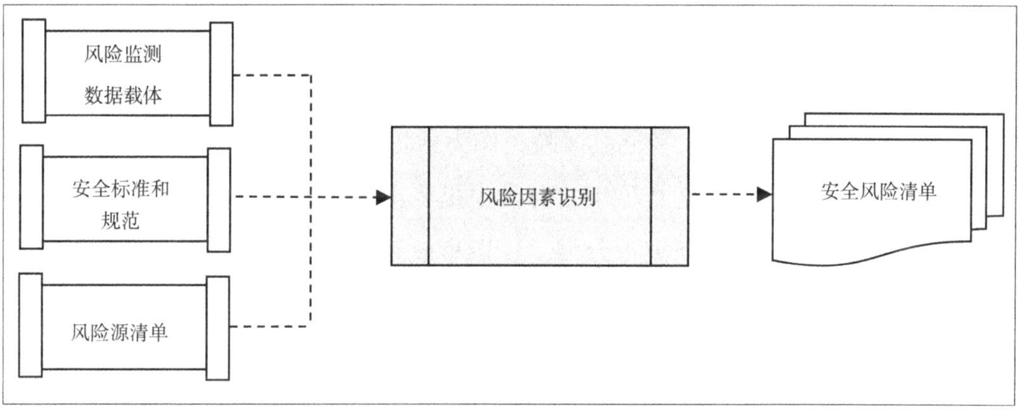

图 3–5　风险因素识别：数据流向

3.2.1　风险因素识别的依据

3.2.1.1　风险监测数据载体

风险监测数据的存储载体是指支持存储和访问需求的存储器。

3.2.1.2　安全标准和规范

风险因素识别应该依据安全标准和规则。如识别时应依据 GB/T 13861 的规定充分考虑四种不安全因素：人的因素、物的因素、环境因素、管理因素。应充分考虑国家安全监管总局组织编写的《工贸行业较大危险因素辨识与防范指导手册（2023 版）》中提及的较大危险因素。

3.2.1.3　风险源清单

风险产生于风险源，风险源清单是指风险源的列表。

3.2.2 工具与技术

3.2.2.1 统计比较分析方法

统计比较分析方法是将统计指标实际数量状况与相关标准对标，计算数量上差别和变化，并做出风险识别的过程。该方法是人们认识客观事物普遍采用的一种逻辑思维方法，也是最常用的一种有效方法。其主要特征是比较总体指标数量与客观实际指标数量，可比性是统计比较的重要规则。

3.2.2.2 事故致因模型

识别风险就是发现事故可能的原因，而发现事故原因可以采用事故致因理论或者事故致因模型，即识别风险因素的方法是用事故致因模型作为工具的。在事故致因模型中，事故之前的内容就是可能的事故原因，查找可能的事故原因就是风险识别；对于事后管理（事故发生后汲取教训，为预防类似事故提供借鉴），分析事故案例，目的在于得到已有事故的原因，控制其风险，作为预防未来事故的手段。

事故致因理论是从大量的典型事故分析中提炼出事故致因机理和模型，是安全科学的基础。事故致因理论的研究可分为：① 以事故频发倾向论和海因里希因果连锁理论为代表的单因素事故致因理论；② 以能量意外释放理论和轨迹交叉理论为代表的多因素事故致因理论；③ 以系统安全理论为代表的多因素耦合事故致因理论。

3.2.2.3 专家调查法

专家调查法（Expert Survey）是通过对多位相关专家的反复咨询及专家的意见反馈，确定主要风险因素，然后制成风险因素估计调查表，再由专家和相关工作人员对各风险因素在项目建设期或分析期内出现的可能性以及风险因素出现后对智慧应急管理主体价值的影响程度进行定性估计，最后通过对调查表的统计整理和量化处理，获得各风险因素的概率分布和对智慧应急管理主体价值的可能影响结果。专家调查法主要包括头脑风暴法和德尔菲法。

（1）头脑风暴法

头脑风暴法最早由奥斯本于1939年提出，是一种刺激创造性、产生新思想的方法。应用头脑风暴法的一般步骤是先召集有关人员组成一个小组，然后以会议的方式展开讨论。该方法的理论依据是群体智慧大于个体智慧，最主要的特点是尽量避免成员间的批评，最大限度地展现智慧以及相互启发，以提出创造性的想法、主意和方案。

一般情况下，应用头脑风暴法时小组开会的人数不宜太少，也不宜太多，少则五六人，多则十来人，以便让与会者都有充分发表意见的机会，也可以分组讨论；会议时间不要太长，以免令人疲倦、厌烦而不能达到预期效果。头脑风暴法适合于问题单一、目标明确的情况。如果问题牵扯面太广、包含的因素太多，可先将问题分解，再实施头脑风暴法。

头脑风暴法的优点是比较容易获得结果，而且节省时间，所以应用广泛。但是也有大量研究表明，头脑风暴法可能由于某些原因会阻碍一些创造性的思考，从而导致“生产力损失”。

（2）德尔菲法

德尔菲法是由美国著名的咨询机构兰德公司发明并最早用于军事领域的预测方法。当时美国空军委托该公司研究一个典型的风险识别课题：若苏联对美国发动核袭击，其袭击的目标会选择在什么地方？后果会怎样？由于这种问题很难用数学模型进行精确计算，于是兰德公司提出了一种规定程序的专家调查法，当时为了保密而以古希腊阿波罗神殿所在地德尔菲命名，故这种方法称为德尔菲法。

应用德尔菲法的一般程序包括以下四项内容。① 把一组具有特别形式、非常明确、用笔和纸可以回答的问题以通信的方式寄给专家，或在某会议上发给专家，问题的条目可由组织者、参加者或双方共同确定。② 对专家进行多轮反复问询，每一次问询后都要对专家就每个问题的反馈意见进行统计汇总，包括计量中位值和一些离散度数值，甚至需要给出全部回答的概率分布等。③ 根据统计结果及时调整前述问题中的不合理之处，把调整后的问题和汇总意见匿名发给各位专家，对于在一定程度上偏离大多数人意见的回答者，将被请求更正其回答或陈述理由。④ 随着反复问询、反馈、更正等，从专家处获得的信息将越来越少，组织者可视具体情况确定何时停止上述过程。

用德尔菲法识别和分析风险时，需要注意下列问题。① 采取匿名制，避免所邀请的专家相互知道对方。② 避免个人权威、资历、压力，尤其是主持人或组织者的倾向性意见等因素的影响。③ 应按合理的次序和方式将问题集中列好，以引起专家的兴趣和注意。④ 尽量避免所提问题出现交叉和组合的情况。例如，如果一个问题包含两方面内容，一方面是专家同意的，另一方面是专家不同意的，这时专家就难以做出正确判断和回答。⑤ 应控制问题的数量，一般认为20~25个问题为宜，过多的问题不仅导致排列困难，也容易引起交叉和组合。⑥ 应对结论进行反复分析、验证。提问、排列、回答的方式不同，对专家反馈意见的统计整理方法有差异，则对应的结论会有所不同。

与传统的圆桌会议、头脑风暴法或仅遵循某一个人的意见相比，运用德尔菲法所得出的结论的准确度和可信度会更高一些，而且这种方法既可以避免各个专家之间的直接冲突或相互影响，又能引导他们进行独立思考，从而有助于逐渐形成一种统一意见。如果实验的目的是量化估计，即使开始时各个专家的意见不一致，但随着实验的反复进行，专家们的意见也将因反复表格化、符号化、数字化的科学处理而逐渐达到统一，从而便于统计分析。但是，德尔菲法也存在很多缺点。第一，选择合适的专家是准确运用德尔菲法的关键，但这个问题并不容易解决。第二，德尔菲法不能完全消除问题陈述的模糊性、专家经验的不确定性以及专家可能下意识或故意给出带偏见的答案等。第三，德尔菲法通过多次循环“专家意见形成——统计反馈——意见调整”这一过程使专家将自己的意见调整到有利于统计分析的方向，从而削弱了专家原有见解的独立性。第四，德尔菲法对群体意见的一致性缺乏判断标准。第五，对集成结果缺乏可信的测度，从而难以检测集成结果的可靠度。第六，应用德尔菲法时一般需要经过四到五轮的调查统计，过程繁杂，所以存在最后结论不收敛的风险。

3.2.2.4 生产流程分析法

生产流程分析法，又称流程图法。生产流程又叫工艺流程或加工流程，是指在生产工艺中，从原料投入到成品产出，通过一定的设备按顺序连续地进行加工的过程。生产流程分析法强调根据不同的流程，对每一阶段和环节，逐个进行调查分析，找出风险存在的原因。

3.2.2.5 情景分析法

情景分析法是就某一主体或某一主体所处的宏观环境进行分析的一种特殊研究方法。概括地说，情景分析的整个过程是通过对环境的研究，识别影响研究主体或主体发展的外部因素，模拟外部因素可能发生的多种交叉情景，以分析和预测各种可能前景。情景分析首先要进行情景设计，通常借助讨论，形成关于未来情况的各种可能的看法。

情景分析法比较灵活，其应用涵盖了两种情况：第一，利用目前的环境进行直接的向外的趋势预测；第二，向目前环境中人为增加新的条件，对趋势进行观察。在风险管理上，情景分析法主要用于以下情境：帮助决策者注意某些措施或政策可能引起的风险或危机性后果，帮助识别需要进行检测的风险范围，研究某些关键因素对未来过程的重大影响，帮助识别和控制一些重大突发性风险的发生和影响。

情景分析法的操作过程如下：首先，利用有关的数据等资料，对目前状态进行描述，研究引起有关风险的关键因素及其影响；其次，罗列出导致风险发生的因素，并选择一些主要的控制因素形成情景分析的关键因素；最后，研究当某些因素发生变化时，将出现怎样的风险，造成怎样的损失和后果。

3.2.2.6 现场调查法

详见 3.1.2.5。

3.2.2.7 安全检查表法

详见 3.1.2.1。

3.2.2.8 因果分析图法

因果分析图的形状像鱼刺，故也叫鱼刺图。因果分析图法是把系统中产生事故的原因及造成的结果用简明的文字和线条加以全面表示的方法。首先，它是一种适合于描述多种依据条件组合的测试方法，根据多种依据条件的组合、约束关系以及与结果条件之间的因果关系，分析依据条件的各种组合情况，该方法适合于检查程序中依据条件所涉及的各种组合情况。其次，使用因果分析图法可对各种危险因素进行分析，把隐蔽的问题查找出来，同时找出最主要的原因，把管理范围缩小到焦点问题上，制定出高效安全的处置对策。最后，它也适用找出事故发生的所有原因，或分析产生风险的所有的可能原因。

3.2.3 风险因素识别的结果

3.2.3.1 安全风险清单

安全风险清单中每个风险都被赋予一个独特的标识号，对已识别的风险进行描述，确保准确理解。如果在识别风险过程中识别出潜在风险责任人，就要把该责任人记录到风险清单中；如果在识别风险过程中识别出某种潜在风险的应对措施，就要把它记录到风险清单中，随后将由规划风险应对过程进行确认。

3.2.3.2　安全风险公告警示

企业要实施安全风险公告警示，建立完善的安全风险公告制度，加强风险教育和技能培训，确保管理层和每名员工都掌握安全风险的基本情况及防范、应急措施。要在醒目位置和重点区域分别设置安全风险公告栏，制作岗位安全风险告知卡，标明主要安全风险、可能引发的事故隐患类别、事故后果、管控措施、应急措施及报告方式等内容。对存在重大安全风险的工作场所和岗位，要设置明显警示标志，并强化危险源监测和预警。

3.3　风险等级划分

风险等级划分是对风险事件发生所造成的损失做出定性或定量估计的过程。本过程的主要作用是确认风险带来的后果，包括财产损失和人员伤亡等。图 3–6 描述了本过程的依据、工具与技术、结果，图 3–7 是本过程的数据流向图。

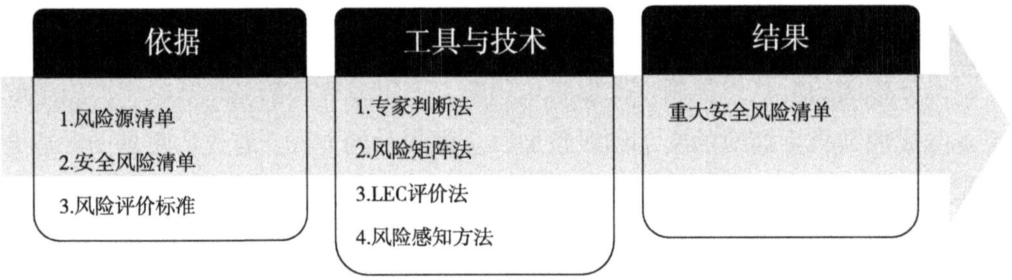

图 3–6　风险等级划分：依据、工具与技术、结果

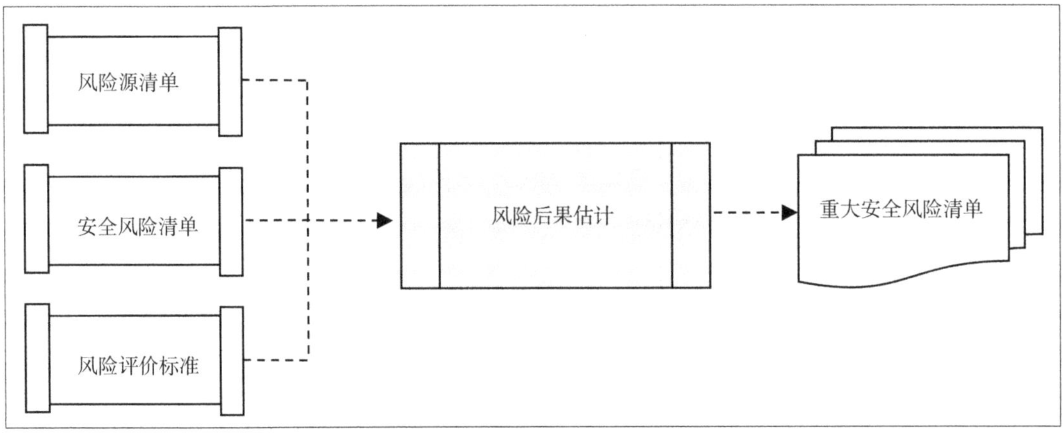

图 3–7　风险等级划分：数据流向

3.3.1　风险等级划分的依据

3.3.1.1　风险源清单

详见 3.1.3。

3.3.1.2　安全风险清单

详见 3.2.3.1。

3.3.1.3　风险评价标准

在对风险因素或各类危险源进行风险评价时，应结合自身可接受风险实际，制定包含事故（事件）发生的可能性、严重性、频次、风险值等内容的取值标准和评价级别，进行风险评价。制定风险评价标准时应充分考虑以下因素：有关安全生产法律、法规；设计规范、技术标准；本单位的安全管理、技术标准；本单位的安全生产方针和目标等。

3.3.2　工具与技术

3.3.2.1　专家判断法

专家判断法是指基于某应用领域、知识领域、学科和行业等专业知识而做出的关于当前活动的合理判断。

3.3.2.2　风险矩阵法

风险矩阵法（Risk Matrix）采用风险定义函数来评价风险值，即 $R=L\times S$，其中 R 是风险值，L 是事故发生的可能性，S 是事故后果严重性。R 值越大，说明该系统危险性越大、风险越大。

3.3.2.3　LEC 评价法

该方法用与系统风险有关的三种因素指标值的乘积来评价操作人员伤亡风险大小，这三种因素分别是：L（likelihood，即事故发生的可能性）、E（exposure，即人员暴露于危险环境的频繁程度）和 C（consequence，即一旦发生事故可能造成的后果）。

1.LEC 的取值标准

对于一个具有潜在危险性的作业条件，K.J. 格雷厄姆和 G.F. 金尼认为，影响危险性大小的主要因素有三个。即 L、E、C。用公式来表示，则为：

$$D = L \times E \times C$$

式中：D——作业条件的危险性；

L——事故或危险事件发生的可能性；

E——人员暴露于危险环境的频率；

C——发生事故或危险事件的可能造成的结果。

（1）事故或危险事件发生的可能性

事故或危险事件发生的可能性与其实际发生的概率相关。用概率来表示的话，绝对不可能发生时概率为零；必然发生时，其概率为 10。但在考察一个系统的危险性时，绝对不可能发生事故的说法是不确切的，即概率为零的情况不确切，只能说某种具有潜在危险的作业发生事故的可能性极小，其概率趋近于零。所以，将实际上不可能发生的情况作为“打分”的参考点，其分数值定为 0.1。

此外，在实际生产条件中，事故或危险事件发生的概率幅度大，人们将“完全会被预料到”的发生可能性的分值规定为 10；在 0.1 与 10 之间再根据可能性的大小相应地确定几个中间值，如将“不经常见，但可能”的分值定为 3，“相当可能发生”的分值规定为 6。同样，在 0.1 与 1 之间也插入与某种可能性对应的分值。具体如表 3–3 所示。

表 3–3 事故或危险事件发生可能性及相应分值

分值	事故或危险情况发生可能性	分值	事故或危险情况发生可能性
10*	完全会被预料到	0.5	可以设想，但高度不可能
6	相当可能	0.2	极不可能
3	不经常，但可能	0.1*	实际上不可能
1*	完全意外，极少可能		

注：* 为“打分”的参考点。

（2）人员暴露于危险环境的频率

众所周知，作业人员暴露于危险环境的次数越多、时间越长，受到伤害的可能性也就越大。为此，K.J. 格雷厄姆和 G.F. 金尼将连续暴露于潜在危险环境的分值规定为 10，每年几次暴露于危险环境的分值规定为 1。以 10 和 1 为参考点，在其区间根据在潜在危险作业条件中的暴露情况，对应地确定其分值。例如，“每月暴露一次”的分值定为 2，“每周一次或偶然暴露”的分值为 3。当然，根本不暴露的分值记为 0，但这种情况实际上是不存在的，是没有意义的，因此无须列出。关于暴露于潜在危险环境的分值见表 3-4。

表 3-4 暴露于潜在危险环境及相应分值

分值	暴露于危险环境的情况	分值	暴露于危险环境的情况
10*	连续暴露于潜在危险环境	2	每月暴露一次
6	逐日在工作时间内暴露	1*	每年几次暴露于潜在危险环境
3	每周一次或偶然暴露	0.5	非常罕见地暴露

注：* 为“打分”的参考点。

（3）发生事故或危险事件的可能结果

事故或危险事件导致的人身伤害或物质损失可在很大范围内变化，以工伤事故为例，危害结果的范围可以是从轻微伤害到多人死亡。K.J. 格雷厄姆和 G.F. 金尼将需要救护的轻微伤害的分值规定为 1，以此为一个基准点；将造成许多人死亡的分值规定为 100，作为另一个参考点。在两个参考点 1～100 之间，插入可能结果及相应的值，具体如表 3-5 所示。

表 3-5 发生事故或危险事件的可能结果及相应分值

分值	可能结果	分值	可能结果
100*	大灾难，许多人死亡	7	严重，严重伤害
40	灾难，数人死亡	3	重大，致残
15	非常严重，一人死亡	1*	引人注目，需要救护

注：* 为“打分”参考点。

（4）危险性

确定了与系统风险有关的三个因素的分值，并按公式进行计算，即可得危险性分值。要确定其危险性程度时，则按下述标准进行评定。

危险性分值在 20 以下的环境属低危险性，一般可以被人们接受，此类环境的危险性比骑自行车通过拥挤的马路去上班之类的日常生活活动的危险性还要低。当危险性分值在 20～＜70 时，则需要加以注意；当危险性分值在 70～＜160 时，则有明显的危险，需要采取措施进行整改。危险性分值在 160～＜320 的作业条件具有高度危险，必须立即采取措施进行整改。危险性分值在320分以上时，则表示该作业条件极其危险，应该立即停止作业直到作业条件得到改善为止。危险程度及相应分值见表3-6。

表3-6 危险程度及相应分值

分值	危险程度	分值	危险程度
＞320	极其危险，不能继续作业	20～＜70	可能有危险，需要注意
160～＜320	高度危险，需要立即整改	＞20	稍有危险，或许可以接受
70～＜160	显著危险，需要整改		

2. 评价过程

根据上述表格和公式可画出危险性评价诺模图，如图3-8所示。图中4条竖线分别表示危险可能性及三个主要影响因素。在这些竖线上分别按比例标出了分值点及相应情况。使用时按各因素情况，在图上找出相应点，再通过这些点画出两条直线，最后与危险分值线的交点即为求解的结果。

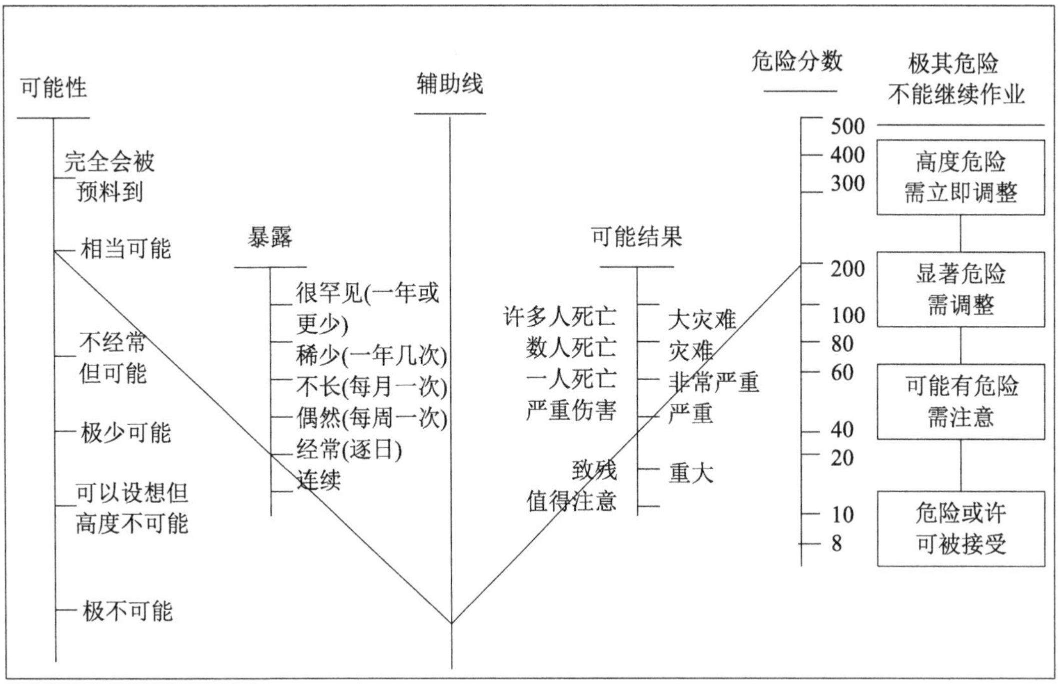

图3-8 危险性评价诺模图

3.LEC的优缺点

LEC评价法评价人们在某种具有潜在危险的作业环境中进行作业的危险程度，该法简单易行，危险程度的级别划分比较清楚、醒目。但是，它主要是根据经验来确定三个因素的分值并划定危险程度等级，因此具有一定的局限性。另外它是对作业的局部评价，不能普遍适用。因此，在具体应用时，应根据自己的经验、具体情况适当加以修正。

3.3.2.4　风险感知方法

风险感知指风险可接受程度不仅仅关系到风险本身的收益评估，更要考虑到人们的主观尺度。风险感知是人们对某个特定风险的特征和严重性所做出的主观判断，还是测量公众心理恐慌的重要指标。

3.3.3　风险等级划分的结果

重大安全风险清单

安全风险等级从高到低划分为重大风险、较大风险、一般风险和低风险，分别用红、橙、黄、蓝四种颜色标示。对识别出的风险均需要给出安全风险等级，其中，对重大安全风险应填写清单、汇总造册，按照职责范围报告属地负有安全生产监督管理职责的部门。要依据安全风险类别和等级建立企业安全风险数据库，绘制企业"红橙黄蓝"四色安全风险空间分布图。

3.4　风险关系分析

风险关系分析是在众多风险因素中分析关键因素、直接因素以及各因素的分类情况等，为后续安全风险分级分类管理提供参考的依据。图 3–9 描述本过程的依据、工具与技术、结果，图 3–10 是本过程的数据流向图。

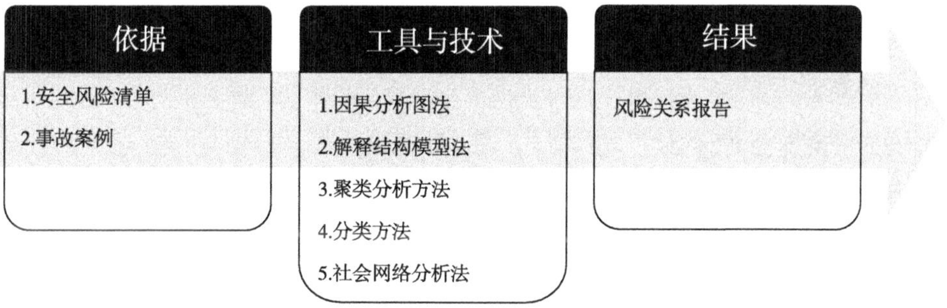

图 3–9　风险关系分析：依据、工具与技术、结果

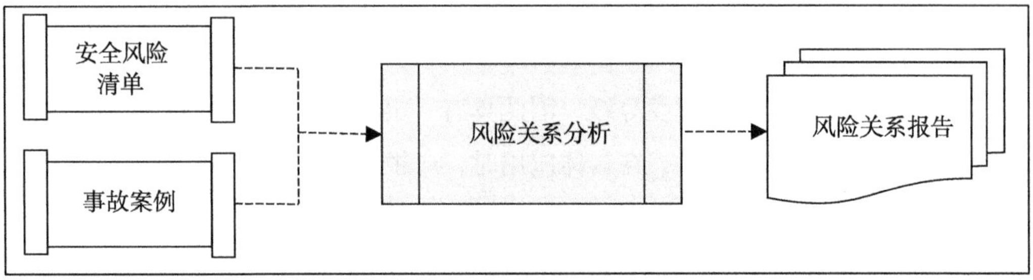

图 3-10 风险关系分析：数据流向

3.4.1 风险关系分析的依据

3.4.1.1 安全风险清单

详见 3.2.3.1。

3.4.1.2 事故案例

详见 3.1.1.2。

3.4.2 工具与技术

3.4.2.1 因果分析图法

详见 3.2.2.8。

3.4.2.2 解释结构模型法

解释结构模型（Interpretive Structural Modeling，ISM）法是系统工程中广泛应用的一种分析方法，是结构模型化技术的一种。它将复杂的系统分解为若干子系统，利用人们的实践经验和知识以及计算机的帮助，最终构成一个多级递阶的结构模型。此模型以定性分析为主，属于概念模型，可以把模糊不清的思想、看法转化为直观的具有良好结构的关系。例如，可以采用解释结构模型对危化品道路运输风险因素之间的关系及相互影响程度进行分析，模型的最底层因素是安全事故的直接原因，是事故预防的关键因素。

3.4.2.3 聚类分析方法

聚类就是把相似对象通过静态分类方法，分成不同组别或者更多的子集，让在同一个子集中的成员对象具有相似的一些属性。采用聚类分析方法，针对不同来源的数据信息进行聚类，有助于更好地认识数据，并通过类中心分析，发现类别特征。例如，为了综合考虑海上交通事故的各种影响因素，建立海上交通事故原因聚类模型，通过对事故原因的聚类分析，进一步反映事故原因之间的内在联系，为制定海上交通安全应急预案提供依据。

3.4.2.4　分类方法

对安全事故和安全风险进行分类，主要是为了安全管理措施更具有专业性和针对性。如需要对特种设备的风险因素进行分类，不同类型的风险因素，应使用不同专业技能人员进行风险隐患排查治理。分类方法包括手动分类和自动分类。经常使用 SVM（Support Vector Machine）分类器进行自动分类，它是一类监督学习分类器，通过求解的最大边距超平面进行分类。有监督分类器训练需要基于大量带类别标签的样本，但有时难以获取大规模有标签的样本，现实中比较容易采集的是大量无标签数据。基于有限的有标签样本，利用大量无标签数据，减轻手动标记样本工作量的有效方法就是半监督分类，它介于有监督分类和无监督分类之间。

3.4.2.5　社会网络分析法

社会网络分析法是一种社会学研究方法。社会学理论认为社会不是由个人而是由网络构成的，网络中包含结点及结点之间的关系。社会网络分析法通过对网络中关系的分析探讨网络的结构及属性特征，以及网络中个体的属性及网络整体属性。网络个体属性分析包括点度中心度、接近中心度等；网络的整体属性分析包括小世界效应、小团体研究、凝聚子群等。在应用方面，可将风险因素绘制成网络结构图并进行社会网络分析，通过网络中心性和凝聚特性分析，挖掘关键风险因素，以及各因素之间的影响关系，最终为高效事故预防控制提供参考。

3.4.3　风险关系分析的结果

风险关系分析的最终结果是形成风险关系报告。风险关系报告包括关键风险分析报告和风险分类分析报告等，报告主要为后续风险分类分级管控提供关键的依据信息。

3.5　智慧风险识别之智慧

智慧风险识别旨在通过“感知数据——交互信息——洞察分析——决策行动”智慧过程，感知多元风险识别场景的多源异构数据，构建感知多元风险识别场景数据，再通过数据的清洗、存储等，形成数据信息，进而结合多元风险识别场景业务流，最终形成可供智能决策的风险评估场景的知识。

第 4 章　智慧风险评估场景

智慧风险评估场景是指开展智慧风险评估的相关集成活动。智慧风险评估包括构建风险评估指标体系、量化定性评估指标、无量纲化定量评估指标、设置指标权重和进行智慧评估五个过程。进行智慧风险评估的目的在于辅助应急管理决策，开展风险评估工作就是要对安全风险情况做一次全面摸底，构建一个系统的、全面的智慧风险评估体系。上述五个过程有一定的先后顺序：第一，依据评估目标构建风险评估指标体系；第二，为了完成定量评估目标，对各项指标给出量化评估值；第三，对不同单位、不同数量级的量化指标进行无量纲化或归一化处理；第四，对各指标设置权重系数；第五，选择合适的评估模型对评价问题进行智慧评估。智慧风险监测的结果“风险监测数据载体”和智慧风险识别的结果“安全风险清单”是智慧风险评估的主要依据。

图 4–1 概括了智慧风险评估的各个过程。虽然在本书中，各智慧风险评估过程以界限分明和相互独立的形式出现，但在实践中它们会以本书无法全面详述的方式相互交叠和相互作用。

4.1　构建风险评估指标体系

构建风险评估指标体系是定义如何实施系统风险分解和分级的过程。本过程的主要作用是明确系统风险评估的类型、目标和范围。图 4–2 描述本过程的依据、工具与技术、结果，图 4–3 是本过程的数据流向图。

构建风险评估指标体系的过程在系统评估的构思阶段就应开始，并在早期完成。在评估过程中，根据风险评估指标体系使用之后的效果等情况对该体系进行及时修订。

智慧风险评估指标体系构建场景分析的步骤：第一，选择评估检测对象、风险监测数据载体、风险报告作为评估依据，采用相关智能化技术，依据检测的多源异构数据，形成数据池，并经过数据清洗、存储等形成信息；第二，基于相关数据信息，挖掘影响风险评估的指标因素，再依据层次分解法等确定指标权重；第三，优选分析风险评估指标，建立智慧风险评估指标体系。

图 4-1　智慧风险评估概述

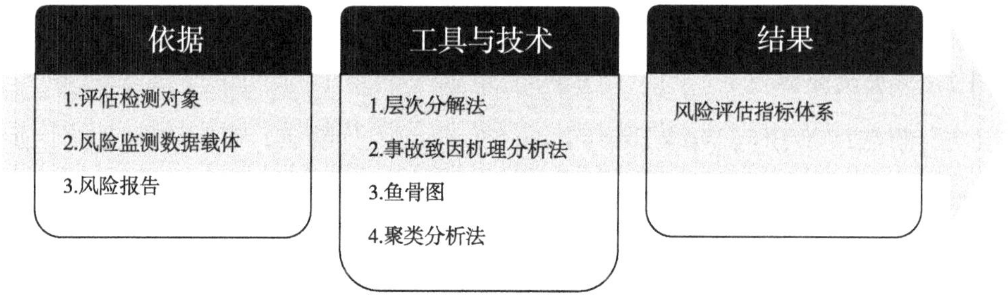

图 4-2　构建风险评估指标体系的依据、工具与技术、结果

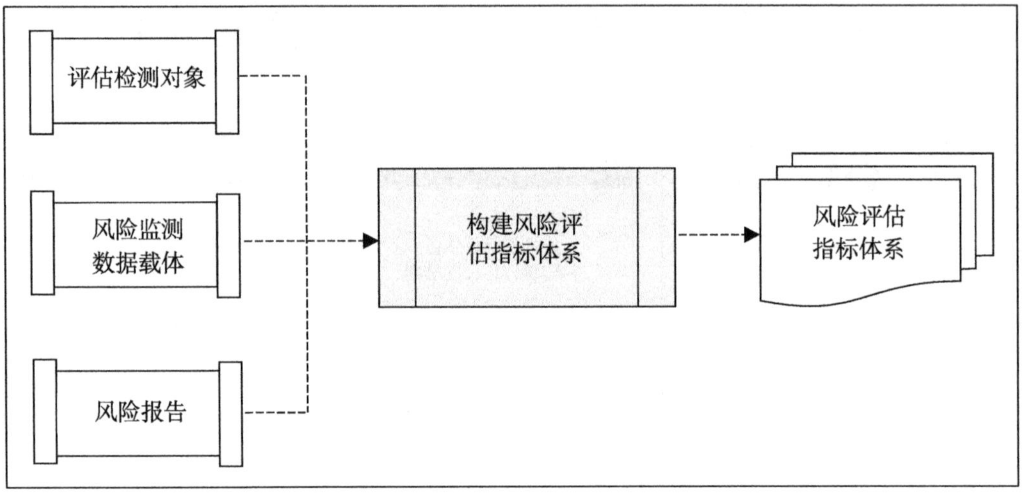

图 4-3　构建风险评估指标体系：数据流向

4.1.1　构建风险评估指标体系的依据

4.1.1.1　评估检测对象

明确评估检测对象，其前提是确定评估目标和评估范围，提供评估检测对象的历史风险事故或灾害记录，确定典型风险因素和风险特点。事故或灾害记录是从风险结果维度来考虑，风险因素和风险特点是从风险过程维度来考虑。

4.1.1.2　风险监测数据载体

详见 2.5.3。

4.1.1.3　安全风险清单

详见 3.2.3.1。

4.1.2　工具与技术

4.1.2.1　层次分解法

层次分解法或 WBS（Work Breakdown Structure）分解法，被广泛地应用于应急管理领域和系统工程中。该方法对系统面临的所有风险进行系统性分解，直到分解为基本风险事件，形成安全风险因素分解树。

4.1.2.2　事故致因机理分析法

每一次事故的发生都不是偶然的，是众多因素结合共同导致的，对事故进行科学的划分能够从更深的层次上解析事故发生的根本原因，有效地遏制安全事故，推动安全生产体制的完善和转变。

4.1.2.3 鱼骨图

鱼骨图又称因果图或因果分析图。问题的产生总是有一定原因的，一般通过综合利用各种风险识别方法找出某类安全风险的所有因素，按照相互关联的影响顺序，整理出层次分明、像鱼骨图形的安全风险因素关系图，以便对其中的安全风险因素进行分析评估。

4.1.2.4 聚类分析法

聚类分析法是指在原始风险因素较多的情况下，对指标进行分类，使不同的类别代表风险评价的不同方面，然后通过因子分析筛选出各个类中因子信息量最大的指标，并剔除其他指标，保证筛选出的指标在所在类别中对评价结果影响的显著性，即从聚类分析的角度进行因子分析。

4.1.3 构建风险评估指标体系的结果

风险评估指标体系

选取代表性的指标来反映复杂多样的主体风险因素，构建递阶层次结构图。

4.2 量化定性评估指标

量化定性评估指标是对定性评估指标采用定量方法进行评估。本过程的主要作用有两个：首先，对定性风险指标给出定性风险评价值；其次，基于评价尺度，给出定量评估分值或等级。图 4–4 描述了本过程的依据、工具与技术、结果，图 4–5 是本过程的数据流向图。

图 4–4 量化定性评估指标依据、工具与技术、结果

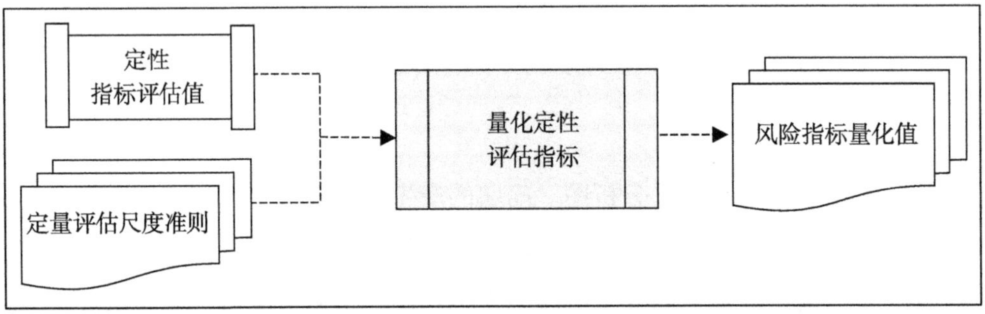

图 4–5　量化定性评估指标：数据流向

量化定性评估指标的过程在选定评估指标后就开始，并在评估定性指标过程中，根据风险评估指标体系使用之后的效果等情况进行及时修订。

4.2.1　量化定性评估指标的依据

4.2.1.1　定性指标评估值

即在风险评估指标体系中筛选出定性评估指标项目，获得被评估对象相应指标的定性评估值。

4.2.1.2　定量评估尺度准则

由评估主体（一般为专家群体）确定评估尺度。表 4–1 提供了评估尺度准则的示例。把评估主体的定性评估值映射到定量值上。

表 4–1　评估尺度准则示例

	等级一	等级二	等级三	等级四	等级五
定性评估	非常安全	安全	比较安全	一般	不安全
定量评估	5	4	3	2	1

4.2.2　工具与技术

专家打分

专家依照制定的评语准则进行量化打分。例如，专家（单个）构建安全检查表，并给出扣分准则，然后依据扣分准则直接进行打分。

4.2.3　量化定性评估指标的结果

风险指标量化值是指定性指标的量化评估衡量值。

4.3 无量纲化定量评估指标

无量纲化定量评估指标是对定量评估指标采用无量纲化方法进行评估。该评估的主要作用是通过数学变换，消除风险评估的量化指标原始数据量纲对评估结果的影响。图 4–6 描述本过程的依据、工具与技术、结果，图 4–7 是本过程的数据流向图。

图 4–6 无量纲化定量评估指标的依据、工具与技术、结果

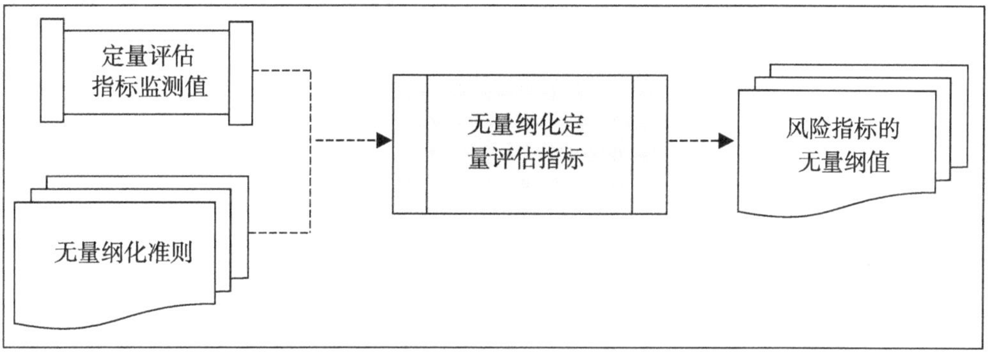

图 4–7 无量纲化定量评估指标：数据流向

无量纲化定量评估指标的过程在选定评估指标后就开始，并在评估定量指标过程中，根据风险评估指标体系使用之后的效果等情况进行及时修订。

4.3.1 无量纲化定量评估指标的依据

4.3.1.1 定量评估指标监测值

在风险评估指标体系中筛选出定量评估指标项目，并获得被评估对象的指标监测或衡量值。

4.3.1.2 无量纲化准则

由评估主体（一般为专家群体）确定评估尺度。表 4–2 提供了评估尺度准则的示例，并把评估主体的定量测量值映射到标准尺度上。

表 4–2　评估尺度准则示例

	等级一	等级二	等级三	等级四	等级五
定量值（米）	400 以上	301～400	201～300	100～200	100 以下
定量评估	5	4	3	2	1

4.3.2　工具与技术

4.3.2.1　标准评分法

依据标准评分准则，参考安全生产国家标准、行业标准等因素，统一将定量指标划分等级，然后按照划分的等级对实际量化指标值进行打分。

4.3.2.2　标准化法

标准化法，即用当前数值减去组数中最小值，然后除以数组中最大值减去最小值的差值，处理后的数据分布在 [0，1] 的区间内。

4.3.3　无量纲化定量评估指标的结果

风险指标的无量纲值

在量纲分析中，无量纲量，或称无因次量、无维量、无维度量、无维数量、无次元量等，指的是没有量纲的量。风险指标属于无量纲值范畴。

4.4　设置指标权重

设置指标权重是对评估指标定义权重系数的过程。本过程的主要作用是给出评估主体对各指标的重要性的度量。图 4–8 描述本过程的依据、工具与技术、结果，图 4–9 是本过程的数据流向图。

设置指标权重的过程在选定评估指标后就开始，并在评估各指标重要程度的过程中，根据风险评估指标体系使用之后的效果等情况进行及时修订。

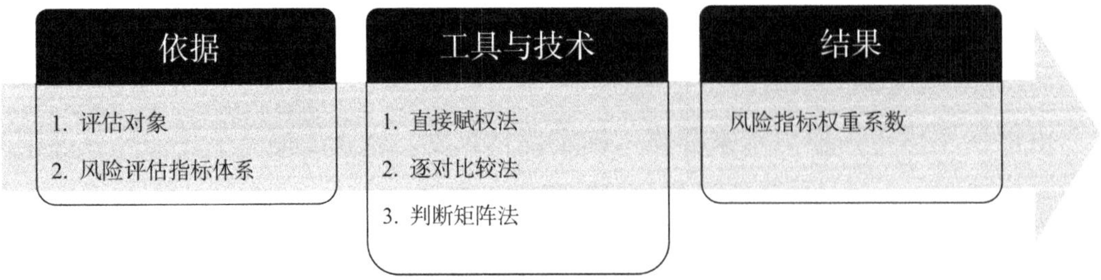

图 4–8　设置指标权重的依据、工具与技术、结果

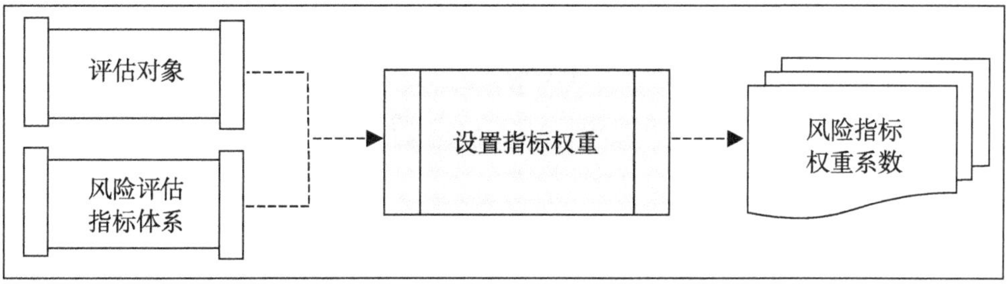

图 4–9 设置指标权重：数据流向

4.4.1 设置指标权重的依据

4.4.1.1 评估对象

风险评估对象是指项目中受到最严重的约束和具有最大不确定性的地方，也就是薄弱环节。

4.4.1.2 风险评估指标体系

见 4.1.3.1。评估主体定义的风险指标体系以及各指标对评估目标的影响。

4.4.2 工具与技术

4.4.2.1 直接赋权法

直接赋权法是依据决策者的知识储备和经验以及获得的评估对象的资料，对各指标的重要程度进行直接赋权，使指标权重符合实际情况，以体现各指标的重要度。如企业的安全生产重大隐患的权重是一票否决，其他权重系数之和等于 1。

4.4.2.2 逐对比较法

逐对比较法是对各指标进行逐对比较，相对重要的指标给予较高分值。表 4–3 提供逐对比较法的示例，表中的指标 1 与指标 2 在比较一次的情况下，前者重要，得 1 分，后者得 0 分。最后，根据各指标累计得分所占比例计算权重。

表 4–3 逐对比较法示例

评价指标	比较次数										累计得分	权重
	1	2	3	4	5	6	7	8	9	10		
指标 1	1	1	1	1							4	0.4
指标 2	0				1	1	1				3	0.3
指标 3		0			0			0	1		1	0.1

续表

评价指标	比较次数										累计得分	权重
	1	2	3	4	5	6	7	8	9	10		
指标 4			0			0		1		1	2	0.2
指标 5				0			0		0	0	0	0

4.4.2.3 判断矩阵法

判断矩阵法是对指标进行两两比较，构造判断矩阵，一致性检验通过后，采用方根法和归一化法给出权重系数。方根法是对 *N* 个指标比较值连乘后，开 *N* 次根。表 4–4 提供判断矩阵法的示例，表中指标 1 与指标 2 相比，前者重要 3 倍，得 3，后者得 1/3，以此类推。最后根据各指标的方根值计算权重。表中没有给一致性判断步骤，详细内容可以参考“层次分析法”的相关文献。

表 4–4 判断矩阵法示例

	指标 1	指标 2	指标 3	方根法	归一化
指标 1	1	1/3	2	0.874	0.230
指标 2	3	1	5	2.466	0.648
指标 3	1/2	1/5	1	0.464	0.122

4.4.3 设置指标权重的结果

风险指标权重系数

风险指标权重是指各个风险指标在整体风险中程度的高低和相对重要的程度，以及所占比例的大小量化值。按统计学原理，将风险所含各个指标权重之和视为 1（即 100%），而其中每个指标的权重则用小数表示，称为风险指标权重系数。

4.5 进行智慧评估

进行智慧评估是基于评估模型进行风险计算的过程。本过程的主要作用是通过模型计算，给出综合风险评估值以及风险管控建议。图 4–10 描述本过程的依据、工具与技术、结果，图 4–11 是本过程的数据流向图。

智慧评估是智慧风险评估的最后一个过程，应按照评估对象的评估周期要求完成。

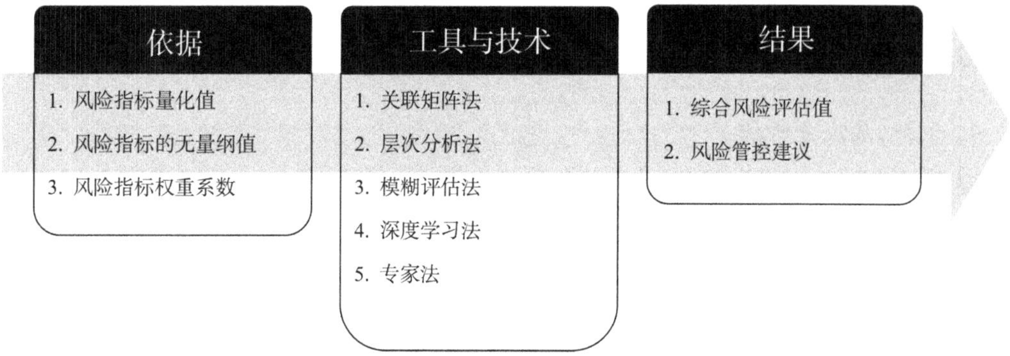

图 4-10 进行智慧评估的依据、工具与技术、结果

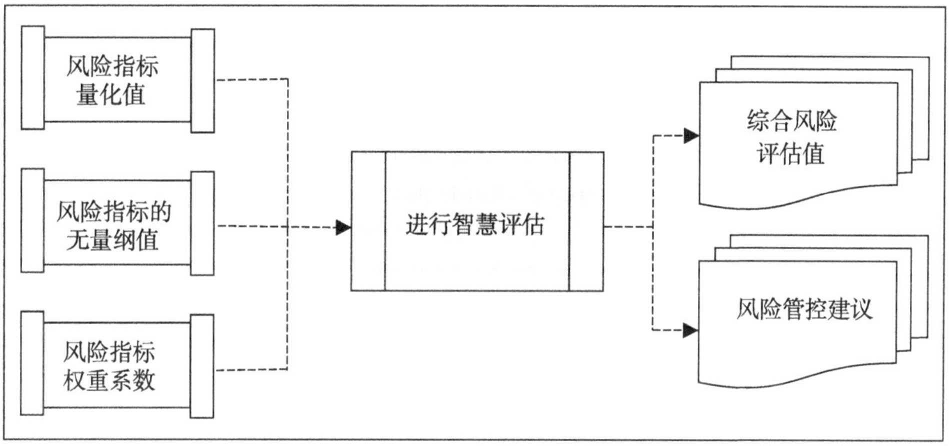

图 4-11 进行智慧评估：数据流向

4.5.1 进行智慧评估的依据

4.5.1.1 风险指标量化值

详见 4.2.3。

4.5.1.2 风险指标的无量纲值

详见 4.3.3。

4.5.1.3 风险指标权重系数

详见 4.4.3。

4.5.2 工具与技术

4.5.2.1 关联矩阵法

关联矩阵法是由美国学者 H. 切斯特纳特提出的一种系统综合评价方法，通过构

建矩阵模型量化分析替代方案的评价指标、权重及价值评定，结合定性与定量数据进行多目标决策优化。

4.5.2.2　层次分析法

层次分析法是指依据指标体系中各指标的层次结构关系图，从底层开始，对同一层次的各指标因素关于上一层中的某一指标进行评估，逐层进行综合评估。常采用判断矩阵法设置权重系数，判断矩阵需要进行一致性检验。

层次分析法（Analytic Hierarchy Process，AHP）是美国运筹学家、匹兹堡大学的托马斯· L. 塞蒂（T. L. Saaty）教授于 20 世纪 70 年代提出的一种定性分析和定量分析相结合的多目标系统分析方法。它根据问题的性质和要达到的总目标，将问题分解成不同的分目标、子目标，并按目标间的相互关联影响及隶属关系分组，形成多层次的结构，通过两两比较的方式确定层次中诸目标的相对重要性，同时运用矩阵运算确定子目标对其上一层目标的相对重要性。这样层层下去，最终确定子目标对总目标的重要性。

1. 层次模型

对于复杂的问题，可拆分为总目标层、子目标层、准则层、方案措施层或层次更多的结构。图 4–12 是层次模型示例。

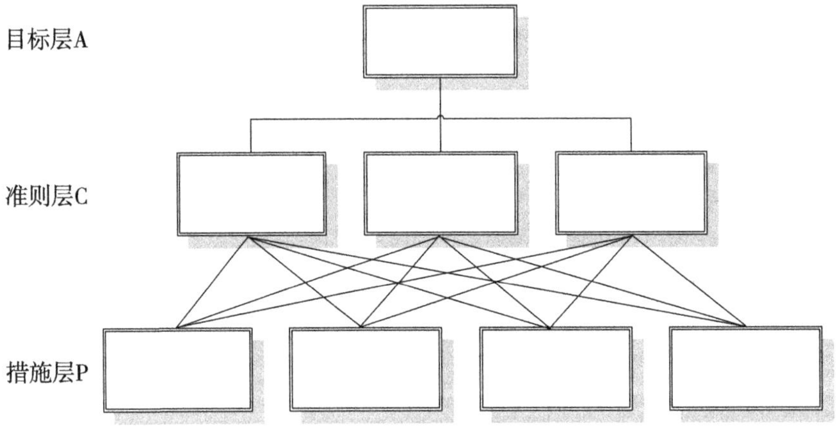

图 4–12　层次模型示例

2.AHP 层次分析法步骤

（1）构造递阶层次

构造递阶层次的过程实际上是对事物的剖析过程，完成对事物的评价指标层次化。

递阶层次的最上层为目标的焦点，仅包含一个元素，下面的层次可包含数个元素，相邻两层的对应元素是按某种规则对元素进行重要性比较后排定的，同一层次中的所有元素具有同等级差的量值。如果它们差别太大，则分属于不同的层次。

（2）构造两两比较判断矩阵

构造判断矩阵的方法常见的有专家讨论决定法、专家调查确定法。可广义地称这两种方法为专家确定法。

对同一层次的要素以上一级的要素为准则进行两两比较，并依据评定尺度确定其相对重要程度，最后据此建立量化的判断矩阵。评定尺度如表 4–5 所示，判断矩阵如表 4–6 和表 4–7 所示。

表 4–5　评定尺度表

评定尺度	定义
1	对 A 而言，C_i 与 C_j 同样重要
3	对 A 而言，C_i 比 C_j 略重要
5	对 A 而言，C_i 比 C_j 重要
7	对 A 而言，C_i 比 C_j 重要得多
9	对 A 而言，C_i 比 C_j 重要很多
2，4，6，8	其重要程度介于上述两相邻评定尺度之间

（注：C_j 对 C_i 的相对重要性 $A_{ji}=1/A_{ij}$）

表 4–6　判断矩阵表

A	C_1	C_2	...	C_j	...	C_n
C_1	U_{11}	U_{12}	...	U_{1j}	...	U_{1n}
C_2	U_{21}	U_{22}	...	U_{2j}	...	U_{2n}
...	...	...	...	...	...	...
C_i	U_{i1}	U_{i2}	...	U_{ij}	...	U_{in}
...	...	...	...	...	...	...
C_n	U_{n1}	U_{n2}	...	U_{nj}	...	U_{nn}

表 4–7 判断矩阵表

C	P_1 P_2 … P_j … P_n
P_1	V_{11} V_{12} … V_{1j} … V_{1n}
P_2	V_{21} V_{22} … V_{2j} … V_{2n}
…	… … … … … …
P_i	V_{i1} V_{i2} … V_{ij} … V_{in}
…	… … … … … …
P_n	V_{n1} V_{n2} … V_{nj} … V_{nn}

U_{ij}（i，j=1，2，…，n）表示从 A 角度考虑 C_i 对 C_j 的相对重要性。

V_{ij}（i，j=1，2，…，n）表示从 C_i 角度考虑 P_i 对 P_j 的相对重要性。

（3）计算各要素的相对权值

在决策问题中，通常要把变量 Z 变成变量 $X_1, X_2, \cdots, X_n$ 的线性组合。

$Z = \omega_1 X_1 + \omega_2 X_2 + \cdots + \omega_n X_n$，其中 $\omega_i > 0, \sum_{i=1} \omega_i = 1$，则 $\omega_1, \omega_2, \cdots, \omega_n$ 叫各因素对于目标 Z 的权，$\omega = (\omega_1, \omega_2, \cdots \omega_n)T$ 叫权向量。

a. 对 $\bar{\omega}_{ij}$ 按行求和得 $\bar{\omega}_i = 1/\mathrm{n}\sum_{j=1}^{n} \bar{\omega}_{ij}$

b. 将 $\bar{\omega}_i$ 归一化，$\omega_i = \bar{\omega}_i \Big/ \sum_{j=1}^{n} \bar{\omega}_j$

$\omega = (\omega_1, \omega_2, \cdots \omega_n)T$ 即为近似特征根（权向量）。

（4）计算综合权重

对应上面的层次结构图，若把目标层 A 对准则层 C 的相对权重记为：

$$\omega^{(1)} = (\omega_1^{(1)}, \omega_2^{(1)}, \cdots, \omega_n)T$$

准则层的各准则 C_i 对措施层 P 的 n 个方案的相对权重记为：

$$\bar{\omega}^{(2)} = (\omega_{1i}^{(1)}, \omega_{2i}^{(1)}, \cdots, \omega_{in}^{(2)})T$$

i= 1，2，…，k 措施层 P 的各方案的相对权重（对目标而言）记为：

$$V^{(2)} = (v_1^{(2)}, v_2^{(2)}, \cdots, v_n^{(2)})T$$

为所求综合权重，具体的计算如表 4–8 所示。

表 4–8 综合权重表

	因素及权重	综合权重 $V^{(2)}$
	C_1 C_2 … C_k $\omega_1^{(1)}$ $\omega_2^{(1)}$ … $\omega_k^{(1)}$	
P_1	$\omega_{11}^{(2)}$ $\omega_{12}^{(2)}$ … $\omega_{1k}^{(2)}$	$V_1^{(2)}=\sum_{j=1}^{k}\omega_j^{(1)}\omega_{1j}^{(2)}$
P_2	$\omega_{21}^{(2)}$ $\omega_{22}^{(2)}$ … $\omega_{2k}^{(2)}$	$V_2^{(2)}=\sum_{j=1}^{k}\omega_j^{(1)}\omega_{2j}^{(2)}$
⋮	⋮	⋮
P_n	$\omega_{n1}^{(2)}$ $\omega_{n2}^{(2)}$ … $\omega_{nk}^{(2)}$	$V_n^{(2)}=\sum_{j=1}^{k}\omega_j^{(1)}\omega_{nj}^{(2)}$

4.5.2.3 模糊评估法

模糊评估法是一种基于模糊数学的综合评价方法。根据模糊数学的隶属度理论把定性评估转化为定量评估。模糊评估法在安全风险评价中得到广泛应用，其核心思想是通过数学模型将模糊的主观判断转化为可量化的评估结果。其具体操作流程如下。

（1）建立综合评价的因素集

构建完整的评估指标体系。

（2）建立综合评价的评价集

设计模糊评价矩阵。评价等级通常采用“很好、较好、一般、较差、很差”等语言变量，每个等级对应特定的隶属度函数。

（3）确定各因素的权重

主观赋权法常采用德尔菲法或层次分析法（AHP），通过专家两两比较构建判断矩阵，计算各指标权重。客观赋权法则基于数据本身的变异程度，如熵权法通过信息熵计算指标离散程度。

（4）进行单因素模糊评价，获得评价矩阵

采用模糊评估法对单元素风险进行评估，并将风险指标的权重向量与各个风险指标的隶属度矩阵相乘，形成评价矩阵。

4.5.2.4 深度学习法

深度学习法是采用深层网络架构对系统的结果与系统特征因素之间的映射关系

进行训练，训练后的模型能够充分利用深层网络架构特点，对系统的依据和系统的结果构建非线性映射关系，获得优越的评估性能。如采用深度置信网络（Deep Belief Networks，DBN）对电力系统进行安全评估。

4.5.2.5 专家法

专家法是较早且应用较广的一种评价方法，是在定量和定性分析的基础上，以打分等方式做出定量评价，其结果具有数理统计特性。在风险定量评估过程中，可以通过专家法形成专家评估意见。

4.5.3 进行智慧评估的结果

4.5.3.1 综合风险评估值

综合风险评估值是指通过综合风险评估而得到风险等级。

4.5.3.2 风险管控建议

风险评估的目的是辅助决策，最后通过专家决策给出对各类风险的管控建议。

4.6 智慧风险评估之智慧

智慧风险评估旨在通过“感知数据——交互信息——洞察分析——决策行动”智慧过程，感知多元风险评估场景的多源异构数据，构建感知多元风险识别评估场景数据，再通过数据的清洗、存储等，形成数据信息，进而结合多元风险评估场景业务流，最终形成可供智能决策的风险预警场景的知识。

第5章　智慧风险预警场景

智慧风险预警场景是指开展智慧风险预警的相关集成活动。智慧风险预警包括构建预警指标体系、监测预警指标、预测预警指标、设置预警阈值、预警可视化和预警控制六个过程。智慧风险预警的目的在于实时预警事故或灾难的发生，并为其提供决策支持，通过安全风险控制降低事故或灾难发生的概率，避免苗头性、倾向性问题演变为事实。智慧风险预警是当前科学研究和新兴实践的热点话题。六个基本过程有一定的先后顺序关系：第一，依据预警目标构建预警指标体系；第二，筛选需要监测的指标并进行风险监测；第三，针对需要预测的指标通过预测模型进行预测；第四，对各项预警指标或综合预警指标设置预警阈值；第五，对各项预警指标的历史数据和预警警灯进行可视化；第六，针对预警信息实施预警控制。智慧风险评估的结果“综合风险评估值”是智慧风险预警的主要依据。

图5-1概括了智慧风险预警的各个过程。虽然在本书中，各智慧风险预警过程以界限分明和相互独立的形式出现，但在实践中它们会以本书无法全面详述的方式相互交叠和相互作用。

图 5–1　智慧风险预警概述

智慧风险预警的有关概念

风险预警过程是指用一系列属性来描述系统风险状态，即通过收集相关资料信息，监控风险因素的变动趋势，并评价各种风险状态偏离预警线的强弱程度，向决策层发出预警信号并提前采取预控对策。

风险源和风险因素。风险源指发生风险的实体，主要包括人、物、环境。风险因素指发生风险的实体的某种行为或状态，如人（风险源）的误操作（风险因素）会导致安全事故；设备（风险源）的疲劳使用（风险因素）导致安全事故；下雨（风险因素）导致地基（风险源）下陷而引起的坍塌事故。

预警指标的敏感性。为了保持预警指标敏感性原则，选取的是引发事故或灾害的主要影响因素。一些次要因素或局部难以操控的风险因素不会包括在内，否则会削弱危险性较大的因素对系统预警的影响。预警指标来源于风险因素，又高于风险因素，体现指标敏感性和全面性的矛盾与统一。

监控预警平台。监控预警平台可以提供一个直观的、交互式的信息可视化管理平台，展现预警数据的集成与风险预警，将生产调度与日常管理有效地融合起来，达到对系统风险隐患进行超前预警、超前准备与及时治理的目的，从而打造智慧应急预警系统，推进应急管理现代化。

智慧风险预警的发展趋势和新兴实践

智慧风险预警的关注面正在扩大，其发展趋势和新兴实践包括（但不限于）以下内容。

智慧预警系统。在城市智慧化进程中，智能科技得到迅速应用。为加强预警管理工作的可视化、共享化、集成化及实时性，智慧预警系统借助虚拟现实、大数据、云计算、物联网等技术手段，实现数据自动化采集、智能 AI 感知、异常数据智能化预警等功能。

预测预警。根据预测模型的预测结果，对可能发生的突发事件进行预警。预测模型是指用数学语言或公式描述事物间的数量关系，从而达到预测的目的，其在一定程度上揭示了事物间的内在规律性。

浅层学习预测模型。浅层学习预测模型主要有以下三种。①神经网络预测模型，常用的有 BP（Back Propagation，反向传播）神经网络。它按照监督学习的方式进行训练，遵循减少网络的结果与实际的结果误差的原则，从结果层经各隐含层，最后回到输入层，逐层修正各连接权和偏移量。随着这种误差逆传播训练过程的不断进行，网络对输入模式的响应的正确率会不断提高。②贝叶斯（Bayes）预测模型运用贝叶斯统计进行预测。贝叶斯统计不同于一般的统计方法，其不仅利用模型信息和数据信息，而且充分利用先验信息。③马尔可夫（Markov）预测模型是一种关于事件发生概率的预测方法。该预测模型首先从历史数据中获得系统状态转移概率（从某一种状态出发，下一时刻转移到其他状态的可能性），然后根据事件的当前状况来预测将来各个时刻的变动状况。除了以上三种，还有决策树预测、支持向量机预测等。

深度学习预测模型。部分行业预测问题使用深度学习算法。基于该算法的深度学习预测模型的预测过程如下：首先，设计深度学习的网络结构；然后，采用历史数据训练网络模型参数使其预测误差最小；最后，基于获得的网络结构和网络参数对非线性问题进行预测。如深度信念网络（DBN）、卷积神经网络（CNN）、循环神经网络（Recurrent Neural Network，RrNN）、递归神经网络（Recursive Neural Network，RsNN，与 RrNN 区分）、限制波尔兹曼机（RBM）和自动编码器（AE），长短时记忆（LSTM）和门控循环单元（GRU）两者是具有特别神经元结构的 RrNN。

聚类分析。是指根据数据聚类分析结果，对现有数据进行等级分类。聚类分析的一般方法是将数据对象分为多个类或簇（Cluster），同一簇中的对象具有较高的相似度，而不同簇中的对象差异较大。常用的聚类方法有 K 均值聚算法（K-Means Algorithm，KMA），基于密度的聚类算法 DBSCAN（Density-Based Spatial Clustering of Applications with Noise），层次聚类（Hierarchical Clustering），自组织映射网络（Self-Organizing Maps，SOM）等。

文本挖掘。当前应急管理的文本数据量十分庞大，对网络舆情监控预警的需求也日益增加，文本分析和挖掘已经成为政府和企业应急管理的重要环节。文本挖掘一般经过文本预处理、特征提取、学习与知识模式提取、知识模式评价四个阶段。采用文本挖掘技术进行风险预警也是当前智慧风险预警实现的一个重要手段。

5.1 构建预警指标体系

构建预警指标体系是选择一系列属性来描述系统风险状态的过程。本过程的主要作用是根据预警目标，形成一套可监测、可评估、可进行优化控制的预警指标体系。图 5-2 描述本过程的依据、工具与技术、结果，图 5-3 是本过程的数据流向图。

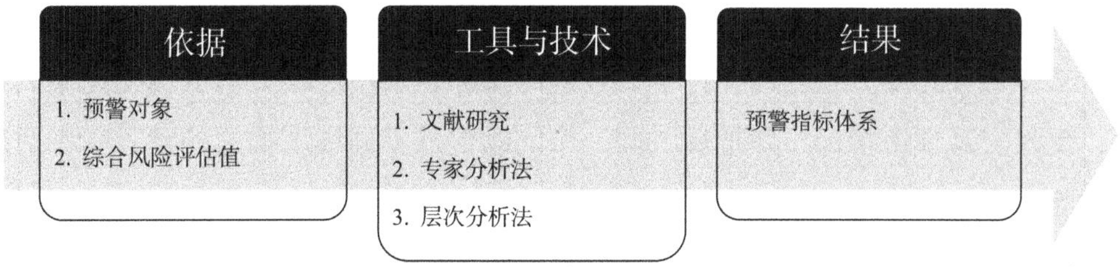

图 5–2　构建预警指标体系的依据、工具与技术、结果

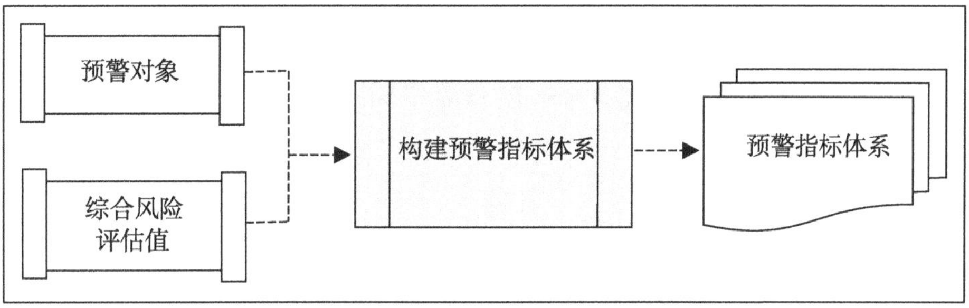

图 5–3　构建预警指标体系：数据流向

构建预警指标体系的过程在实施预警系统的构思阶段就应开始，并在早期完成。在预警过程中，根据风险预警指标体系使用之后的效果等情况进行及时修订。

5.1.1　构建预警指标体系的依据

5.1.1.1　预警对象

预警的前提是拥有预警对象的相关资料和文件、历史风险事故或灾害记录，及相关分析给出的历史风险因素及风险特点。明确预警目标，明确针对哪个类型的事故或灾害的风险进行监测。

5.1.1.2　综合风险评估值

详见 4.5.3.1。

5.1.2　工具与技术

5.1.2.1　文献研究

查阅安全科学与灾害防治的相关文献，结合事故致因理论，选取典型预警指标。

5.1.2.2　专家分析法

通过广泛征求安全风险源现场工作人员、应急管理者和应急专家的意见后，形成一套可监测的、可评估的预警指标。

5.1.2.3 层次分析法

定义详见 4.5.2.2。通过选择科学、合理的指标，采用层次分析法构建完整的指标体系，反映宏观预警指标，并把反映同一个问题但从不同维度描述的预警指标适度合并，删除那些不易监测和衡量的预警指标。

5.1.3 构建预警指标体系的结果

预警指标体系

预警指标体系是指通过识别各个风险预警指标，再采用风险已经指标筛选方法，优化筛选风险预警指标，并基于权重赋值方法，计算各个风险指标的向量，最后建立风险预警指标体系。

5.2 监测预警指标

监测预警指标是预警平台及时获得预警指标风险监测值的过程。本过程的主要作用是保证预警指标数据可以及时被监测或记录，预警平台可以获得及时更新的动态数据。图 5–4 描述本过程的依据、工具与技术、结果，图 5–5 是本过程的数据流向图。

监测预警指标的过程贯穿智慧风险预警全过程。在预警过程中，按照预警指标的采样要求进行数据监测。

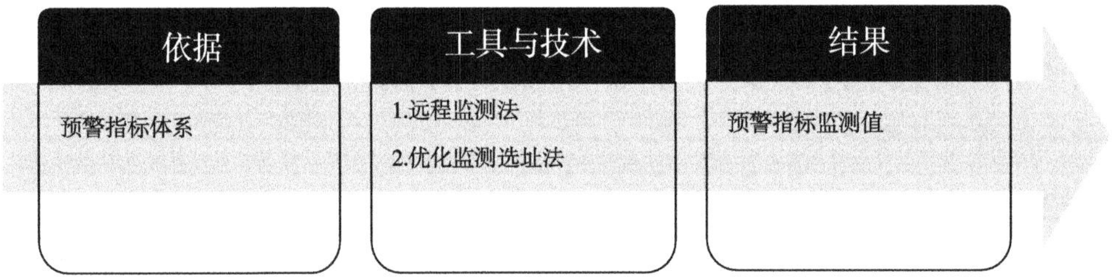

图 5–4 监测预警指标的依据、工具与技术结果

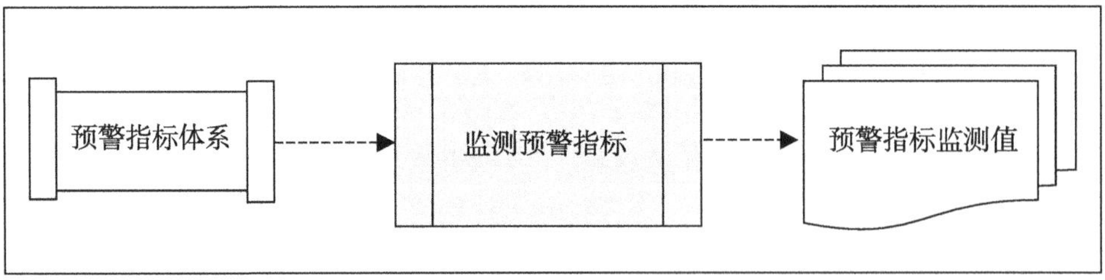

图 5–5 监测预警指标：数据流向

5.2.1 监测预警指标的依据

预警指标体系中的预警指标项。

5.2.2 工具与技术

5.2.2.1 远程监测法

远程监测指通过智能传感器或视频远程监测获取信息，再利用无线通信设备或有线通信设施把监测数据传回预警平台，实现远程监测数据采集功能。

5.2.2.2 优化监测选址法

监测点选取通过智能优化算法来实现。有些风险监测点是固定的位置，有些风险监测点的选址需要采用优化算法，同时考虑监测成本和监测效益。例如，采用聚类分析方法获得聚类结果，然后结合实际情况，针对聚类样本结果选取监测点数量和监测点。

5.2.3 监测预警指标的结果

预警指标监测值

各个预警指标的监测值或记录值。

5.3 预测预警指标

趋势预测是对事故或灾害未来的发生、发展和流行趋势开展分析的过程。本过程的主要作用是通过预警指标历史值，预测近期或长期预警指标数值或区间范围。图 5-6 描述本过程的依据、工具与技术、结果，图 5-7 是本过程的数据流向图。

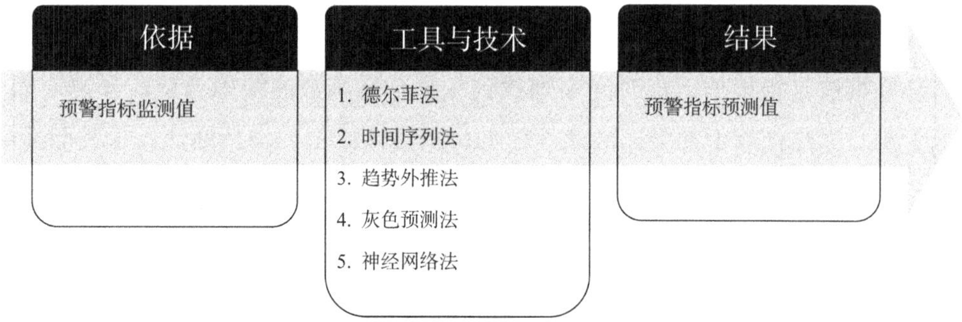

图 5-6 预测预警指标的依据、工具与技术、结果

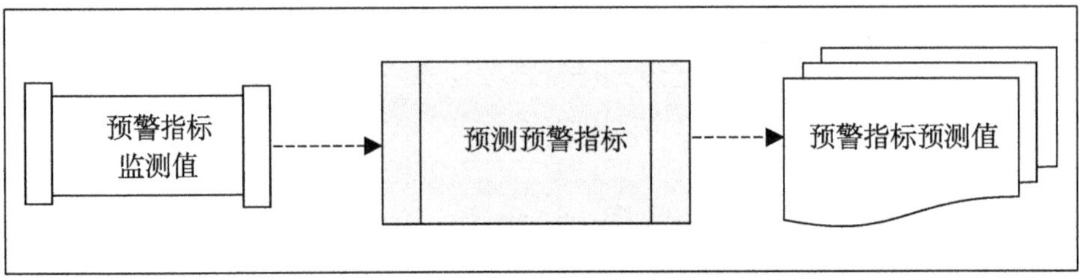

图 5-7　预测预警指标：数据流向

预测预警指标这一行为贯穿智慧风险预警全过程，并在预警过程中，按照预警指标的预测要求进行实时预测。

5.3.1　预测预警指标的依据

各个预警指标的监测值或记录值。

5.3.2　工具与技术

5.3.2.1　德尔菲法

德尔菲法是指采用背对背的通信方式征询应急专家小组成员的预测意见，经过三轮或四轮征询，使应急专家小组的预测意见趋于集中，最后得出关乎未来发展趋势的预测结论。

5.3.2.2　时间序列法

时间序列法是指运用历史时间序列数据进行统计分析，推测出事物的发展趋势。如平均移动法，即下一刻的预测值等于前面 k 时刻值的平均值（k 根据工程实践选取）。常用的还有指数平滑移动法，即下一刻的预测值等于当前时刻值乘以系数 w，加上当前时刻的预测值乘以（$1-w$）（w 根据工程实践选取，小于 1，如 w=0.4）。

5.3.2.3　趋势外推法

趋势外推法是指根据历史时间序列找到一个合适函数曲线拟合反映预测对象变化趋势的方法。实际预测中常采用的函数模型包括线性模型、指数曲线、生长曲线等。

5.3.2.4　灰色预测法

灰色预测法是指对原始数据累加生成得到近似的指数规律，再进行建模预测的方法。该方法能将无规律的原始数据进行生成得到规律性较强的生成序列，运算简便，易于检验并且不考虑历史数据分布规律和变化趋势。

1. 灰色预测模型

灰色预测模型是通过少量的、不完全的信息，建立数学模型并做出预测的一种预测方法。当我们应用运筹学的思想方法解决实际问题，制定发展战略和政策，进行重大问题的决策时，必须对未来进行科学的预测。预测是根据客观事物的发展规律，借助科学的方法对其未来的发展趋势和状况进行描述和分析，并形成科学的假设和判断。

2. 灰色系统理论

灰色系统理论是研究灰色系统分析、建模、预测、决策和控制的理论。灰色预测是对灰色系统所做的预测。目前常用的一些预测方法（如回归分析等），需要较多的样本,若样本较少,常造成较大误差,使预测目标失效。灰色预测模型所需建模信息少，运算方便，建模精度高，在多个预测领域有广泛的应用，是处理小样本预测问题的有效工具。

3. 针对类型

灰色系统理论是由华中科技大学邓聚龙教授于 1982 年提出并加以发展的。多年来，该理论引起了不少国内外学者的关注，得到了长足的发展。目前，它已经成为在我国社会、经济、科学技术等诸多领域进行预测、决策、评估、规划控制、系统分析与建模的重要方法之一。特别是它对时间序列短、统计数据少、信息不完全系统的分析与建模，具有独特的功效，因此得到了广泛的应用。

4. 灰色系统

灰色系统是黑箱概念的一种推广。它是既含有已知信息又含有未知信息的一种系统。人们一般将信息完全未确定的系统称为黑色系统；将信息完全确定的系统称为白色系统。区别白色系统与黑色系统的重要标志是系统各因素之间是否具有确定的关系。

灰色系统理论有以下三个特点。

① 量化不确定性。灰色系统理论使用灰色数学处理不确定量，使之量化。这种方法能够充分利用已知信息寻求系统的运动规律。

② 处理贫信息。灰色系统理论能够通过少数据生成的方法，将原始的无序、无明显规律的数据整理成规律性更强的生成数列。

③ 适用范围广。

5. 灰色生成

将原始数据列中的数据，按某种要求作数据处理称为生成。客观世界尽管复杂，表述其行为的数据可能是杂乱无章的，然而它必然是有序的，存在某种内在规律，不过这些规律被纷繁复杂的现象掩盖，人们很难直接从原始数据中找到某种内在的规律。对原始数据的生成就是从杂乱无章的现象中去发现内在规律 .

常用的灰色系统生成方式有以下几种。

① 累加生成。

② 累减生成。

③ 均值生成。

④ 级比生成等。

累加生成是对原始数据列中各时刻的数据依次累加，从而生成新的序列的一种手段。累加前的数列称原始数列，累加后的数列称为生成数列。累加生成是使灰色过程由灰变白的一种方法，它在灰色系统理论中占有极其重要的地位，通过累加生成可以看出灰量积累过程的发展态势，使离乱的原始数据中蕴含的积分特性或规律加以显化。

5.3.2.5 神经网络法

神经网络法是一种由多个神经元按照一定的拓扑结构相互连接而成的计算模型。神经网络是深度学习的核心技术之一，它通过模拟人脑神经元的方式实现了复杂的信息处理功能，其在图像识别、语音识别、自然语言处理等领域都有广泛的应用。

首先，构建神经网络；其次，通过历史数据估计神经网络参数，通过模型学习确定模型结构和模型参数；最后，对依据数据进行预测。

5.3.3 预测预警指标的结果

及时准确的预测是制定预防和控制事故或灾难近期或长远应对策略的前提，也为制定预防和控制事故或灾难的策略及措施提供理论依据。预警指标的预测值是基于收集的各个预测预警指标实际数据，通过采取预测方法对各个预测预警指标的状态趋势所得到的数据值。

5.4 设置预警阈值

设置预警阈值是对各个预警指标进行警情分级或分类的过程。通过设置预警指标的阈值，系统能够自动识别异常监控指标值，最终将异常信息推送给监控人员。图 5-8 描述本过程的依据、工具与技术、结果，图 5-9 是本过程的数据流向图。

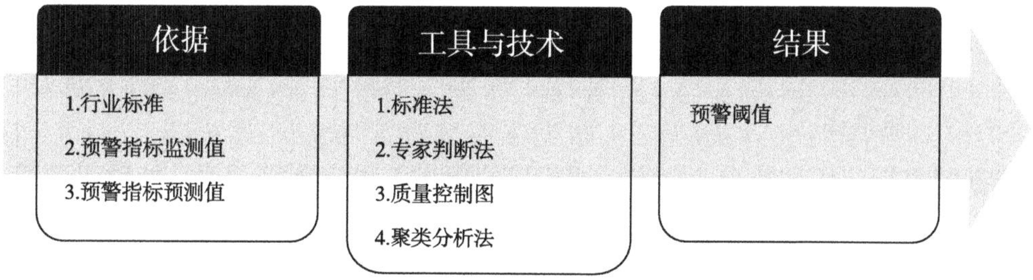

图 5-8　设置预警阈值的依据、工具与技术、结果

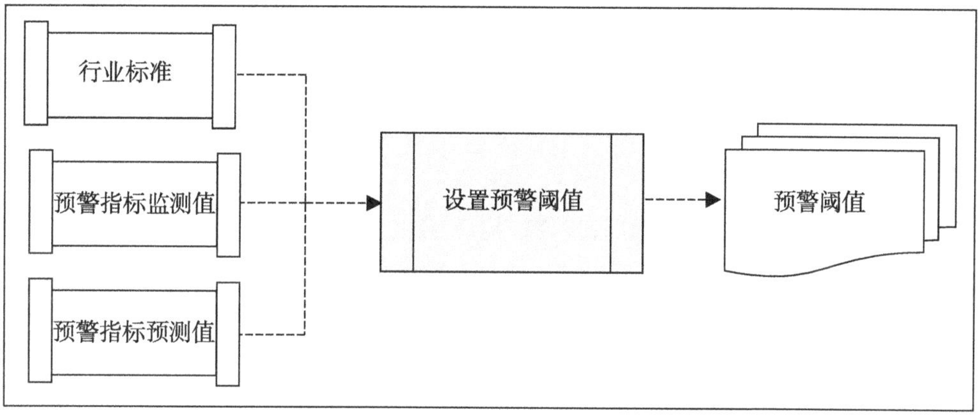

图 5-9　设置预警阈值：数据流向

设置预警阈值场景分析：首先，选择行业标准、预警指标监测值、预警指标预测值；其次，结合质量控制图、专家判断法、聚类分析法等，研究合适的阈值区间；再次，基于监测数据信息，结合行业标准，验证预警阈值；最后，修正阈值区间，确定阈值区间。

如果阈值是静态预警指标，可以参考行业标准设置预警阈值，在预警系统的构思阶段就应开始，并在早期设置一次。如果阈值是动态预警指标，预警阈值需要动态修正。设置预警阈值贯穿智慧风险预警全过程。

5.4.1　设置预警阈值的依据

5.4.1.1　行业标准

预警阈值的设置，应符合国家现行有关行业标准和规定。

5.4.1.2　预警指标监测值

预警指标监测值是针对预警指标的原始系统的监测值。

5.4.1.3 预警指标预测值

预警指标预测值是经过数据预测或处理后的数值。

5.4.2 工具与技术

5.4.2.1 标准法

依据国家行业标准或企业标准（严于国家标准）设定预警阈值。如针对建筑火灾预警，应遵循《建筑设计防火规范》（GB 50016–2014）。

5.4.2.2 专家判断法

在充分认识风险特性的基础上，依据应急行业专家经验直接给出预警阈值。若采用三级法来设置警情等级，则分为警情正常（安全区域）、警情不正常（预警区域）、警情极不正常（应急区域）。应急行业专家需要给出各警情的预警区间。

5.4.2.3 质量控制图

依据安全风险预警指标的动态监测数据，给出数理统计分布假设检验。质量控制图的中心线就是数理统计分布的均值，上下控制线就是其 ±3 标准差。若控制图中描点落在上下控制线之外或在上下控制线之间的序列呈现一定规律性（如 7 个点数值连续增加），则表明过程异常，触发预警灯。

1. 控制图类型选择与适用场景

（1）计量型控制图（连续数据）

Xbar–R 图：最常用，适合子组样本量小（45 个）的稳定生产过程。通过均值（X）反映数据集中趋势，极差（R）反映离散程度。例如，机械零件尺寸检测每组取 5 个样本，共 20 组数据。

Xbar–S 图：当样本量较大（n≥10）时，用标准差（S）替代极差，更精确估计波动。例如，电子元件电阻值检测每组 10 个样本。

IMR 图：仅能获取单值数据时使用，如破坏性测试。移动极差（MR）为相邻两个数据的绝对差，适用于实验室检测贵重样本。

（2）计数型控制图（离散数据）

p 图：监控不合格品率，样本量可变。例如，每天抽检不同数量的产品，计算不合格率。

np 图：固定样本量下统计不合格品数，如每批抽检 100 件产品。

c/u 图：c 图用于固定检查区域的缺陷数（如每平方米布料疵点数），u 图用于检查可变区域的缺陷数（如不同长度电缆缺陷数）。

2. 数据收集与预处理

（1）抽样策略

子组划分：按时间顺序分组（如每小时一组），确保组内数据来自相同生产条件。例如，注塑车间每小时取 5 个产品，避免因模具温度变化导致系统性偏差。

样本量确定：计量型每组 45 个，计数型每组样本量需要足够大（如 p 图建议 $n \geqslant 50$），使平均缺陷数 $\geqslant 5$，以提高检测灵敏度。

（2）异常值处理

若某数据点明显偏离其他值（如测量仪器故障导致的错误读数），需剔除并补充新数据。例如，某组尺寸均值突然升高 3σ，经确认是量具校准错误，剔除该组后重新计算控制限。

避免随意删除数据，需记录原因并验证剩余数据的代表性。

3. 控制限计算与图表绘制

（1）计量型控制限（以 Xbar-R 图为例）

（2）计数型控制限（以 p 图为例）

（3）图表绘制

4. 过程监控与异常处理

（1）失控判断准则

经典规则：数据点超出 UCL/LCL、连续 7 点在中心线同侧、连续 7 点递增或递减、周期性波动（如每周一数据偏高）。

（2）根本原因分析与改进

5M1E 分析法：从人（Man/Manpower）、机（Machine）、料（Material）、法（Method）、测（Measurement）、环（Environment）六方面排查。

纠正措施：停机检修设备、更换原料、调整工艺参数，并重新收集数据验证控制限。

5. 持续优化与注意事项

（1）控制限更新

当过程发生显著变化（如设备升级、工艺改进），需重新计算控制限。

（2）过程能力评估

结合控制图与过程能力指数（CPK），判断过程是否满足规格要求。

（3）常见误区

误将控制限与规格限混淆：控制限反映过程自然波动，规格限是客户要求。

忽略子组内数据的独立性：确保同一子组内数据来自相同条件，避免掩盖真实波动。

5.4.2.4 聚类分析法

数据挖掘的聚类方法可以对数据进行合理分类。如果 K 均值聚类算法（K-Means Clustering Algorithm）是一种迭代求解的聚类分析算法，其步骤是可将数据分为 K 组，随机选取 K 个对象作为初始聚类中心，然后计算每个对象与各个种子聚类中心之间的距离，把每个对象分配给距离其最近的聚类中心。聚类中心以及分配给它们的对象就代表一个聚类。假设有 N 个安全监测数据，聚为 K 类，每一个类的边界就代表此类的预警区间。

1. 原理

聚类分析是一种无监督学习方法，核心思想是根据数据点之间的相似性进行分组，使同一簇内的数据点尽可能相似，不同簇的数据点尽可能不同。

2. 常见聚类算法

① K-Means 聚类：选择 K 个随机中心点（初始质心），计算所有数据点到中心点的距离，并分配到最近的簇，更新簇中心，直到簇的分配不再变化。

② 层次聚类：采用自底向上（Bottom-Up）或自顶向下（Top-Down）的方法，将数据层次化聚类。

具体步骤：计算所有数据点的相似度矩阵；合并最近的簇，形成聚类树（Dendrogram）；通过截断聚类树，得到最终的聚类结果。

3. 聚类分析的具体实现

① 数据准备：进行特征选择，去除冗余变量；归一化数据，防止数值范围差异影响聚类效果。

② 选择聚类方法：如果数据规模大，选择 K-Means；如果数据有层次结构，选择层次聚类。

③ 评估聚类效果：SSE（误差平方和），用于 K-Means 评估聚类紧凑性。

5.4.3 设置预警阈值的结果

预警阈值

预警阀值是指在某个系统或过程中，为了预防潜在风险或故障而设定的一个临界值。当监测到的数据或指标超过或低于这个设定的阀值时，系统会自动触发预警机制，以提醒相关人员注意并采取相应的应对措施。

5.5 预警可视化

预警可视化是通过计算机编程手段对预警指标和预警信息进行可视化的过程。其主要作用是对预警指标监测数据以及预测数据进行可视化，通过文本、报表、曲线、地图、仿真动画等形式表达预警信息，为运行人员和管理人员掌握系统静态和动态特征提供直观的显示效果。图 5-10 描述本过程的依据、工具与技术、结果，图 5-11 是本过程的数据流向图。

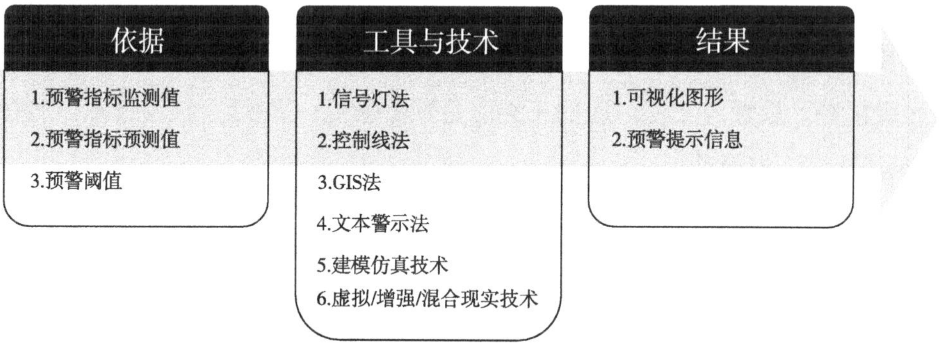

图 5-10 预警可视化的依据、工具与技术、结果

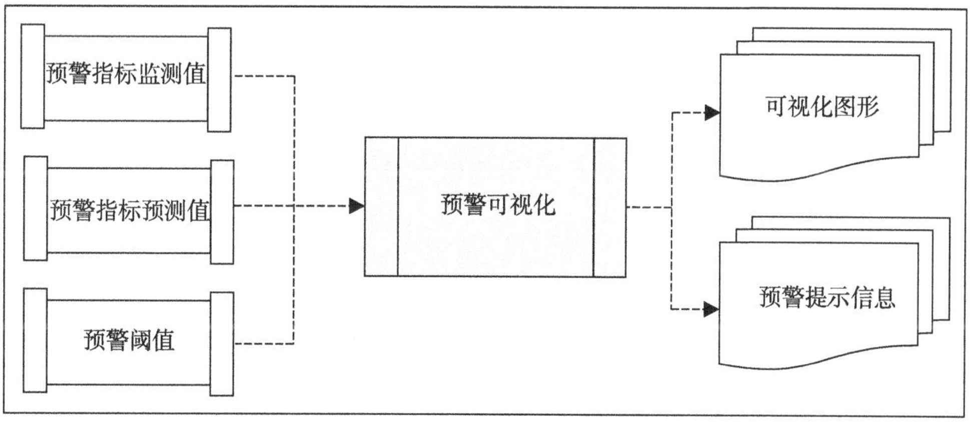

图 5-11 预警可视化：数据流向

预警可视化的过程贯穿智慧风险预警全过程。在预警过程中，预警平台在任何时刻都可以提供人机接口界面，向管理者展示系统信息和预警警情。

5.5.1 预警可视化的依据

5.5.1.1 预警指标监测值

预警指标监测值是针对预警指标的原始监测值。

5.5.1.2 预警指标预测值

预警指标预测值是经过数据预测或处理后的数值。

5.5.1.3 预警阈值

预警指标的预警阈值包括趋势判断准则等。

5.5.2 工具与技术

5.5.2.1 信号灯法

信号灯法是通过设置与预警阈值等级一致的应急信号灯来预警的一种方法。如果针对三级预警，设置与之相对应的三类应急预警警灯：“绿灯”报警警示、“黄灯”报警警示、“红灯”报警警示。

5.5.2.2 控制线法

控制线法是将预警指标的历史数据通过曲线连接，一般设置控制线、划分等级区域等进行异常点预警、趋势预警。

5.5.2.3 GIS 法

GIS 法是把具有时空特性的监测数据，以 GIS（地理信息系统）为背景进行图形显示，用红、黄、橙、绿等颜色渲染地理区域以达到应急预警目标的方法。区域网格化预警、风险地图以及风险图谱都是采用同样的方法。

5.5.2.4 文本警示法

文本警示法是指抽取隐患文本、安全事故案例以及网络应急舆情等原始文本信息，通过文本挖掘技术（特征词抽取、摘要抽取等）或专家决策系统以文本警示应急管理决策者的方法。

5.5.2.5 建模仿真技术

建模仿真技术是通过仿真动画方式显示预警指标的动态变化过程，将孤立的指标信息进行联动的技术。超出预警阈值的系统监测值以高亮显示或动画预警的方式生动形象地显示在屏幕上，并结合控制措施模拟预警系统闭环反馈控制的过程。

5.5.2.6 虚拟 / 增强 / 混合现实技术

基于 VR/AR/MR——虚拟 / 增强 / 混合现实技术，提升应急管理的综合管理水平。如基于虚拟 / 增强 / 混合现实技术，提升建筑施工安全预警管理水平。

5.5.3 预警可视化的结果

5.5.3.1 可视化图形

可视化效果较好的预警信息包括警灯警示、异常点、异常趋势，二维或三维地理地图和三维动画仿真等。

5.5.3.2 预警提示信息

以文本方式直观地展示预警信息，能及时识别异常警情信息，并及时给出提示，最后启动预警控制。

5.6 预警控制

预警控制是对预警信息进行反馈，实施风险防范形成预警自动控制的过程。其主要作用是通过风险应对策略，解除预警警报信息，恢复系统的正常运行。图 5-12 描述本过程的依据、工具与技术、结果，图 5-13 是本过程的数据流向图。

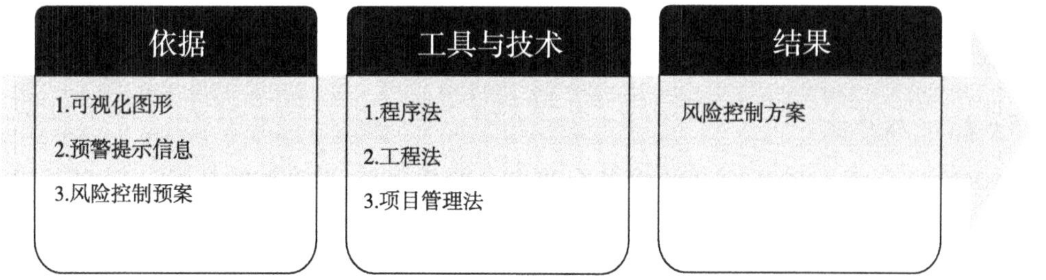

图 5-12 预警控制的依据、工具与技术、结果

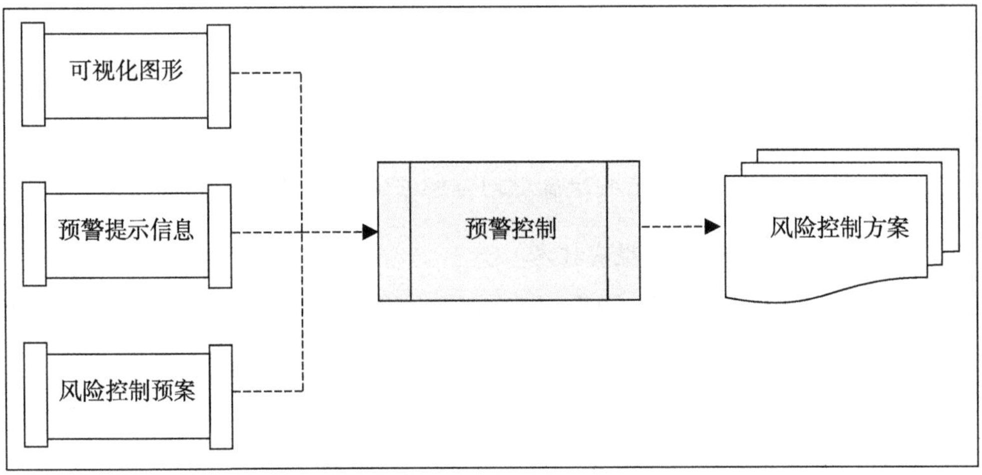

图 5-13　预警控制：数据流向

决策者基于预警发布的信息，决定采用风险控制措施，启动预警控制过程。

5.6.1　预警控制的依据

5.6.1.1　可视化图形

详见 5.5.3.1。预警指标的可视化图形。

5.6.1.2　预警提示信息

详见 5.5.3.2。预警指标的文本预警提示。

5.6.1.3　风险控制预案

基于通过行业标准或历史信息总结的风险控制预案，具体包括操作流程、技术方案等。这里强调风险预警控制方案要结合社会状态，提前考虑，提前准备，以便对预警风险做出及时、合理的应对。

5.6.2　工具与技术

5.6.2.1　程序法

程序法是分析应急管理系统中各个节点关口之间流动关系的技术，旨在通过程序控制风险，属于“制程分析”的核心工具。该方法在应急管理工作各项工程任务中得到普遍运用。

5.6.2.2　工程法

工程法指通过联立求解平衡微分方程与塑性方程确定塑性变形力的分析方法，其核心基于数学建模与力学平衡原理推导外力参数。该种方法在应急管理中得到普遍的运用，旨在针对不同的安全风险因素，从应急专业的角度给出工程化的技术处理建议，对重大危险源进行动态识别，确定主要危险源后，采用工程法进行科学的技术处理。

5.6.2.3 项目管理法

加强项目管理法的应用。通过项目管理法，构建安全管理组织结构，制订风险应对计划等。

5.6.3 预警控制的结果

风险控制方案

风险控制是指风险管理者采取各种措施和方法，消灭或减少风险事件发生的各种可能性，或风险控制者减少风险事件发生时造成的损失。

风险控制方案是针对各类风险或每一项重大风险制定风险管理控制方案，主要包括风险解决的具体目标，所需的组织领导，所涉及的管理及业务流程，所需的条件、手段等资源，风险事件发生前、中、后所采取的具体应对措施以及风险管理工具等。

5.7 智慧风险预警之智慧

智慧风险预警旨在以“感知数据——交互信息——洞察分析——决策行动”这一智慧过程为主线，通过感知多元风险预警场景的多源异构数据，构建感知多元风险预警场景数据池，再通过数据的清洗、存储等，形成数据信息，进而结合多元风险预警场景业务流，最终形成可供智能决策的风险防控场景的知识。

第 6 章　智慧应急防控场景

智慧应急防控场景是指开展智慧应急防控的相关集成活动。智慧应急防控是指防控主体利用信息化、智能化技术，一方面对可能发生的应急事件进行防范和部署，达到预防的效果；另一方面，对已发生的应急事件，制定并执行防控方案，控制事态的扩大和升级，降低损失。智慧应急防控的目标就是提高预防和控制应急事件的能力和水平，有效防范、化解重大风险，保障社会稳定。

智慧应急防控包括制定智慧应急防控方案、构建智慧应急防控体系、细化智慧应急防控政策、执行智慧应急防控方案、优化智慧应急防控流程、发布智慧应急防控信息六个过程。制定防控方案和构建防控体系主要关注事前防控；细化防控政策和执行防控方案主要关注事中防控；优化防控流程和发布防控信息主要关注事后防控。

① 制定智慧应急防控方案。防控主体基于历史事件的处置方案和风险预警监测的可视化数据，对可能出现的应急事件预先制定防控方案。

② 构建智慧应急防控体系。基于预先制定的防控方案，搭建起兼具整体性、系统性、协同性的应急防控体系。该体系既要包含对各类防控主体责任及能力的划分，又要健全各项应急事件的智慧应急预案；既要对应急事件进行预警监测，又要强化救治救援、物资保障、灾后重建等能力建设。

③ 细化智慧应急防控政策。防控主体根据应急事件所展现出的特征，针对性地制定各项政策。

④ 执行智慧应急防控方案。防控主体按计划实施相对应的防控方案并实时评估防控过程。

⑤ 优化智慧应急防控流程。为应对应急事件的随机进展，防控主体根据实时监测的风险数据，借助特定的技术手段，动态调整防控方案，实现应急防控方案的更新迭代。

⑥ 发布智慧应急防控信息。防控主体按照有关规定，定向发布有关应急事件事态

发展和应急处置工作信息的行为和过程，具体可通过线下通告和线上信息平台发布的方式进行。同时，实时监测和准确处理网络舆情。

图 6-1 概括了智慧应急防控的各个过程。虽然在本书中，智慧应急防控各过程以界限分明和相互独立的形式出现，但在实践中它们会以本书无法详述的方式相互交叠和相互作用。

图 6-1　智慧应急防控概述

智慧应急防控的发展趋势和新兴实践

在传统应急防控模式中，面对可能发生或已经发生的应急事件相关部门组织和装备资源往往是独立运行和管理的，新时期的防控主体可以借助物联网、大数据、人工智能等信息化、智能技术对已响应的应急事件进行精准快速的风险分析，有效制定可选方案、选择应对策略并开展应对行动，实现防控人员、物资装备和相关技术资源的集中调度指挥和管理，建立适合我国国情的综合性智能化应急防控体系。

6.1 制定智慧应急防控方案

本过程是应急防控建设的首要任务。图 6–2 描述本过程的依据、工具与技术、结果，图 6–3 是本过程的数据流向图。

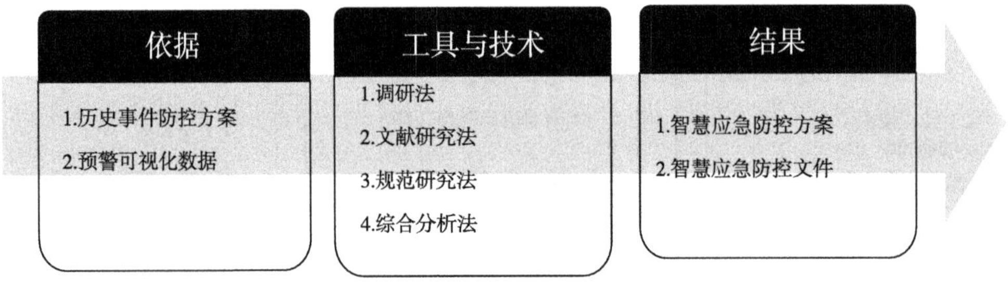

图 6–2 制定智慧应急防控方案的依据、工具与技术、结果

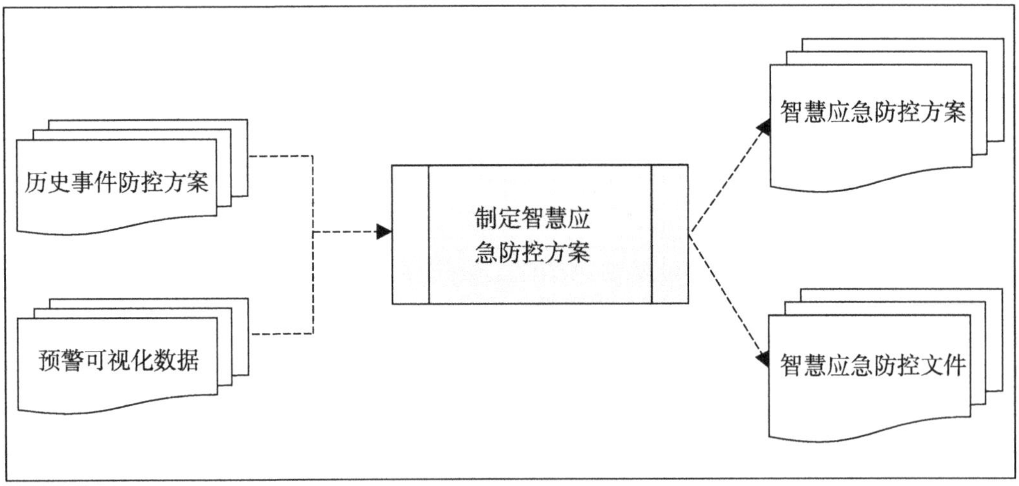

图 6–3 制定智慧应急防控方案：数据流向

制定智慧应急防控方案贯穿智慧应急防控的全过程。在智慧应急防控过程中，应根据防控效果和应急事件进展等情况进行动态调整。

6.1.1 制定智慧应急防控方案的依据

6.1.1.1 历史事件防控方案

历史事件防控方案是对已发生的应急事件的防控全流程的完整记录。

6.1.1.2 预警可视化数据

预警可视化数据是指利用图表、地图、仪表盘等可视化工具，实时监控和展示数据的变化情况，可以更直观地了解数据的变化趋势，及时发现问题并做出决策。

6.1.2 工具与技术

6.1.2.1 调研法

无论是地方政府还是中央政府，都要通过调研、举办论坛等方式，制定出较为完善的政策与对策。

6.1.2.2 文献研究法

文献研究法主要是指收集、鉴别、整理相关文献材料，并通过对文献的分析和研究，形成对事实的科学认识的一种研究方法。

6.1.2.3 规范研究法

规范研究法主要是根据一定的理念、价值标准作出某种判断。在阅读大量文献的基础上，综合各位专家学者的见解，研究事件的内涵、基本特征和应急防控的基本理论。重点分析应急防控存在的问题以及存在问题的原因，为地方政府及有关部门履行应急防控职能以及怎样履行职能提供规范的理论指导。

6.1.2.4 综合分析法

综合分析法就是运用归纳和演绎、分析与综合以及抽象与概括等方法，对获得的各种材料进行思维加工，去粗取精、去伪存真、由此及彼、由表及里，认识事物的本质，揭示事物内在规律。综合分析法深入分析事件及其应急防控问题，分析和总结该事物的特点规律以及存在的主要问题。借鉴国内外先进经验做法，在联系本国国情的基础上给出应急防控对策。

6.1.3 制定智慧应急防控方案的结果

6.1.3.1 智慧应急防控方案

智慧应急防控方案包括（但不限于）以下内容。

① 智慧应急预案。各级防控主体严格按照《突发事件应急预案管理办法》，依法、迅速、科学、有序应对应急事件，预先制定工作方案。应急预案包括综合应急预案、专项应急预案和现场处置方案。

第一，综合应急预案。包括各级防控单位的应急组织机构及其职责、预案体系及响应程序、事故预防及应急保障、应急培训及预案演练等主要内容。

第二，专项应急预案。针对具体的事故类别（如煤矿瓦斯爆炸、危险化学品泄漏、公共卫生事件等）、危险源和应急保障而制订的计划或方案，是综合应急预案的组成部分，应按照应急预案的程序和要求组织制定，并作为综合应急预案的附件。专项应急预案应规定明确的救援程序和具体的应急救援措施。

② 智慧应急防控目标。防控主体处置应急事件时所要达到的效果。

③ 智慧应急防控能力。防控主体现阶段所具备的应急能力和资源。

6.1.3.2 智慧应急防控文件

智慧应急防控文件包括（但不限于）以下几种。

① 经验教训登记册。查看过往同类应急事件以及该应急事件早期的风险应对经验教训，评估类似的处置方案是否适用于本次应急事件，为应急防控节约时间成本。

② 防控进度计划。防控进度计划可用于多线程同时规划对商定的应急事件进行控制以及对应急事件的善后工作，例如，人员疏散、救助补偿、责任追究等。

③ 防控指挥部派工单。防控指挥部派工单列明了可用于应急事件的人力资源和责任制度。

④ 资源日历。资源日历确定了已筹备的和潜在的资源何时可用于应对应急事件。

⑤ 应急事件登记册。应急事件登记册包含已识别并排序的、需要应对的应急事件的详细信息。应急事件中的每项风险的优先级有助于防控主体选择适当的处置措施。例如，人员安全往往是所有应急事件优先级最高的，可能需要采取优先措施和积极主动的应对策略；应急成本规划、灾后重建优先级较低，可能只需要把它们列入风险登记册的观察清单部分，或者只需要为之增加应急储备，而不必采取主动的管理措施。登记册可能还会提供有助于规划应急事件应对的、关于已识别应急事件的其他信息，包括根本原因、触发因素和预警信号、需要在短期内应对的风险，以及需要进一步分析的风险。

⑥ 应急事件报告。报告中的应急事件整体风险敞口的当前级别，会影响选择适宜

的防控策略。报告也可能按优先级顺序列出了各阶段风险，并对风险的分布情况进行了更多分析。这些信息都会影响应急防控策略的选择。

⑦ 相关方登记册。相关方登记册列出了应急防控过程中各项工作的潜在责任人。

6.2　构建智慧应急防控体系

构建智慧应急防控体系是定义如何实施系统分解、系统关联和提升系统化应急能力的过程。本过程对防控全程所涉及的各个环节进行统筹设计，是智慧应急防控体系建设的核心任务。图 6–4 描述本过程的依据、工具与技术、结果，图 6–5 是本过程的数据流向图。

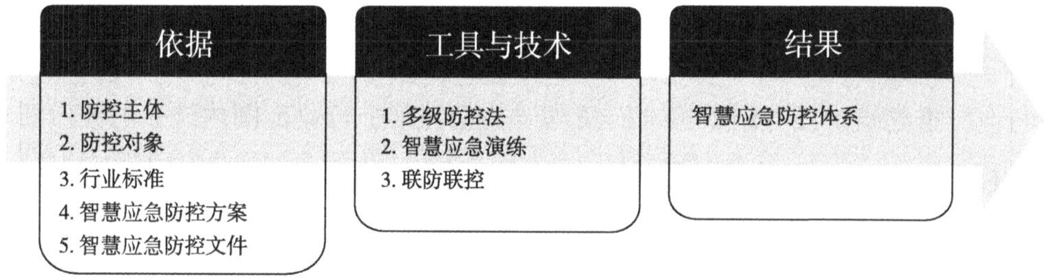

图 6–4　构建智慧应急防控体系的依据、工具与技术、结果

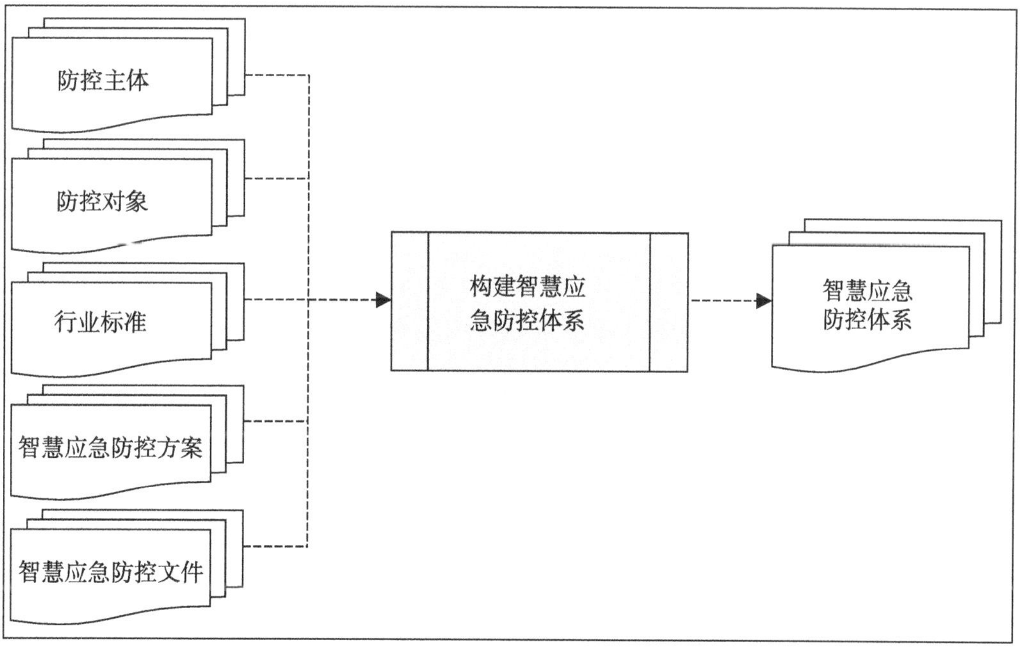

图 6–5　构建智慧应急防控体系：数据流向

构建智慧应急防控体系贯穿智慧应急防控的全过程。在智慧应急防控过程中，根据防控效果和应急事件进展等情况进行动态调整。

6.2.1 构建智慧应急防控体系的依据

6.2.1.1 防控主体

防控主体一般为政府或经政府授权的有关职能部门及公共组织，其在智慧应急防控过程中扮演决策者或从属者。

6.2.1.2 防控对象

防控对象是指在特定领域中需要实施预防和控制措施的目标群体或实体，其具体定义因应用场景而异。

6.2.1.3 行业标准

行业标准是指对没有国家标准而又需要在全国某个行业范围内统一的技术要求所制定的标准。行业标准不得与有关国家标准相抵触。有关行业标准之间应保持协调、统一，不得重复。

6.2.1.4 智慧应急防控方案

详见 6.1.3.1。

6.2.1.5 智慧应急防控文件

详见 6.1.3.2。

6.2.2 工具与技术

6.2.2.1 多级防控法

多级防控法是针对自然灾害、事故灾难等突发事件建立的紧急多级处理体系，通过事前预案制定、资源整合及多方协作控制事态发展，以减少损失。其核心要素包括风险评估、预警监测、应急响应和恢复重建，涵盖政府主导的多级指挥控制体系，形成“国家—省—市（县）—基层”四级防控管理体系。

6.2.2.2 智慧应急演练

参与者通过模拟真实事件及应急处置过程，能留下深刻的印象，从直观上、感性上真正认识应急事件，提高对应急事件风险源的警惕性，促使其在没有发生应急事件时，增强应急意识，主动学习应急知识，掌握应急知识和处置技能，提高自救、互救能力，保障其生命财产安全。应急演练也是一种高效的人员培训手段。

应急演练的组织与实施场景分析

应急演练是检验、评价和保持应急能力的一个重要手段。其重要作用如下：可在事故真正发生前暴露预案和程序的缺陷；发现应急资源改善各应急部门、机构、人员之间的协调（包括人力和设备等）的不足；增强公众应对突发重大事故救援的信心和应急意识；提高应急人员的熟练程度和技术水平；进一步明确各自的岗位与职责；提高各级预案之间的协调性；提高整体应急反应能力。

1. 演练类型

对应急预案的完整性和周密性进行评估，可采用多种应急演练方法，如桌面演练、功能演练、全面演练等。

（1）桌面演练

桌面演练是指由应急组织的代表或关键岗位人员参加的，按照应急预案及其标准工作程序讨论紧急情况时应采取行动的演练活动。桌面演练的主要特点是对演练情景进行口头演练，一般是在会议室内举行。主要目的是锻炼参演人员解决问题的能力，以及解决应急组织相互协作和职责划分的问题。

桌面演练一般仅限于应急响应和内部协调活动，应急人员主要来自本地应急组织，事后一般采取口头评论形式收集参演人员的建议，并提交一份简短的书面报告，总结演练活动和提出有关改进应急响应工作的建议。桌面演练方法成本较低，主要是为功能演练和全面演练做准备。

（2）功能演练

功能演练是指针对某项应急响应功能或其中某些应急响应行动举行的演练活动。功能演练一般在应急指挥中心举行，并可同时开展现场演练，调用不限的应急设备，主要目的是针对应急响应功能，检验应急人员以及应急体系的策划和响应能力。例如，指挥和控制功能的演练，其目的是检测、评价多个政府部门在紧急状态下实现集权式的运行和响应能力，演练地点主要集中在若干个应急指挥中心或现场指挥部，并开展有限的现场活动，调用有限的外部资源。

功能演练比桌面演练规模要大，需动员更多的应急人员和机构，协调工作的难度也随着更多应急响应组织的参与而加大。演练完成后，除口头评论外，还应向有关部门提交有关演练活动的书面汇报，提出改进建议。

（3）全面演练

全面演练指针对应急预案中全部或大部分应急响应功能，检验、评价应急组织应急运行能力的演练活动。全面演练一般要求持续几个小时，采取交互式方式进行，演练过程要求尽量真实，调用更多的应急人员和资源，并开展人员、设备及其他资源的实战性演练，以检验相互协调的应急响应能力。与功能演练类似，演练完成后，除口头评论外，还应提交正式的书面报告。

应急演练的组织者或策划者在确定采取哪种类型的演练方法时，应考虑以下因素。

① 应急预案和响应程序制定工作的进展情况。

② 本辖区面临风险的性质和大小。

③ 本辖区现有应急响应能力。

④ 应急演练成本及资金筹措状况。

⑤ 有关政府部门对应急演练工作的态度。

⑥ 应急组织投入的资源状况。

⑦ 国家及地方政府部门颁布的有关应急演练的规定。

无论选择何种演练方法，应急演练方案必须与辖区重大事故应急管理的需求和资源条件相适应。

2. 演练的参与人员

应急演练的参与人员包括参演人员、控制人员、模拟人员、评价人员和观摩人员，这五类人员在演练过程中都有重要作用，并且在演练过程中都应佩戴能表明其身份的识别符。

（1）参演人员

参演人员是指在应急组织中承担具体任务，并在演练过程中尽可能对演练情况或模拟事件做出真实情况下不可能采取响应行动的人员，相当于通常所说的演员。参演人员所承担的具体任务主要包括以下内容。

① 救助伤员或被困人员。

② 保护财产或公众健康。

③ 获取并管理各类应急资源。

④ 与其他应急人员共同处理重大事故或紧急事件。

（2）控制人员

控制人员是指根据演练情景，控制演练时间进度的人员。控制人员根据演练方案及演练计划的要求，引导参演人员按响应程序行动，并不断给出情况或消息，供参演的指挥人员进行判断、提出对策。其主要任务包括以下内容。

① 确保规定的演练项目得到充分的演练，以利于评价工作的开展。

② 确保演练活动的任务量和挑战性。

③ 确保演练的进度。

④ 解答参演人员的疑问，解决演练过程中出现的问题。

⑤ 保障演练过程的安全。

（3）模拟人员

模拟人员是指演练过程中扮演、代替某些应急组织和服务部门的人员，或模拟紧急事件、事态发展的人员。其主要任务包括以下内容。

① 扮演、替代正常情况或响应实际紧急事件时应与应急指挥中心、现场应急指挥所相互作用的机构或服务部门。由于各方面的原因，这些机构或服务部门并不参与此次演练。

② 模拟事故的发生过程，如释放烟雾、模拟气象条件、模拟泄漏等。

③ 模拟受害或受影响人员。

（4）评价人员

评价人员是指负责观察演练进展情况并予以记录的人员。主要任务包括以下内容。

① 观察参演人员的应急行动，并记录其观察结果。

② 在不干扰参演人员工作的情况下，协助控制人员确保演练按计划进行。

（5）观摩人员

观摩人员是指来自有关部门、外部机构以及旁观演练过程的观众。

3. 演练实施的基本过程

应急演练是由许多机构和组织共同参与的一系列行为和活动，因此，应急演练的组织与实施是一项非常复杂的任务，成立应急演练策划小组（或领导小组）是成功组织、开展演练工作的关键。策划小组应由多种专业人员组成，包括来自消防、公安、医疗急救、应急管理、市政、学校、气象部门的人员，以及新闻媒体、企业、交通运输单位的代表等，必要时，军队、核事故应急组织或机构也可派出人员参与策划小组。为确保演练的成功，参演人员不得参与策划小组，更不能参与演练方案的设计。

综合性应急演练的过程可划分为演练准备、演练实施和演练总结三个阶段，各阶段的基本任务如图 6-6 所示。

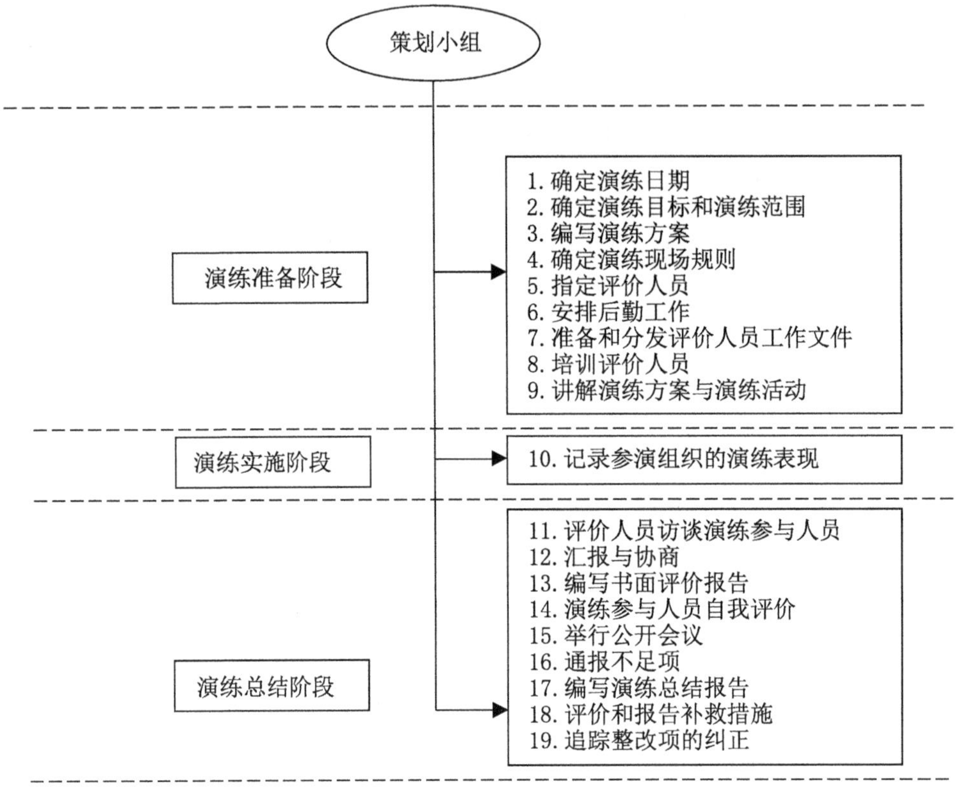

图 6-6　综合性应急演练实施的基本过程

4. 演练结果评价

应急演练结束后应对演练的效果做出评价，提交演练报告，并详细说明演练过程中发现的问题。按对应急救援工作及时有效性的影响程度，演练过程中发现的问题可划分为不足项、整改项和改进项三类。

（1）不足项

不足项指演练过程中观察或识别出的应急准备缺陷，可能导致在紧急事件发生时，不能确保应急组织或应急救援体系有能力采取合理应对措施，保护公众的安全与健康。对于不足项应在规定的时间内予以纠正。在演练过程中发现的问题被确定为不足项时，策划小组负责人应对该不足项进行详细说明，并给出应采取的纠正措施和完成时限。最有可能导致不足项的应急预案编制要素包括：职责分配，应急资源，警报、通报方法与程序，通信，事态评估，公众教育与公共信息，保护措施，应急人员安全和紧急医疗服务等。

（2）整改项

整改项指演练过程中观察或识别出的，单独不可能在应急救援中对公众的安全与健康造成不良影响的应急准备缺陷。对于整改项应在下次演练前予以纠正。以下两种情况，整改项可列为不足项：一是某个应急组织中存在两个以上整改项，共同作用可影响保护公众安全与健康能力的；二是某个应急组织在多次演练过程中，反复出现前次演练发现的整改项问题的。

（3）改进项

改进项指应急准备过程中应予改善的问题。改进项不同于不足项和整改项，它不会对人员的生命安全、健康产生严重的影响，视情况予以改进，不必一定要求予以纠正。

6.2.2.3 联防联控

智慧应急防控体系建设不仅包含子体系完整性的建设，也包含子体系联动的建设。各职能部门应加强应急联动，构建联防联控机制；各政府部门应被纳入统一的指挥调度系统，处理紧急事件和向公众提供社会紧急救助服务。通过应急联动演练，实现跨区域、跨部门、跨警种之间的统一指挥，提高合成应急和协调应急能力和效率。

6.2.3 构建智慧应急防控体系的结果

智慧应急防控体系

智慧应急防控体系是一项整体性、系统性、协同性都很强的系统工程，主要包括预防控制体系、救治救援体系；同时，对突发事件预防与应急准备、监测与预警、应急处置与救治救援、灾后恢复、物资保障等各个环节进行统筹设计；既要强化体系建设，又要着力从制度机制层面理顺关系、强化管理。

6.3 细化智慧应急防控政策

制定智慧应急防控对策是针对应急防控问题给出针对性政策建议的过程，保证防控方案顺利和高效地执行。图 6–7 描述本过程的依据、工具与技术、结果，图 6–8 是本过程的数据流向图。

制定智慧应急防控政策是按照期望达成的防控目标对整个智慧应急防控工作进行宏观调控。在智慧应急防控的过程中，应始终遵循国家政策，根据防控政策执行效果进行及时修订。

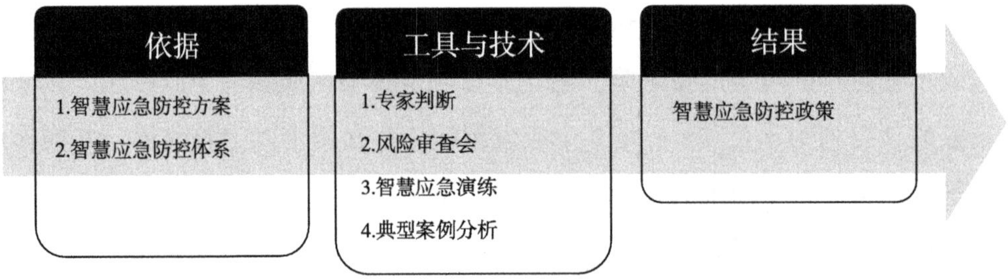

图 6-7　细化智慧应急防控政策的依据、工具与技术、结果

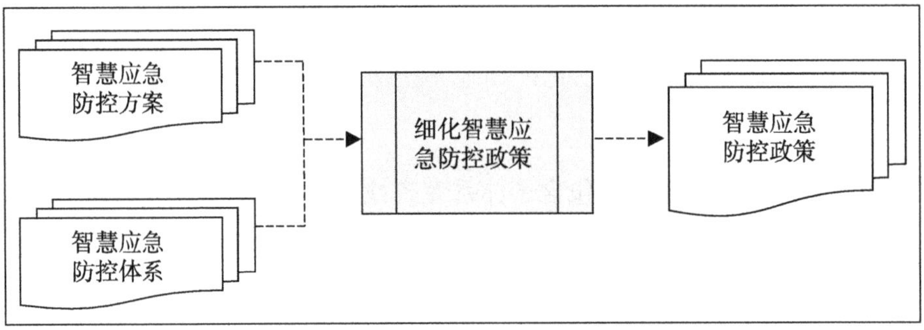

图 6-8　细化智慧应急防控政策：数据流向

6.3.1　细化智慧应急防控政策的依据

6.3.1.1　智慧应急防控方案

详见 6.1.3.1。

6.3.1.2　智慧应急防控体系

详见 6.2.3。

6.3.2　工具与技术

6.3.2.1　专家判断

针对具体突发事件应向特定专家征求意见，以高效的方式采取专业的应急防控措施。

6.3.2.2　风险审查会

应该定期安排风险审查，检查和记录应急事件应对措施的有效性。在风险审查中，还可以识别出新出现的风险，重新评估当前风险，关闭已过时风险，讨论风险发生所引发的问题，以及总结可用于当前项目后续阶段或未来类似项目的经验教训。

6.3.2.3 智慧应急演练

针对具体的装置、场所或设施、岗位所制定的应急防控措施应该具备具体、简单、针对性强的特点。现场处置方案应根据风险评估及危险性控制措施逐一编制，做到事故相关人员应知应会，熟练掌握，并通过应急演练，做到迅速反应、正确处置，同时不断完善应急防控措施。

6.3.2.4 典型案例分析

智慧应急防控政策是国家应急政策体系中的一部分，是指国家权威机关为防控管理自然灾害、事故灾难、公共卫生事件、社会安全事件而制定的基本规定和指导原则。智慧应急防控政策是智慧应急防控决策的主要结果，是国家组织、调整、规范管理自然灾害、事故灾难、公共卫生事件、社会安全事件的一种行为准则，也是基本依据和手段。

6.3.3 细化智慧应急防控政策的结果

智慧应急防控政策

智慧应急防控政策是国家应急政策体系中的一部分，是指国家权威机关为防控管理自然灾害、事故灾难、公共卫生事件、社会安全事件而制定的基本规定和指导原则。智慧应急防控政策是智慧应急防控决策的主要结果，是国家组织、调整、规范管理自然灾害、事故灾难、公共卫生事件、社会安全事件的一种行为准则，也是基本依据和手段。

6.4 执行智慧应急防控方案

本过程是应急防控的具体实施阶段。图 6–9 描述本过程的依据、工具与技术、结果，图 6–10 是本过程的数据流向图。

执行智慧应急防控方案场景分析：首先，选择智慧应急防控方案、智慧应急防控体系、应急事件作为实施方案的依据；其次，模拟演练执行智慧应急防控方案，监测防控方案实际实施数据，采用实践评估模型、专家判断等方法，评估实施防控方案的效果；最后，基于评估效果，结合更新的应急事件、更新的风险数据，修正智慧应急防控方案。

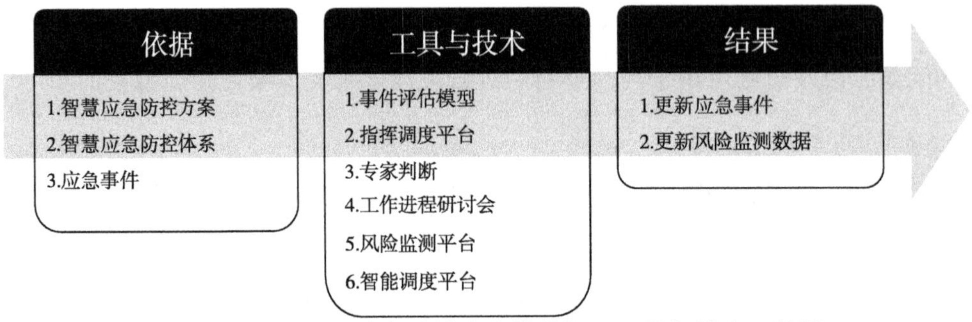

图 6–9　执行智慧应急防控方案的依据、工具与技术、结果

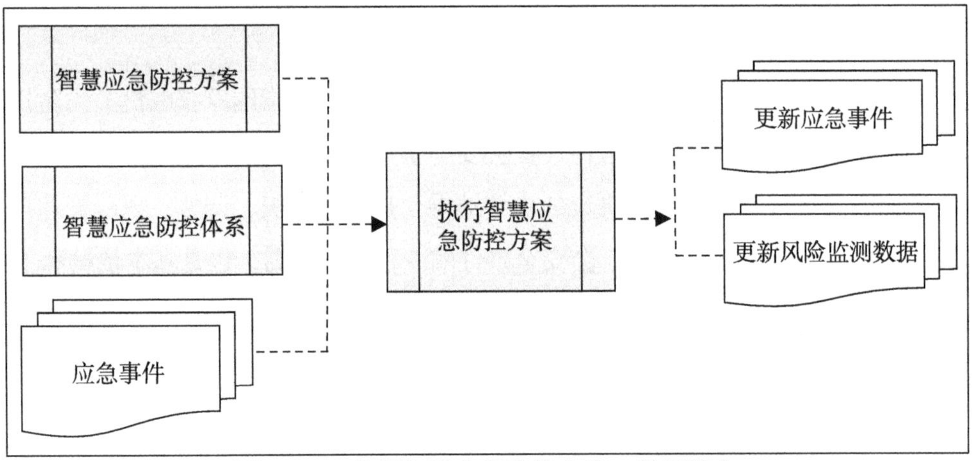

图 6–10　执行智慧应急防控方案：数据流向

6.4.1　执行智慧应急防控方案的依据

6.4.1.1 智慧应急防控方案

详见 6.1.3.1。

6.4.1.2　智慧应急防控体系

详见 6.2.3。

6.4.1.3　应急事件

应急事件指突然发生，造成人员伤亡、财产损失、生态环境破坏和严重社会危害，危及公共安全，需要立即处理的紧急事件。

6.4.2　工具与技术

6.4.2.1　事件评估模型

事件评估模型是指选取描述事件的指标项目，采用统计分析或数值分级方法建立的一种模型。依据该模型相关人员能对事件给出较为合理的等级划分。

6.4.2.2 指挥调度平台

指挥调度平台是实现协同作战、统一联动行动的关键。指挥调度平台可以对应急事件实现快速上报，了解事发地的各项数据信息，快速部署，提高应急指挥防控能力，提高行动的成功性。

6.4.2.3 专家判断

专家判断是指方案选择需要征求具备专业知识的个人或小组的意见，其内容包括（但不限于）威胁应对策略、机会应对策略、次生灾害应对策略。

6.4.2.4 工作进程研讨会

通过工作进程研讨会，各防控工作组定期汇报综合防控工作进程，根据上级相关部门最新发布的政策和新出现的风险，制定下一步工作战略和方案。

6.4.2.5 风险监测平台

风险监测平台实时采集应急事件防控过程中可能产生的新风险数据。

6.4.2.6 智能调度平台

智能调度平台基于物联网、大数据、人工智能等信息化智能技术，给防控主体提供快速且科学的资源调度建议，落实落地责任划分，实现高效防控。

6.4.3 执行智慧应急防控方案的结果

6.4.3.1 更新应急事件

及时更新应急事件状态，直到应急事件结束或风险降低到可接受水平。

6.4.3.2 更新风险监测数据

实时更新风险监测数据，执行智慧应急防控方案的依据至下一流程。

6.5 优化智慧应急防控流程

在智慧应急防控过程中，防控主体根据防控效果和应急事件进展等情况进行对防控方案进行动态调整。图 6–11 描述本过程的依据、工具与技术、结果，图 6–12 是本过程的数据流向图。

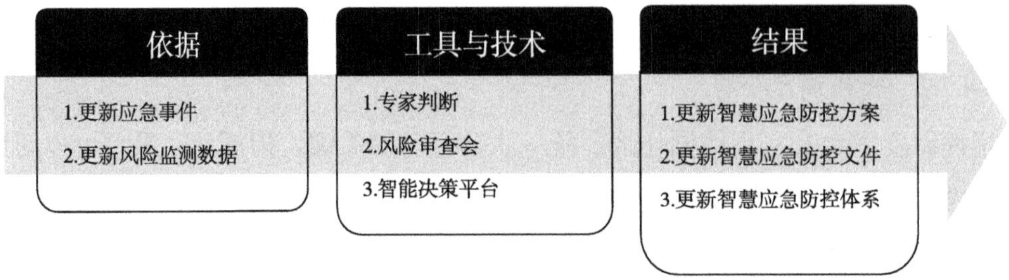

图 6–11　优化智慧应急防控流程的依据、工具与技术、结果

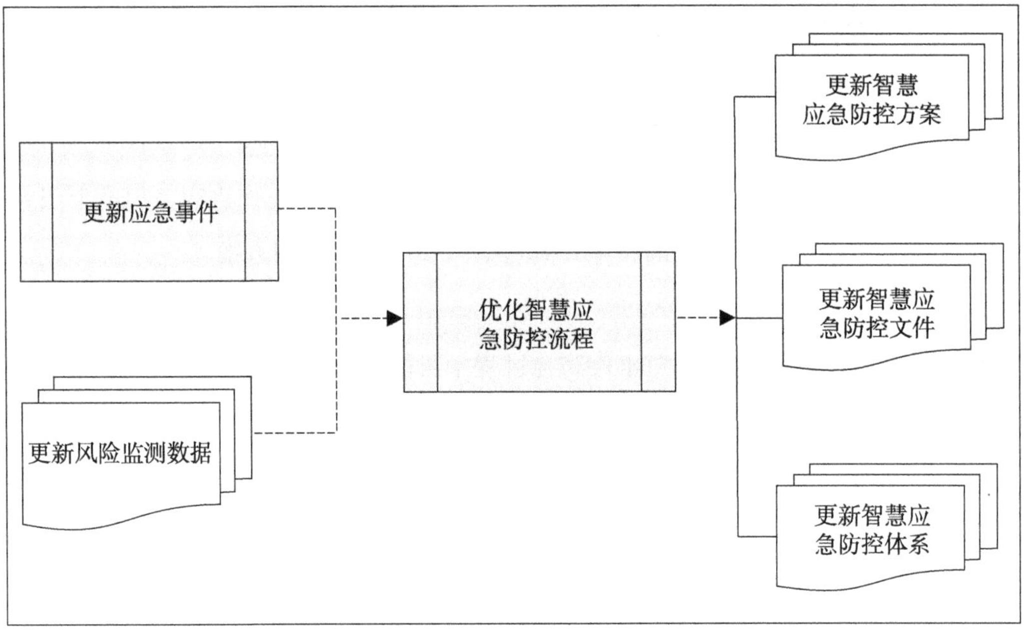

图 6–12　优化智慧应急防控流程：数据流向

在智慧应急防控过程中，应根据智慧应急事故态势和智慧应急防控效果等情况对防控的全流程进行动态调整。最终的智慧应急防控相关文件都将以历史数据的形式实现智慧应急防控的闭环式优化。

6.5.1　优化智慧应急防控流程的依据

6.5.1.1　更新应急事件

详见 6.4.3.1。

6.5.1.2　更新风险监测数据

详见 6.4.3.2。

6.5.2 工具与技术

6.5.2.1 专家判断

详见 6.3.2.1。

6.5.2.2 风险审查会

详见 6.3.2.2。

6.5.2.3 智能决策平台

基于物联网、大数据、人工智能等信息化智能技术的决策平台给防控主体提供快速且科学的决策建议，与应急事件的特定原因、性质、时空特征、扩散形势、影响后果等相匹配。

6.5.3 优化智慧应急防控流程的结果

6.5.3.1 更新智慧应急防控方案

详见 6.1.3.1。智慧应急防控方案更新迭代。

6.5.3.2 更新智慧应急防控文件

详见 6.1.3.2。智慧应急防控文件更新迭代。

6.5.3.3 更新智慧应急防控体系

详见 6.2.3。智慧应急防控体系更新迭代。

6.6 发布智慧应急防控信息

发布智慧应急防控信息是指按照有关规定定向发布有关应急事件事态发展和应急处置工作信息的行为和过程。本过程的主要作用是满足公众对应急事件和应急防控的知情权、参与权、表达权和监督权，体现政府的公信力和现代政府的透明度。图 6–13 描述本过程的依据、工具与技术、结果，图 6–14 是本过程的数据流向图。

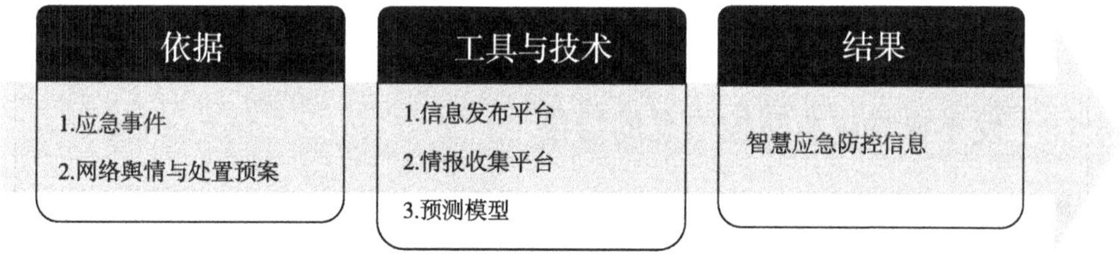

图 6–13 发布智慧应急防控信息的依据、工具与技术、结果

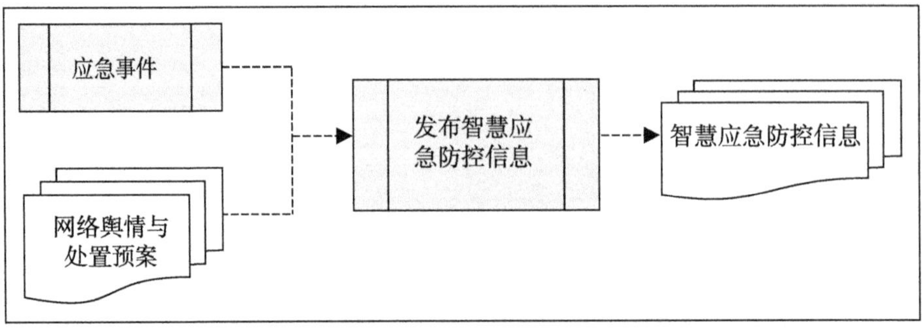

图 6-14 发布智慧应急防控信息：数据流向

发布智慧应急防控信息贯穿应急防控全过程。在执行智慧应急防控过程中，应根据事件态势和防控效果等情况在关键时间点及时发布智慧应急防控信息。

6.6.1 发布智慧应急防控信息的依据

6.6.1.1 应急事件

详见 6.4.3.1 应急事件。

6.6.1.2 网络舆情与处置预案

监测并收集应急事件网络舆情，以及网络舆情的处置预案。

6.6.2 工具与技术

6.6.2.1 信息发布平台

利用线下通告和线上信息平台发布应急事件以及动态更新的防控信息。

6.6.2.2 情报收集平台

情报收集平台是系统数据的资源中心，其利用多种方式实时采集、抽取、挖掘各种信息系统提供的数据资料，过滤虚假信息，整合并储存数据。

6.6.2.3 预测模型

预测模型是指通过利用数据实现对事件的预测研判、复盘分析等，提高数据利用率，以支持防控主体的科学决策，有利于进一步规避风险。

6.6.3 发布智慧应急防控信息的结果

智慧应急防控信息

主要是对外发布真实可靠的智慧应急防控信息，如应急事件状态更新通报、防控过程和结果汇报、防控意见建议等。

6.7 智慧应急防控之智慧

智慧应急防控旨在以“感知数据——交互信息——洞察分析——决策行动”这一智慧过程为主线，通过感知多元应急防控场景的多源异构数据，构建感知多元风险应急防控场景数据池，再通过数据的清洗、存储等，形成数据信息，进而结合多元应急防控场景业务流，最终形成可供智能决策的智慧应急预案场景的知识。

第 7 章 智慧应急预案场景

智慧应急预案又称应急救援预案或应急计划，是政府为了提高保障公共安全和处置突发事件的能力，最大限度地预防和减少突发事件及其造成的损害，保障公众的生命财产安全，维护国家安全和社会稳定，促进经济社会全面、协调、可持续发展，依据宪法及有关法律、法规，制定突发事件应对的原则性方案。它提供突发事件应对的标准化反应程序，是突发事件处置的基本规则和应急响应的操作指南。

智慧应急预案场景是指开展智慧应急预案的相关集成活动。智慧应急预案包括智慧应急预案体系设计、智慧应急预案管理、智慧应急预案业务模型设计、智慧应急预案生成、智慧应急预案验证、智慧应急预案执行监控、智慧应急预案绩效评估七个过程。

图 7–1 概括了智慧应急预案的各场景。虽然在本书中，智慧应急预案过程以界限分明和相互独立的形式出现，但在实践中它们会以本书无法全面详述的方式相互交叠和相互作用。智慧应急预案场景的特点具体如下：从应急预案体系设计开始，就纳入了智慧化内容，将传统的依靠人的个人经验与能力的应急知识用体系设计的规范化、数字化管理手段进行归集管理；将应急预案管理从传统的文档管理模式转换到基于规则的数字化管理模式，并引入人工智能等信息化手段进行基于知识图谱的预案自动化管理；根据应急预案业务模型设计，提出全息一体化的应急预案业务模型设计的方法，用业务流程设计、数据元设计与应急预案建模等方法与工具对应急预案进行体系化建模，形成应急预案的知识数据库；应急预案生成的智能化工具能实现应急预案的自动化生成，实现应急预案的自动化、智能化，进而升级到智慧化的全要素、全流程、全过程的可视化展现，体现应急预案的智慧化功能；应急预案验证是虚实结合的应急预案仿真，是体现智慧应急预案的重要手段，通过应急预案的协同仿真，能缩短应急预案的编制周期，提高应急预案的效能；应急预案执行监控既是对应急预案的验证，又是对应急预案执行过程中发现的问题进行补充完善，是更好地对应急预案进行迭代升

级的有效手段；应急预案绩效评估是应急预案管理的需要，也是体现智慧应急预案的智慧化程度，展现智慧应急预案生态体系建设、生命周期管理的重要考核评价手段。

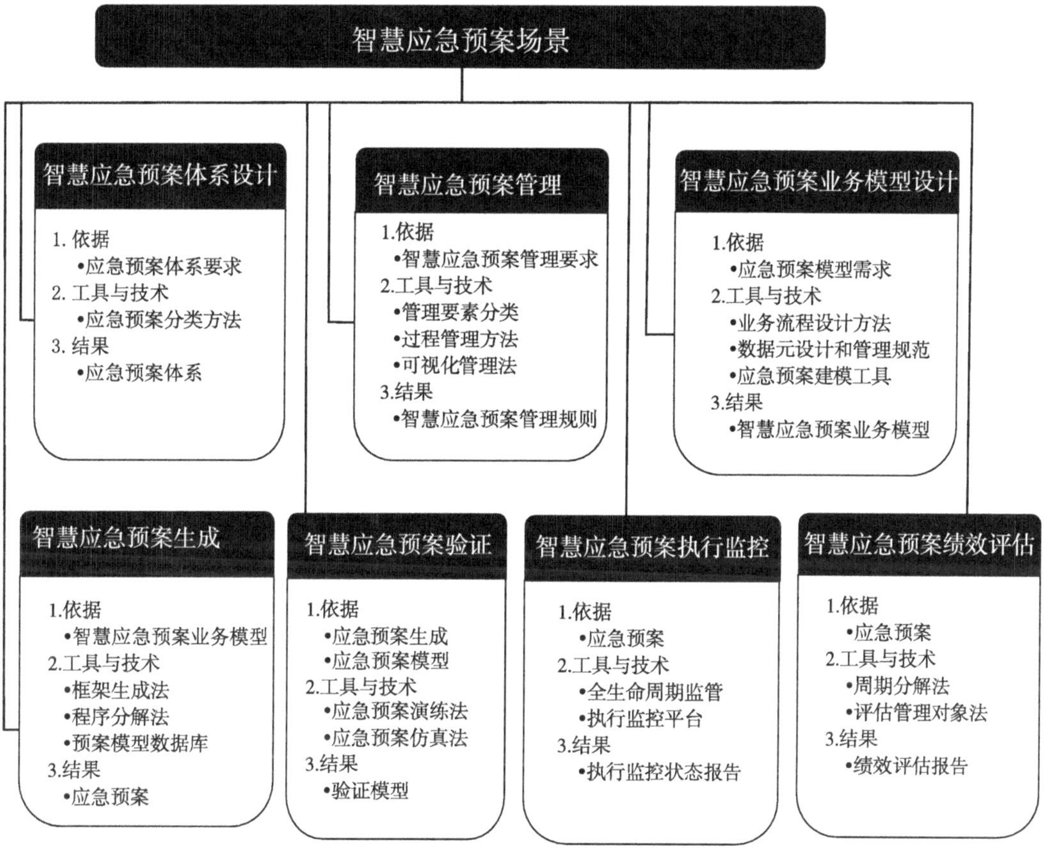

图 7–1　智慧应急预案概述

智慧应急预案的实施能为编制联合应急预案，建立健全联合指挥、灾情通报、资源共享、跨域救援等机制，组织综合应急演练，强化互助调配衔接，发挥智慧应急预案带来的预案管理能力提升提供有效的技术参考。此外，智慧应急预案的实施有助于完善突发事件分类与分级标准，规范预警等级和应急响应分级。加强应急预案的统一规划、衔接协调和分级分类管理，完善应急预案定期评估和动态修订机制。强化预案的刚性约束，根据突发事件类别和级别明确各方职责任务，强化上下级、同级别、军队与地方、政府与企业、相邻地区等相关预案之间的有效衔接。建设基于智慧应急预案标准的应急预案数字化管理平台，对加强预案配套支撑性文件的编制和管理，实现我国应急预案的管理水平提升有重大意义。同时，通过智慧应急预案的实施，为指导基层组织和单位修订完善应急预案提供重要的技术支撑工具。

智慧应急预案应用：应急预案是我国“一案三制”应急体系中的关键组成内容，但应急预案在实战中的价值与其地位长期不匹配，其中关键是文本化预案本质是由人学习、解读和应用的，并未与信息化系统形成有效互动。智慧应急预案是解决这个问题的关键。智慧应急预案是基于模型的表达方式，模型表达是指基于数学语言的表达方式，特点是规范、精确、无歧义，适合于信息化系统的描述、开发和验证。语义网络、知识图谱都是形式化表达的具体手段。相比于用自然语言表达的文本预案，智慧应急预案更准确、更易懂、更具可操作性，也更能与信息化系统联动。智慧应急预案需要与应急管理的体制机制、灾害和情景专题、应急能力和资源等相匹配，为预案编制者提供标准化、结构化、智能化、协同式的编制能力，最终形成像计算机程序那样严谨的应急响应程序，才能帮助应急处置人员做出全面、有效和及时的决策。

《礼记·中庸》有言："凡事豫则立，不豫则废。言前定则不跲，事前定则不困，行前定则不疚，道前定则不穷。”豫，亦作“预”。做好预案才能有效应对各种突发事件，将智慧应急预案纳入政府的核心管理体系是中国特色的应对世界变局的有效手段，也是实现中国式现代化的必然选择。

智慧应急预案作为突发事件的应对方案，具有以下四个特点。

① 全面性。智慧应急预案囊括事前预测预警、事发识别控制、事中应急处置和事后恢复与重建，贯穿突发事件智慧应急管理全过程。

② 系统性。智慧应急预案本身作为应急管理工作中的重要组成部分，是突发事件应对处置的操作指南，包括了应对工作的各环节；各个智慧应急预案之间又相互衔接，形成智慧预案体系。

③ 权威性。智慧应急预案一般由各级政府及其部门等行政机关颁布施行，是政府的施政措施，体现了法律法规要求。

④ 实用性。智慧应急预案中所规定的预防应对处置的计划和方法，既有历史经验和理论概括，又有科学分析和成功做法，通用性、可操作性强。

智慧应急预案的意义：智慧应急预案有助于识别风险隐患，了解突发事件的发生机理，明确智慧应急救援的范围和体系，使突发事件应对处置的各个环节有章可循。具体来讲，主要有以下三个方面。

① 有利于对突发事件及时作出响应和处置。

② 有利于避免突发事件扩大或升级，最大限度地减少突发事件造成的损失。

③ 有利于提高全社会居安思危、积极防范社会风险的意识。

智慧应急预案的作用：建立覆盖全国各地区、各行业、各单位的智慧应急预案体系。

① 可以科学规范突发事件应对处置工作。明确各级政府、各个部门以及各个组织在应急体系中的职能，以便形成精简、统一、高效和协调的突发事件应急处置体制机制。

② 可以合理配置应对突发事件的相关资源。利用智慧应急预案能力，通过事先合理规划、储备和管理各类应急资源，在突发事件发生时，按照预案明确的程序，保证资源尽快投入使用。

③ 可以提高应急决策的科学性和时效性。突发事件的紧迫性、信息不对称性和资源有限性要求应急部门快速作出应急决策，精准研判突发事件的规模、性质、程度，并就合理决策应对措施提供科学的思路和方法，从而减轻突发事件的危害程度。

智慧应急预案基于传统的应急预案，根据全息系统论的理论指导，利用全息一体化建模工具，提供一套科学合理、不断优化更新迭代的预案管理方法和工具。

智慧应急预案结合应急预案的各种需求，实现应急预案由人工编制、手工管理到模型管理、自动执行转化。应急管理领域的智慧应急预案成为智慧应急的重要组成部分，在应急预案管理中引入预案模型驱动的应急预案编制与管理成为必然。

智慧应急预案的发展主要有以下几个方向。

① 应急预案数字化。将文本预案进行结构化分解。将事件信息、事件分级、组织机构与职责（制作职责分配表）、监测预警、应急响应、应急资源、应急通讯录等要素，开发成既相对独立又相互关联的程序模块；分析应急预案流程图，根据突发事件的演化过程分析，对文本预案进行流程化分解，分析每个关键节点，如信息接收、信息传达、预案启动、预警级别判断、响应级别判断、召开紧急会议、根据职责分配表关联具体的应急行动等，从而得到详细的预案流程图，并开发能够自动分析执行的预案流程模块；将各种信息和资源与预案流程图关联，包括各预案结构要素模块、突发事件演化分析信息、现场设备与环境信息、现场视频监控数据、应急资源信息等；开发应急预案专家系统模块，收集突发事件的应急知识和同类事件的典型案例，开发应急知识和案例库。制定应急策略和处置方案的推理规则，实现应急响应过程中关键节点应急处置方案的智能化分析和评估。

② 应急预案智能化。针对某一典型突发事件，通过建立完备的应急知识和应急案

例数据库，将应急处置常识按照突发事件发生、发展的时间顺序和不同应急阶段的特征进行顺序分条存储。运用人工智能与大数据技术建立智慧应急处置生态体系，分析突发事件发展的某个阶段所应采取的应急处置措施，形成高度智能化、智慧化的突发事件应急处置智慧大脑，实现应急预案智能化管理。

③ 应急预案实时化。综合运用 5G 通信、卫星通信、数字水声通信、大数据技术、GPS 技术、物联网技术等现代化通信及定位跟踪技术，实现应急预案各种相关资源信息的实时动态跟踪；利用更加精确的突发事件监测和参数提取技术手段，使应用系统中的突发事件模拟更加贴近其真实发展过程。实现数字化预案的高度实时化，确保分析结果的准确性。结合数据采集、数据传输、数据处理、数字分析等工具，实现应急预案实时处理、智慧化决策。

智慧应急预案主要依据国家现行的法律法规进行编制，其中有《中华人民共和国突发事件应对法》《中华人民共和国安全生产法》等，并根据相关标准如《生产经营单位生产安全事故应急预案编制导则》（GB/T 29639—2020）等，确定应急预案编制内容。

7.1 智慧应急预案体系设计

应急预案按照不同的责任主体，将突发事件应急预案体系设计分为总体应急预案、专项应急预案、部门应急预案、地方应急预案、企事业单位应急预案、重大活动应急预案六个层次，县级以上政府预案体系均是这六个层次。

智慧应急预案体系设计是对应急预案编制内容进行编制设计的过程。首先，对应急预案体系设计应包括的内容进行界定；其次，设计体系内容，并给出各级体系的说明。图 7–2 描述本过程的依据、工具与技术、结果，图 7–3 是本过程的数据流向图。

图 7–2　智慧应急预案体系设计的依据、工具与技术、结果

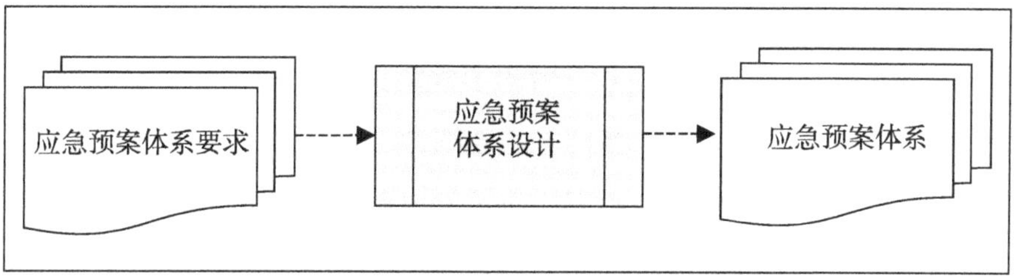

图 7–3 智慧应急预案体系设计：数据流向

7.1.1 智慧应急预案体系设计的依据

应急预案体系要求

设计应急预案体系需要遵循五个原则。

① 应急响应原则。在接到突发事件的情况通报或相关信息后，领导小组应及时确定突发事件的级别，启动相应的应急方案，组织、指挥领导小组各成员单位应对突发事件，随时掌握事态变化的情况，及时报告。

② 分工负责原则。处置突发事件，应在政府统一领导下，坚持“分工负责，归口管理，谁主管、谁负责”的原则。

③ 部门配合原则。各部门要通力合作、密切配合，主动了解突发事件发生情况。

④ 综合调控原则。坚持预防为主、常备不懈的方针，实行统一领导、分级负责、反应及时、措施果断、依靠科学、加强合作。

⑤ 依法行政原则。在应对突发事件中，必须严格按照法定权限和法定程序办事。

7.1.2 工具与技术

应急预案分类方法

（1）总体应急预案

总体应急预案是各级人民政府突发事件应急预案体系的总纲，明确各类突发事件分级分类和应急预案框架体系，规定各级政府应对特别重大突发事件的组织指挥体系、工作机制等内容，是指导预防和处置各类突发事件的总体规范性文件。

编制总体应急预案的目的是提高政府保障公共安全和处置突发事件的能力，最大限度地预防和减少突发事件及其造成的损害，保障公众的生命财产安全，维护国家安全和社会稳定，促进经济社会全面、协调、可持续发展。总体应急预案由各级人民政府制定发布，本级政府办公室（厅）组织实施。

（2）专项应急预案

突发事件种类多样、复杂，应对处置需要相应的专业知识和技术，而总体应急预案是对应急响应、应对措施和保障条件等的原则性、概括性规定，单靠总体应急预案，无法保证对突发事件的有效处置。根据应对突发事件“横向到边、纵向到底”的要求，专项应急预案是总体应急预案的横向展开，是总体应急预案的专业化和具体化。

专项应急预案主要是各级人民政府及其相关部门为应对某一类或某几类突发事件而制定的涉及数个政府部门职责的应急预案，目的是规范某一类或某几类突发事件的应急管理和应急响应程序，及时有效地实施应急救援工作，最大限度地减少人员伤亡、财产损失，维护人民群众的生命安全和社会稳定。

专项应急预案分为自然灾害应急预案、事故灾难应急预案、公共卫生事件应急预案、社会安全事件应急预案 4 类。专项应急预案由各级人民政府有关部门牵头制定，报本级人民政府批准后，由本级人民政府办公室（厅）印发实施。

各级各类专项应急预案依据国家相关法律法规和各级人民政府总体应急预案编制而成，都有各自的适用范围和启动条件，不同专项应急预案对于响应程序、预防预警机制、响应措施、后期处置、保障措施等，也有不同的要求和规定。监督管理，如评估、奖惩、宣传、培训和演练等相关内容在专项应急预案中的位置也不尽相同，有的放在“后期处理”中，有的放在“应急保障”中，还有的放在“附则”中，但不管是何种表述结构，有关内容的论述是必需的。

（3）部门应急预案

部门应急预案是各级人民政府有关部门根据总体应急预案、专项应急预案和自身职责，为应对某一类或某几类突发事件而制定的涉及单个政府部门职责的应急预案。部门应急预案和总体应急预案、专项应急预案一样，同样包括总则、应急指挥体系及职责、预防预警机制、应急响应、善后工作、应急保障、监督管理、附件等方面。部门应急预案由各级人民政府有关部门制定印发，报本级人民政府备案，由制定部门负责实施。

部门应急预案和专项应急预案的区别主要有以下三点。

① 制定主体不同：专项应急预案由各级人民政府的综合部门牵头制定，政府办公厅（室）印发，涉及多个相关部门的工作职责；部门应急预案由各级人民政府的职能

部门自己制定，只涉及自身的工作职责。

② 法规效力不同：专项应急预案由多个政府部门共同承担应急职责，由各级人民政府印发实施，体现着一级政府的意志；部门应急预案由政府某个部门编制并负责印发实施，只体现了一个政府部门的意志，其效力相对较低。

③ 适用范围不同：有的专项应急预案对于编制部门来说，相当于这一大类突发事件的“总体应急预案”，如由卫生健康委员会编制、国务院办公厅印发并公布的《国家突发公共卫生事件应急预案》，其适用范围为“重大传染病、群体性不明原因疾病、重大食物和职业中毒以及因自然灾害、事故灾难或社会安全等事件引起的严重影响公众身心健康的公共卫生事件”，涵盖了所有突发公共卫生事件，预案的指向性和针对性仍不够具体，需要编制一些部门应急预案，以更加专业的应对措施和明确规定，应对某种具体类型突发公共卫生事件，如原卫生部编制并负责实施的《人感染高致病性禽流感应急预案》《非职业性一氧化碳中毒事件应急预案》《群体性不明原因疾病应急处置方案》等部门应急预案。

部门应急预案对组织机构的规定是“部门性”的，一般不涉及政府其他部门，如由国家安全监管总局（现为应急管理部）组织编制的《尾矿库事故灾难应急预案》规定：成立尾矿库事故应急工作领导小组（以下简称“领导小组”），在国务院及国务院安全委员会统一领导下，负责统一指导、协调特别重大尾矿库事故灾难应急救援工作。国家安全生产应急救援指挥中心具体承办有关工作。

当然，有一些部门应急预案也会涉及政府其他部门相关职责，但预案中所规定的职责即是这些部门所应承担的法定职责，并事先征求意见。

（4）地方应急预案

地方应急预案是下级人民政府根据上级人民政府的总体应急预案、专项应急预案而制定的相应应急预案，具体包括省级政府的突发事件总体应急预案、专项应急预案和部门应急预案；各地州市、县市区政府及其基层政权组织制定的突发事件应急预案。其基本构成层次具体如下。

① 省总体应急预案。省应急预案体系的总纲，是省政府应对特别重大、重大突发事件的规范性文件。

② 省专项应急预案。省政府及有关部门为应对某一类或某几类突发事件而制定的

涉及多个部门职责的应急预案。

③ 省级部门应急预案。省政府有关部门根据总体应急预案、专项应急预案和部门职责为应对突发事件制定的预案。

④ 市州、县市区应急预案。在上级政府的领导下，按照分类管理、分级负责的原则，由市州、县市区政府及其有关部门分别制定。

⑤ 基层组织应急预案。在上级政府的领导下，根据辖区特点和实际需要，由乡镇、街道制定的应急预案。如有必要，村委会、居委会等基层群众性自治组织也应制定有关应急预案。

在上级人民政府的领导下，按照分类管理、分级负责的原则由各地政府及其有关部门制定地方应急预案，其中总体应急预案编制（修订）完成后报上级人民政府备案，省总体应急预案报国务院备案。

地方应急预案与国家应急预案在基本构成、编制依据、工作原则、组织机构、应急响应、善后处置等方面的规定基本相同。如在组织机构方面，许多省级应急预案的规定基本上是相同的，以省总体应急预案为例，一般规定如下。

① 领导机构。省人民政府是全省突发事件应急管理工作的行政领导机构。在省长领导下，通过省政府常务会议研究、决定和部署本省突发事件应急管理工作，统一领导和组织指挥突发事件的应急处置工作。

② 办事机构。省人民政府办公厅是突发事件应急管理的办事机构，设省政府应急管理办公室，履行应急值守、信息汇总、综合协调职责，发挥运转枢纽作用。

③ 工作机构。省有关部门（单位）依据法律、法规、规章和各自职责，承担相关类别突发事件的应急管理工作。

④ 市州、县市区机构。市州、县市区人民政府是本行政区域突发事件应急管理工作的行政领导机构，负责本行政区域各类突发事件的应对工作。乡镇人民政府、街道办事处应当协助上级人民政府做好突发事件应急工作。

⑤ 专家组。县级以上人民政府和各类专项应急指挥机构根据实际需要建立各类专业人才库，聘请有关专家组成专家组，为应急管理提供决策建议，必要时参加突发事件的应急处置工作。

（5）企事业单位应急预案

企事业单位的应急预案依照有关法律、法规，参照政府应急预案，结合各自特点和实际情况制定。企事业单位是其内部发生的突发事件的责任主体，预案是各单位应对突发事件的操作指南。省、市、县属重点单位的应急预案，报本级有关应急管理部门备案，重点单位由有关应急管理部门确定并实施动态管理。

企事业单位编制应急预案十分必要，矿山、危化、民爆等行业所属企业的生产经营活动具有一定危险性，发生事故灾难的概率较高；大中小学校等事业单位人员活动密集，食物中毒和传染性疾病等突发公共卫生事件时有发生。从应急管理实际情况来看，企事业单位也一直都是突发事件的高发区域，如能针对可能发生的突发事件编制预案并适时组织演练，就能将应急管理关口前移，一旦发生突发事件能迅速启动、及时反应，将突发事件控制在萌芽状态，有效减少人员伤亡和财产损失。企事业单位应急预案可采用与政府应急预案相同的预案体系，也可以采用其他类型的预案体系，将本单位各种具体应急预案有机组合起来。

企业应急预案的重点：①明确组织机构及其职责；②搞好危害辨识与风险评价；③确定通告程序和报警系统；④明确应急设备与可用设施；⑤评估评价能力与可用资源；⑥明确保护措施程序；⑦信息发布与公众教育；⑧明确事故后的恢复程序；⑨搞好培训与演练；⑩做好应急预案的动态管理。

事业单位应急预案的编制目的与企业基本相同，都是为了更好地预防和处置突发事件。事业单位应急预案的构成与政府基本一致，主要包括：①编制目的；②编制依据；③适用范围；④组织机构与职责权限；⑤防范重点、防范设施及防范措施；⑥应急响应；⑦善后处置；⑧保障措施；⑨宣传、培训与学习；⑩附则。

学校应急预案编制的原则是：①学校应急预案要囊括学校安全管理的主要内容，原则上参照学校安全应急预案参考样本进行编制；②预案编制要体现简洁性和实用性特点，按照符合实际、职责清晰、简明扼要、可操作性强的要求进行编写。语言表达要求通俗易懂，开门见山。

（6）重大活动应急预案

举办较大规模的集会、庆典、会展和文化体育等重大活动，主办单位应按照“谁主办、谁负责”的原则，根据有关法律、法规和政府相关应急预案，结合自身实际制定应急预案，报公安机关批准后实施，并报当地人民政府备案。

重大活动期间，在相对较小空间、较短时间内聚集了大量的人流、物流和现金流，卫生防疫、交通事故、恐怖袭击、火灾爆炸、刑事案件、群体性事件等各类突发事件的发生概率骤然上升，编制重大活动应急预案的目的在于预防和处置重大活动中可能出现的突发事件，最大限度地保护人民群众的生命和财产安全，维护社会和谐稳定。

重大活动极容易引发重大突发事件，如发生重大突发事件，可按照预案确定的处置流程，采取相应的应急处置措施予以处置，预案应体现以下内容。

① 及时确定事故的原因和危害程度。

事故发生后，事发地人民政府应迅速判断事故的原因和严重程度，立即采取应急措施，同时报告上级人民政府指挥部。上级人民政府在接到上报信息后，应根据管理权限确定事故级别，提出相应处置建议，并建立或责成下级人民政府建立相应指挥机构。

② 制止混乱，及时疏散群众。

指挥部迅速发布通告，通报公众紧急危险情况，告知公众保持冷静，及时打开疏散通道，迅速、有序地疏散现场群众。

③ 根据情况实行区域性交通管制，分流无关车辆、行人，确保救援通道畅通。

根据事故严重程度和人员拥挤程度，经指挥部决定，由政府发布命令，实行区域交通管制，防止人员过度拥挤，确保人员疏散和救援通道畅通。

④ 及时救护、救援。

迅速组织力量对受伤人员现场救护或送往医院救治。对处于危险境地的人员组织力量全力解救。

⑤ 维护社会秩序。

设置警戒带，划定警戒区域，维护社会秩序，确保社会稳定。

⑥ 做好新闻报道工作。

在指挥部统一领导下，由新闻宣传组提出新闻报道意见，拟定宣传报道口径，协调解决新闻报道中遇到的问题。宣传报道要及时主动，准确把握，本着有利于维护人民群众切身利益、有利于事件的妥善处理的原则，注重社会效果，正确引导舆论。

7.1.3 智慧应急预案体系设计的结果

应急预案体系

应急预案体系由总体应急预案、专项应急预案、部门应急预案、地方应急预案、企事业单位应急预案、重大活动应急预案构成。

具体如图 7-4 所示。

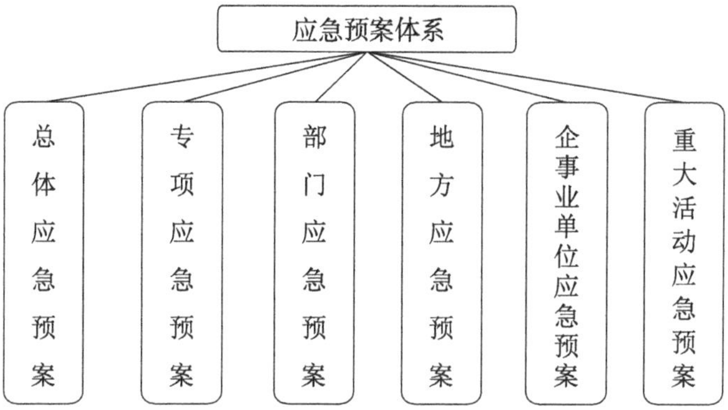

图 7-4　应急预案体系总体框架

7.2　智慧应急预案管理

应急预案印发并公布实施并不代表应急预案编制工作的结束，相反还有大量的工作需要去做，即动态管理工作。事实证明，坚持不懈地抓好应急预案的动态管理，是预案能否发挥应有作用、达到预期效果、关键时候管用好用的保证。智慧应急预案动态管理主要包括预案评估、修订、宣传、培训、演练、考核、数字化等 7 个方面，其内容各自具有相对独立性。

智慧应急预案管理是对预案编制、预案体系进行评估的过程。本过程的主要作用是通过应急预案动态管理，消除预案编制、预案体系具体实施过程中存在的问题。图 7-5 描述本过程的依据、工具与技术、结果，图 7-6 是本过程的数据流向图。

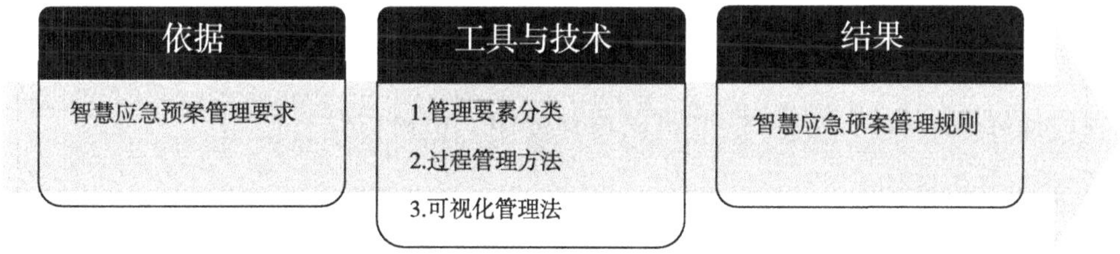

图 7-5　智慧应急预案管理的依据、工具与技术、结果

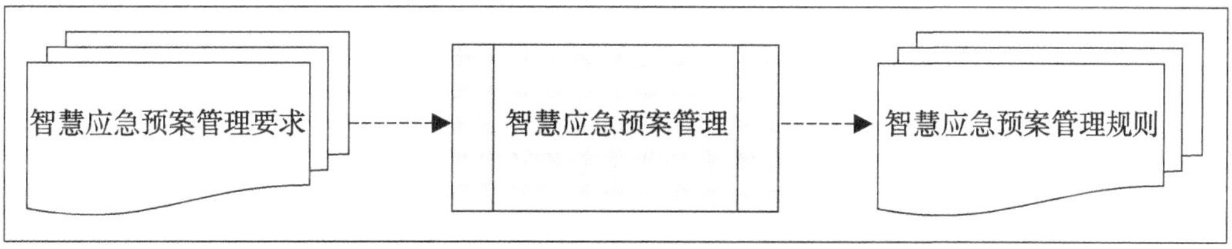

图 7-6　智慧应急预案管理：数据流向

7.2.1 智慧应急预案管理的依据

智慧应急预案管理要求

在应急预案编制及应急预案体系制定完成后，需要对应急预案全过程进行实效管理。实施中根据应急预案编制内容，评估应急预案执行情况，并完善应急预案。

7.2.2 工具与技术

7.2.2.1 管理要素分类

依据应急预案的管理特性，将智慧应急预案管理要素分为预案评估、修订、宣传、培训、演练、考核、数字化等七大类。

7.2.2.2 过程管理方法

（1）应急预案评估

应急预案是根据突发事件一般特点和经验教训事前编制的，带有主观性，与事实可能存在差距，因此需要定期对应急预案进行评估、作出修订，使之更加完善，符合实际工作要求。

① 制定评估方案。

在制定评估方案时，要确定评估目的、评估组牵头部门、参加部门和专家，以及评估工作的原则、重点、方法、时间等评估内容，并在实施中根据需要进行调整。

② 开展调查研究。

根据应急预案所管理的突发事件种类，选择具有针对性、实用性和可操作性的评估方法，如实地考察，阅读资料，召开不同形式、不同类型、不同层面的座谈会，问卷调查或抽样调查等。上述方法既可以单独使用，也可以结合使用。

③ 全面分析评估。

结合具体的事例，对应急措施逐项进行分析，要有针对性、说服力，符合逻辑，用事实说话。评估要客观、公正和全面，既要对应对工作做出总体评价，又要对重点应对工作做出评价。评估既要肯定成绩，又要指出问题，还要提出改进建议和意见。

④ 撰写评估报告。

评估报告主要内容：一是事实信息，即有关突发事件发生原因、升级过程、涉及范围、关键事实、损失数额、应对措施等；二是事实分析，即对事件深层次原因、发展过程影响因素、潜在影响等因素的综合分析；三是结论，即对突发事件发生的原因、影响及责任承担者的总体判断；四是建议，即针对发现的问题及分析结论提出预防和解决方法。

（2）应急预案修订

应急预案制定机关或者单位应当按照有关法规，定期或适时修订应急预案，一般来说，每 3 年至少修订一次。在突发事件应急处置或者应急演练结束后，也应及时对应急预案进行评估,总结经验教训,提出修订建议。应当在风险分析和应急能力评估后，按照制定程序重新进行编制、审议、批准、备案和公布应急预案。各级人民政府应急管理办事机构应当对有关应急预案的修订情况进行监督检查，对没有按要求定期或适时修订应急预案的及时提出纠正建议。

（3）应急预案宣传

应急预案可操作性、实用性很强，很多预案的应急响应行动都需要广大公众大力支持和积极参与。因此，要利用多种方式广泛公布应急预案，开展应急预案宣传解读。对于要求公众了解和参与的应急预案，要全面公布，广而告之，使公众做到应知应会，积极参与；对预案中涉及公众生命安全保障的部分应当作为宣传、普及的重点内容；对涉及需要保密的内容，可印发应急预案简本，公布部分内容。

（4）应急预案培训

应急预案培训是应急管理队伍建设的基础性工作，也是提高各级领导干部、专兼职应急管理工作人员和广大公务员应对突发事件的整体素质和业务能力的重要途径。应急预案的主责单位每年应组织 1 ～ 2 次应急预案培训，相关责任单位也应组织其职责范围内的业务培训。各级人民政府应急管理办事机构应当制定应急预案的培训大纲，定期组织党政领导和应急管理人员、学校、企业等基层单位负责人、专业救援人员等开展培训。同时，可根据不同的培训目标、对象和内容，分别研究制定培训质量评估和考核制度，纳入现行的干部教育培训考核体系，并适时开展检查。

（5）应急预案演练

应急预案演练可以验证预案的整体或关键部分的科学性和合理性，检验应急响应行动的可行性和有效性，检查各项应急工作的准备情况。应急预案的主要责任单位每年应根据各自部门行业特点，组织 1 ～ 2 次应急预案演练。编制应急演练策划指南，研究制定应急演练管理办法，提出应急演练频次、组织策划、现场控制、演练效果评价等方面的总体要求，指导开展应急演练工作。在应急演练结束后，及时对应急预案进行评估，总结经验教训，提出修订建议。

（6）智慧应急预案数字化

智慧应急预案数字化一般又称数字化智慧应急预案管理系统（DEPMS），可以有效实现应急预案的动态管理，提高信息化管理水平。其核心内容是应急预案基本情况数据库，包括预案本身和与之相关的周边数据信息，形成综合的系统应急预案数据库。在数字化基础上，形成互联网或政府内网上的交互式平台，可及时了解预案的最新数据和变化情况。除此以外，还可通过该系统，实现应急预案的评审、培训、模拟演练和审查工作，更好地实现应急预案管理部门和应急管理具体工作的衔接，增强应急预案的实用性和有效性，提高工作效率。智慧应急预案是应急预案智能化的系统体现，通过建立应急预案的数字孪生系统实现虚实互动的智慧应急预案管理体系，提高应急预案的智能化水平。

（7）应急预案管理考核

开展应急预案管理考核工作，可建立目标管理责任制，各级应急管理办事机构会同预案主要责任单位开展检查，对预案执行情况予以奖励或责任追究，以有效推进工作，加强相互联系，落实预案中规定的各项内容。应急预案管理工作的考核，既可与应急管理综合考核结合进行，也可以由主要责任单位对各责任部门进行考核。

7.2.2.3　可视化管理法

（1）应急预案编制可视化

建设可视化应急预案编制系统，采用虚拟现实技术，根据应急预案编制过程，基于云平台一体化应急预案编制可视化模拟技术，依据应急预案编制规则构建应急预案编制知识库，开发基于三维场景的应急预案方案可视化系统，提高应急预案编制的科学性以及编制过程的直观可靠性，从整体上提高应急预案的编制水平。

第一，构建应急预案编制知识库。通过收集、整理并剖析已有应急预案，借鉴其他行业的应急预案编制及应急预案管理办法构建适合各地实际的应急预案编制知识库，并建立基于云平台的协同一体化协作式编制方法，实现应急预案的编制工作与应急预案知识库自动匹配；依据国家行业标准、相关法律法规归纳常用应急预案模型，构建应急预案编制知识库。

第二，构建应急预案编制工作流模型。面向参与应急预案编制的所有人员，根据协同编制可视化技术，通过定义应急预案编制活动模块，构建应急预案编制工作流模型。通过拖拽方式自定义编制工作的工作流，以流程图形化方式呈现编制过程。

第三，引入三维展示计算机辅助软件。引入三维可视化展示引擎，将应急预案的编制过程及要素以图形化方式展现，实现应急预案编制的三维可视化互动，提高应急预案编制的可视化效果。

第四，编制结果可视化。应急预案编制可视化、过程可视化、结果可视化，实现应急预案编制知识库、交互式三维模型、工作流环境的搭建等的可视化展示。

（2）应急预案修订过程可视化

建立应急预案编制知识库及编制工作数据库，所有应急预案的编制、修订依据应急预案数据库来进行，实现应急预案修改过程的可视化及可追溯。

（3）应急预案文档可视化

将应急预案文档从传统的基于文件的模式转换为基于模式驱动的数据库模式，实现应急预案文档的可视化管理。应急预案编制过程、应急预案的编制文档都基于编制数据库实时生成。通过应急预案编制数据库可汇总并实时统计应急预案编制过程的人员数量、成本状态、管理状态、编制时间、协同效率等多维度的应急预案编制管理指标并生成分析图形。

7.2.3 智慧应急预案管理的结果

智慧应急预案管理规则

根据应急预案编制内容、应急预案体系，确定应急管理规则，并根据制定的应急预案管理规则进行应急预案管理。

预案管理规则包括应急预案的内容及管理要素。有预案评估、修订、宣传、培训、演练、考核、数字化的内容，有自然灾害、事故灾难、公共卫生事件、社会安全事件等突发公共事件，还有国家总体应急预案、专项应急预案、部门应急预案、地方应急预案、企事业单位应急预案、重大活动应急预案六层级的应急预案内容。

7.3 智慧应急预案业务模型设计

1. 应急预案业务模型设计与应急预案的关系

首先，应急预案业务模型设计技术提供了一个一致的应急业务表现形式，提供了不同领域、行业应急知识交流的手段，使得参与应急预案编制人员能更好地描述业务与表达需求，相关参与人员更容易理解应急预案。其次，应急预案业务模型设计技术帮助应急业务工作人员和从事应急管理软件开发人员建立详细的应急预案模型，实现应急预案流程分析和设计可视化，为规范与改进应急预案流程提供基础素材，降低应急预案实施成本，提高应急预案效益。

2. 参加应急预案业务模型设计的人员

无论是对现有应急预案进行建模，还是对新的应急预案进行建模，涉及的主要人员可分为应急业务领域专家、应急业务分析员和从事应急业务软件开发人员。其中，应急业务领域专家具备一定应急业务管理知识与应急管理实践经验；应急业务分析员进行应急业务建模工作、整理应急业务对应急领域信息化的需求、形成建模文档；应急业务软件开发人员以上述建模文档为依据进行软件设计、软件编程等工作。

3. 应急预案业务模型设计的主要环节

应急预案业务模型设计就是根据建模过程，通过应急预案应用，从应急预案分工、应急预案过程和应急预案信息等方面构造面向应急预案领域专家和应急业务软件开发人员的模型。应急预案建模过程主要环节如下。

① 确定建模范围和应急预案框架。

② 通过调查收集应急预案素材进行分析。

③ 利用基本建模过程建立应急预案模型。

④ 根据主要建模指标对应急预案模型进行评审。

⑤ 完善和完成整个应急预案模型（包括需求定义），形成建模文档。

另外，在建立模型之前，可以先给出应急预案工作的应急预案原理示意图，以辅助理解现有流程和明确应急预案需求。应急预案原理示意图没有固定形式，但应当包含以下要素：应急预案的最终目标、应急预案流程中的重要活动、重要活动的执行者与控制者、对重要活动的指标要求和其他必要的说明等。图 7–7 描述应急预案建模主要环节的脉络。

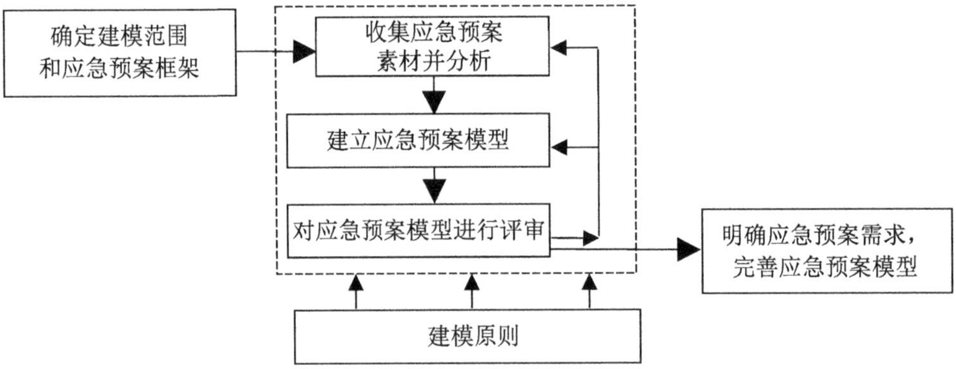

图 7–7　应急预案建模主要环节

4. 应急预案建模过程

在收集到足够的应急预案素材后，就可以进行相关应急预案建模工作，形成由建模图组成的应急预案模型。常用的基本建模过程有三种：以应急预案分工分析为出发点进行建模的过程；以应急预案流程分析为出发点进行建模的过程；以应急预案信息分析为出发点进行建模的过程。每种建模过程都是由描述应急预案分工、描述应急预案流程、描述应急预案信息等基本建模活动组成，并在建模过程中对主要指标和主要文档提出要求。

5. 应急预案业务模型设计

在突发事件应急管理工作中，应急预案业务模型设计非常重要，是进行应急预案编制工作的基础。应急预案业务模型设计必须充分研究和把握突发事件的共性和个性以及内在普遍联系的规律。

以现有能力和资源为基础，围绕突发事件预防、响应、处置、恢复这四个环节认真做好业务模型设计，最大限度地控制突发事件的破坏力和影响范围。应急预案业务模型设计是定义如何对应急预案进行预案管理的过程。本过程的主要作用是明确应急预案的预防、响应、处置、恢复的业务模型设计过程。图 7–8 描述本过程的依据、工具与技术、结果，图 7–9 是本过程的数据流向图。

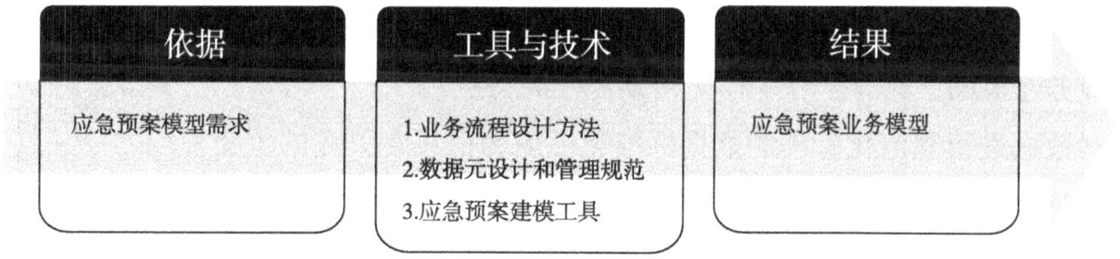

图 7–8 智慧应急预案业务模型设计的依据、工具与技术、结果

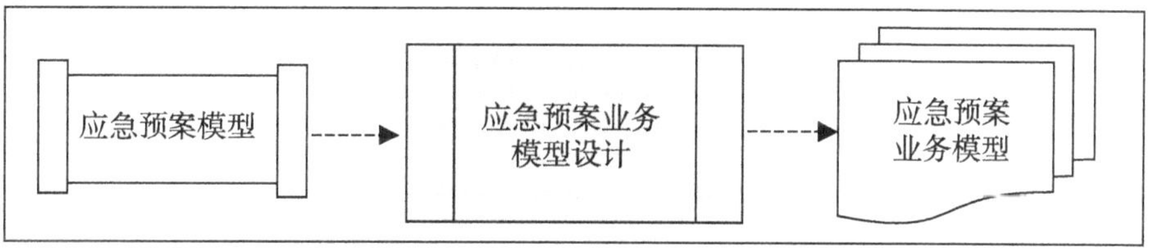

图 7–9 智慧应急预案业务模型设计：数据流向

应急预案业务模型设计在预案编制需求提出阶段就应开始。在应急预案编制过程中，根据应急预案编制及预案应用效果、预案执行情况、技术、环境变化情况等情况进行及时修订。

7.3.1 智慧应急预案业务模型设计的依据

应急预案模型需求

应急预案模型需求是指预案需求，以及预案的预防、响应、处置、恢复的业务模型需求。

7.3.2 工具与技术

7.3.2.1 业务流程设计方法

在应急预案业务模型设计过程中，准确描述并规范业务流程是十分重要的基础工作，在很大程度上决定了整个预案编制工作的成败。为此，参与应急预案编制的全体人员必须对这项任务的基本原则、工作步骤、表述方法、成果形式有统一的认识和理解。

《电子政务业务流程设计方法：通用规范》（GB/T 19487—2004）规定了业务流程描述手段，其有助于应急业务领域专家和应急业务软件开发人员理解应急业务流程，并通过阅读本标准相关内容和接受相关培训，能够描述相应的应急业务流程，提出应急信息化的功能需求，使应急业务软件开发人员能够与应急业务领域专家进行有效的交流，理解应急业务用户需求并进行软件设计。

描述应急业务流程的主要方法是建立可视化应急业务模型，因此《电子政务业务流程设计方法：通用规范》（GB/T 19487—2004）的核心内容为可视化应急业务建模方法，它由业务建模表示法和业务建模过程组成，其中业务建模表示法包括业务建模符号和业务建模图，具有全程一体化精细建模的特点。

对数据进行规范化管理的数据标准化已成为信息化关注的重要领域之一，其中包括业务建模、数据规范化、文档规范化等阶段。数据标准化是一个庞大的、长期的、基础的系统工程，需要各方面专业人员按照系统化的规范流程开展。应急预案涉及的数据众多，其数据规范也是一个长期迭代的过程。

在应急预案编制过程中，业务模型设计的具体设计方法见《电子政务业务流程设计方法：通用规范》（GB/T 19487—2004），本书不展开说明。

7.3.2.2 数据元设计和管理规范

应急预案数据元管理可以参考《电子政务数据元第 1 部分：设计和管理规范》（GB/T 19488.1—2004）。其中规定了电子政务数据元的基本概念和结构、电子政务数据元的表示规范，以及特定属性的设计规则和方法，并给出了电子政务数据元的动态维护管理机制。

《电子政务数据元第 1 部分：设计和管理规范》适用于政府部门编制各种通用的或专用的数据元目录，并为建立数据元的注册和维护管理机制提供指导。在应急预案编制过程中，相关数据及内容可参考此规范进行编制。具体内容本书不展开说明。

7.3.2.3 应急预案建模工具

应急预案模型是应急预案流程设计结果的体现，包括基本建模图和由之导出的派生建模图，其中基本建模图包括分工组成树、应急预案协作流程图、职责执行 / 操作流程图、应急预案信息关系图，表示了分工、协作和信息等管理要素；派生建模图包括数据接口图、数据流图、应急预案信息操作权限图、应急预案信息共享图，表示了应急预案信息与组织单元之间的作用关系。应急预案模型的构成如图 7–10 所示。

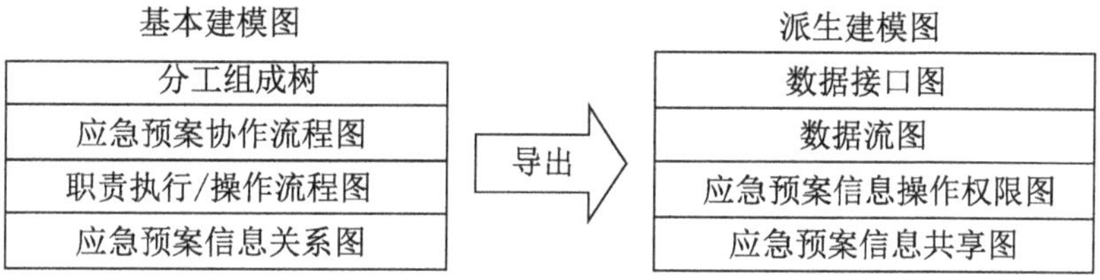

图 7–10　应急预案模型的构成

应急预案建模工具的具体内容如下。

（1）构建一树三图的应急预案模型

第一，建设应急预案模型组织结构树，实现集中管理、统一名称、角色唯一（见图 7–11）。

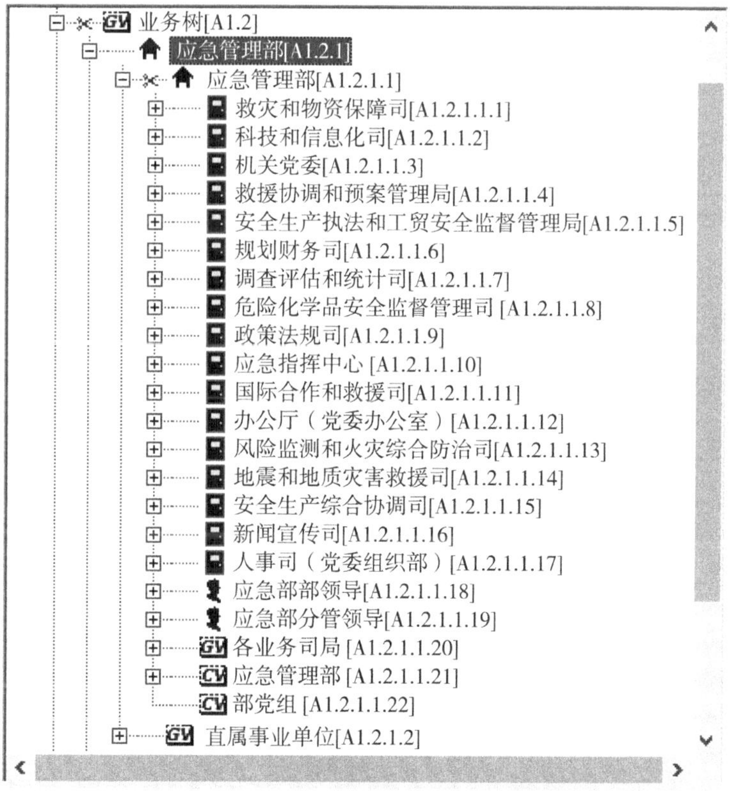

图 7–11　应急预案模型组织结构树

第二，应急预案协作流程图，规范化表达（见图 7-12）。

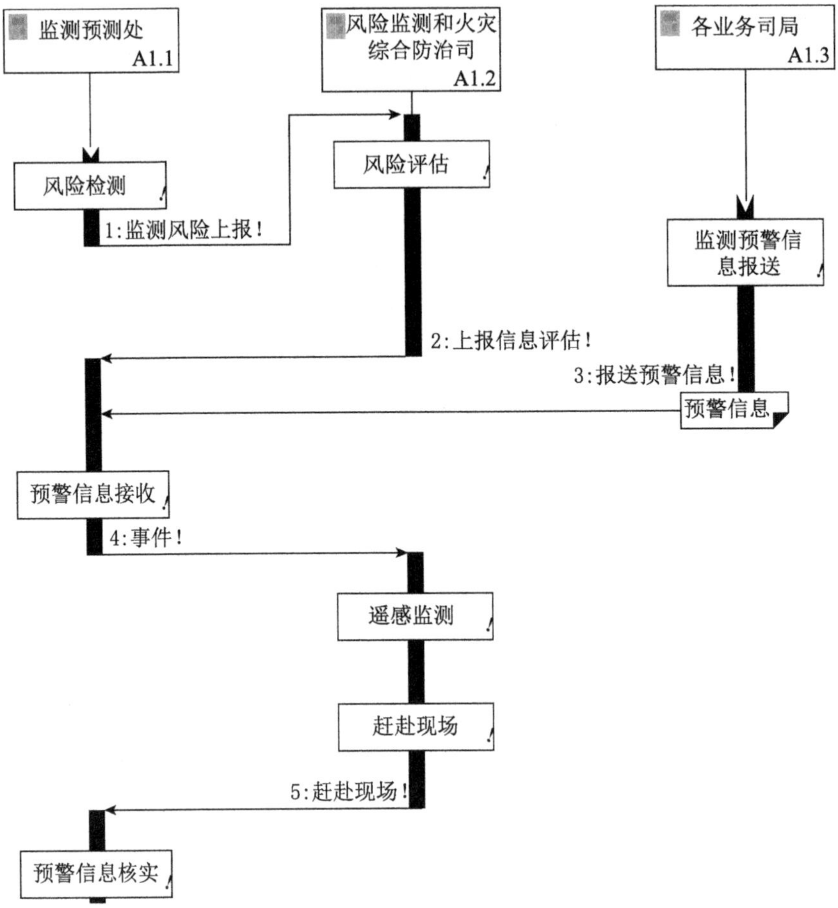

图 7-12　应急预案模型协助流程

第三，数据表单图，应急预案业务与数据关联（见图 7-13）。

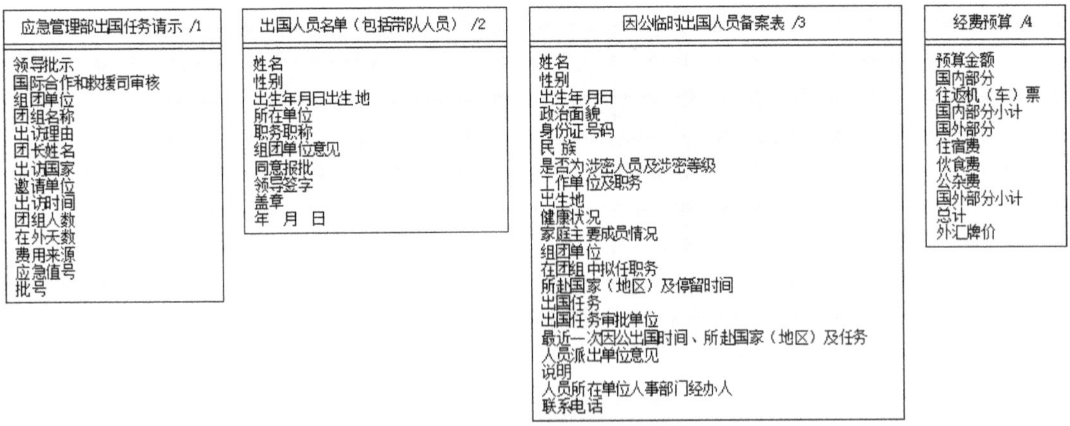

图 7-13　应急预案模型的数据表单

第四，应急预案模型的职责执行图（见图 7–14）。

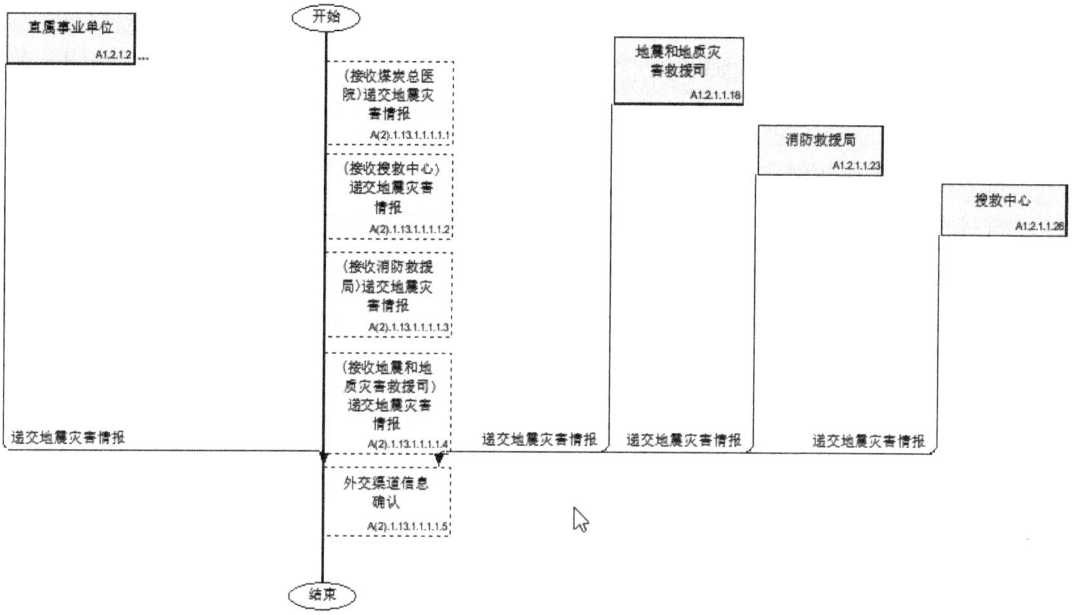

图 7–14　应急预案模型的职责执行图

（2）应急预案全息一体化与精细化建模

图 7–15 针对应急预案全息基本建模图之间的一体化（集成）关系与精细化特点，形象地给出了分工组成结构树、职责执行 / 操作流程图、业务协作流程图和业务数据关系图之间的一体化（集成）关系及职责执行 / 操作流程图对应急业务信息精细化操作处理的方法。

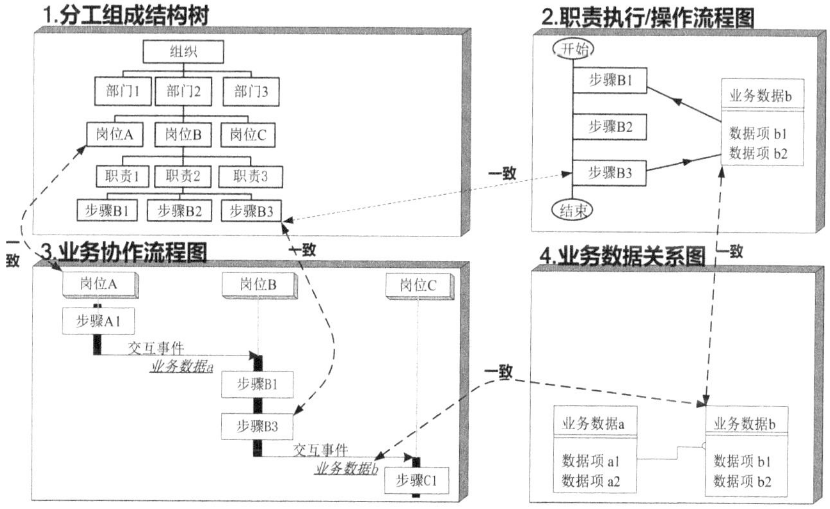

图 7–15　应急预案模型的一树三图

其中，职责执行 / 操作流程图中的活动步骤是分工组成结构树中某一具体职责的活动步骤流程化的具体体现，描述了这一职责哪些活动步骤与其他活动主体之间存在工作交互事件，同时精细刻画了对业务信息的操作方式，这样形成了分工组成结构树、职责执行 / 操作流程图和业务信息关系图之间的关联关系。

业务协作流程图把在某一具体业务涉及的分工组成树中活动主体之间存在的工作交互事件，及其携带的业务信息有序地排列开来，用以全面描述业务协作关系，其中业务协作流程图中的工作交互事件与职责执行 / 操作流程图中的工作交互事件是完全一致的，这样形成了分工组成结构树、职责执行 / 操作流程图和业务信息关系图之间的关联关系。

分工组成结构树、职责执行 / 操作流程图、业务协作流程图和业务信息关系图之间，以一致性关联和精细化处理操作两种方式形成了紧密的关系，实现了在业务建模阶段基本建模图之间的一体化（集成）。

全息建模工具为应急预案建模提供技术支持，建模图在应急预案编制过程中保证了全过程一体化的模式，实现全息业务与数据的一体化，以及应急预案业务、数据之间的耦合与统一。

7.3.3 智慧应急预案业务模型设计的结果

智慧应急预案业务模型

智慧应急预案业务模型是根据智慧应急预案业务模型设计过程和编制过程，而形成各层级、各行业的应急预案业务模型。

具体的智慧应急预案业务模型主要包括基于“一树三图”的某应急预案组织结构图模型、某应急预案协作流程图模型、某应急预案的数据关系图模型。这些应急预案模型都是模块化的，可以进行拆分、组合。

7.4 智慧应急预案生成

根据已有的应急预案模型，生成各种应急预案，指导突发事件应急管理工作。

应急预案业务模型设计非常重要，是进行应急预案编制工作的基础。应急预案业务模型设计必须充分研究和把握突发事件的共性和个性，以及内在普遍联系的规律。

以现有能力和资源为基础，围绕突发事件预防、响应、处置、恢复四个环节认真做好应急业务模型设计，最大限度地控制突发事件的破坏力和影响范围。应急预案业务模型设计是定义如何对应急预案进行预案管理的过程。本过程的主要作用是明确应急预案的预防、响应、处置、恢复的业务模型设计过程。图 7–16 描述本过程的依据、工具与技术、结果，图 7–17 是本过程的数据流向图。

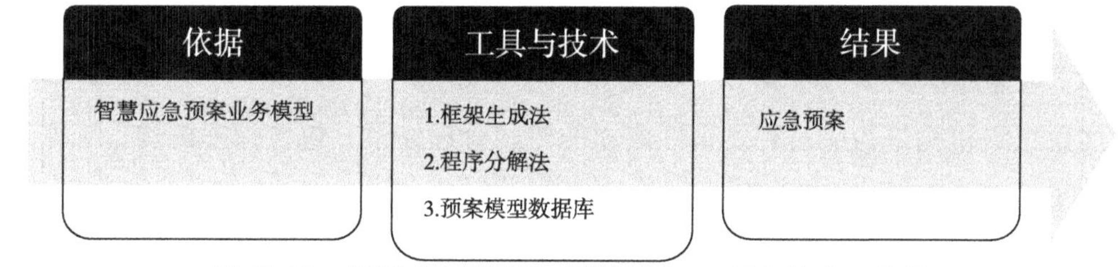

图 7–16　智慧应急预案生成的依据、工具与技术、结果

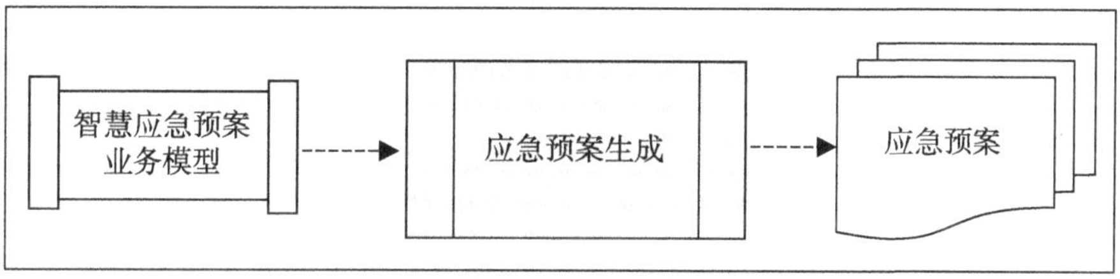

图 7–17　智慧应急预案生成：数据流向

智慧应急预案生成在应急预案业务模型设计阶段就可以开始。在应急预案业务模型设计过程中，根据应急预案业务模型设计可以实时动态生成应急预案。

7.4.1　智慧应急预案生成的依据

智慧应急预案业务模型

详见 7.3.3。

7.4.2　工具与技术

7.4.2.1　框架生成法

根据应急预案框架，利用基于模型的智慧应急预案业务模型设计数据，生成各种应急预案。

（1）总则

① 编制目的。简要阐述编制应急预案的重要意义和作用，如加强和规范管理、提高保障和处置能力，有效预防和应对突发事件、减少危害及保障安全等。

② 编制依据。主要依据国家相关法律、法规、政策规定和国家相应的应急预案。

③ 适用范围。应急预案针对某一区域内、某种类型突发事件作出反应，并且只在制定单位管辖地域和职责范围适用，要级别明确、针对性强。

④ 工作原则。要求明确具体，如统一领导、分级管理，条块结合、以块为主，职责明确、规范有序，反应灵敏、运转高效，整合资源、信息共享，预防为主、快速处置等原则。

（2）应急组织机构与职责

应急组织机构是为应对突发事件建立的专门管理体系，包含指挥机构、工作组及职责分工，覆盖国家到企业层级。

组织指挥是应急预案的重点内容，应急预案的主要功能就是建立统一、有序、高效的指挥和运行机制。

① 按照突发事件处置需要设立应急指挥机构，明确主要负责人、组成人员及相应职权。

② 应急指挥机构涉及的部门（单位）及其相应的职权和义务。

③ 以突发事件应急响应过程为主线，明确突发事件发生、报告、响应、结束、善后处置等各环节的主管与协作联动部门；以应急准备及保障机构为支线，明确参与部门的职责。

（3）预防预警机制

应急预案的对象就是假定发生的突发事件，预防预警机制是应急预案的关键内容。

① 信息监测。确定预警信息监测、收集、报告和发布的方法、程序，建立信息来源与分析、常规数据监测、风险分析与分级等制度。

② 预警行动。明确预警方法、渠道以及监督检查措施和信息交流与通报程序，预警期间采取的应急措施及有关应急准备。

③ 预警支持系统。建立预警体系和相关技术支持平台，明确使用、维护、改进系统的要求。

④ 预警级别发布。明确预警级别的确定原则、信息确认与发布程序等。按照突发事件严重性和紧急程度，分为一般（Ⅳ级）、较大（Ⅲ级）、重大（Ⅱ级）、特别重大（Ⅰ级）的 4 级预警，颜色依次为蓝色、黄色、橙色和红色。

（4）应急响应

应急响应是应急预案的核心内容，即应急指挥机构应用反馈机制，合理应用应急力量和资源，把握时机强化控制力度，防止事态恶化；对已发生的事件，将其破坏力和影响范围控制在最低级别。

① 应急响应级别。根据突发事件确定科学的分级标准，按照突发事件可控性、严重程度和影响范围，分为一般（Ⅳ级）、较大（Ⅲ级）、重大（Ⅱ级）、特别重大（Ⅰ级）的4级，启动相应级别的应急响应行动。突发事件的响应级别与预警级别密切相关，但也有所不同，可根据实际情况确定。

② 应急响应行动。根据突发事件级别明确预案启动级别和条件，明确响应主体、指挥机构工作职责、权限和要求，阐明应急响应及处置过程等。对于跨国（境）、跨区域、跨部门的突发事件，可针对实际情况列举不同措施，同时避免可能造成的次生、衍生和耦合事件。

③ 信息报送和处理。明确信息采集的范围、内容、方法、报送程序和时限，要求符合政府信息公开的有关规定。如果突发事件涉及境外人员，或可能影响到境外，需要向有关地区和国家通报的，明确通报程序和部门。

④ 指挥和协调。现场指挥遵循属地为主的原则，建立党政统一领导、突发事件主管部门为主、各相关部门参与的应急救援协调机制。明确指挥机构的职能和任务，建立决策机制，报告、请示等制度，信息分析、专家咨询、损失评估等程序。

⑤ 应急处置。制定详细、科学的突发事件应对处置方案、处置措施，明确各级指挥机构调派应急队伍的数量及处置措施，队伍集中部署的方式，设备器材、物资药品的调用程序，各应急队伍之间协作程序等。

⑥ 信息发布。按照突发事件新闻发布应急预案的有关规定，遵循实事求是、及时准确的原则，明确信息发布的内容、方式、机构及程序。

⑦ 应急结束。明确应急状态解除或紧急响应措施终止的发布机构及程序，并注意与现场抢救活动的结束区别开来。

（5）善后工作

① 善后处置。明确人员安置、补偿，物资和劳务征用补偿，灾后重建政策措施，以及做好卫生防疫、保险理赔工作等。

② 社会救助。明确社会、个人或国内外机构组织协调、捐赠款物的管理与监督等事项。

③ 后果评估。突发事件分析评估、调查报告和经验教训总结及改进建议。

（6）应急保障

① 人力资源保障。列出各类应急响应的人力资源，包括政府、军队、武警、机关团体、企事业单位、公益团体和志愿者队伍等，明确社会动员条件、范围、程序和必要的保障制度。

② 财力保障。明确应急经费来源、使用范围、数量和管理监督措施，提供应急状态时政府经费的保障措施。

③ 物资保障。包括物资调拨和组织生产方案。根据具体情况和需要，明确物资储备、生产及加工能力储备、生产流程技术方案储备。

④ 通信保障。建立通信系统维护及信息采集等制度，确保应急期间信息通畅；明确参与应急处置各部门单位的通信方式，确保应急期间领导机关及现场指挥的通信方案可行。

⑤ 交通运输保障。明确各类交通运输工具数量、分布、功能、使用状态等信息，驾驶员的应急准备措施，征用单位的启用方案，交通管制方案和线路规划等。

⑥ 医疗卫生保障。包括医疗救治资源分布、救治能力与专长、卫生疾病控制机构能力与分布、各单位的应急准备保障措施、被调用方案等。

⑦ 人员防护。制定应急避险、人员疏散及救援人员安全措施等，规划和建立基本满足突发事件的人员避难场所。

⑧ 技术装备保障。包括技术系统及储备，应急设施设备，突发事件现场可供使用的应急设备类型、数量、性能和位置，备用措施以及相应的制度等。

⑨ 治安维护。制定应急状态下有关治安秩序的各项准备方案，包括警力培训、布局、调度和工作方案等。

（7）监督管理

应急预案的监督管理，应强调应急预案的演练、宣传和培训，明确应急预案不仅是让人看，更重要的是要在实践中应用，在培训和演练中发现的问题可以成为应急预案修改更新的参考。

① 预案演练。明确应急演练的范围、内容、组织及工作要求等。

② 宣传和培训。包括应急预案、应急法规和预防避险、自救互救的应急常识宣传，各级领导、应急管理人员和救援人员的常规性和专业性培训以及培训的工作要求等。

③ 奖惩和责任。明确监督主体和罚则，以及奖励对象、方式及责任追究程序等。

（8）附则

① 名词术语解释。明确预案中专用名词、术语、缩写语和编码的定义，说明突发事件类别、等级以及对应的指标定义，统一信息技术、行动方案和机关术语等编码情况。

② 应急预案管理与更新。明确应急预案制定、监督管理及实施部门单位，规定应急预案评审与更新方式。

③ 应急预案解释部门。明确预案批准、印发机关和解释部门。

④ 应急预案实施时间。明确应急预案实施或生效时间，一般从印发之日起施行。

（9）附件

各种表单和说明文件，包括操作手册、指挥机构组织结构图、应急部门通信方式、指挥部成员联系方式、人员疏散地图、资源位置图、紧急设备使用说明等。

7.4.2.2 程序分解法

确定应急预案的生成程序分解方法，不同类型和级别的应急预案，编制程序也不尽相同。一般来说，编制级别越高、管辖范围越大、启动级别越高、体系结构越完整的应急预案，编制程序越正式、规范，过程也相对较复杂，如国家级、省市区级、市州级的总体应急预案和各类专项、部门应急预案；编制部门级别低、管辖范围小、管理对象少、面对单一种类突发事件的应急预案，编制程序也较简单，如企事业单位内部安全应急预案、某一个重大活动专项应急预案等，一般没有规定程序，一切以预案实用性为标准。因此，预案编制并没有所谓的标准程序，按照《中华人民共和国突发事件应对法》的相关要求和实际预案编制工作需要，一般包括应急预案立项、应急预案起草、应急预案审核批准、应急预案印发公布及备案、应急预案动态管理等五个环节。因此，应急预案生成也可以根据五个环节动态生成应急预案。

（1）立项

应急预案制定部门（单位）应当根据突发事件性质、特点和可能造成的危害，组织有关部门和人员，成立应急预案编制小组，确定专人负责；制定编制计划和管理办法，根据具体情况布置编制工作，做好预案起草、评审、审核、报批、发布工作，对预案编制工作加强检查、指导、督促。

（2）起草

应急预案立项后，主办部门（单位）应组织专门起草班子，认真开展调查研究，切实做好预案（草案）编制工作。预案（草案）编制过程中，要认真对照上级预案，借鉴外地同类型预案，广泛听取各方面意见和建议，召开专家评估会论证。预案（草案）经主办部门（单位）领导班子集体审定后，正式上报同级政府。

（3）审批

政府办公厅（室）（应急管理办公室具体负责）对主办部门（单位）报送的预案（草案）要认真进行审核。审核过程中，应会同主办部门（单位）征求相关部门（单位）意见，对相关部门（单位）的意见进行综合协调。预案（草案）审核完毕后，按程序报送政府办公厅（室）分管负责人、政府秘书长、政府分管负责人、政府常务负责人审发。

（4）印发公布与备案

预案经政府批准后，由政府办公厅（室）印发，由主办部门（单位）负责解释。政府办公厅（室）（应急管理办公室具体负责）应会同主办部门（单位）及时向社会发布，并报同级政府备案。

以省专项应急预案为例，编制程序为：主责部门立项→成立专门小组起草→起草单位报省政府办公厅（应急办）初审→征求相关成员单位意见→组织专家评审→报省政府办公厅（应急办）复审→报省政府按程序报批印发→由省相关部门公布施行。

（5）应急预案动态管理

应急预案编制单位应当建立定期评估制度，分析评价预案内容的针对性、实用性和可操作性，实现应急预案的动态优化和科学规范管理。

各个环节都能利用程序分解法的系统工具生成相应的应急预案阶段性文件，实现应急预案的动态管理。

7.4.2.3 预案模型数据库

建立预案模型数据库，将现有的各类各层级的应急预案导入预案模型数据库，同时建立预案模型数据管理系统，具体包括以下内容。

① 信息记录模块：用于接收并保存用户录入的当前事件信息。

② 预案存储模块：用于存储预案数据库。

③ 预案提取模块：用于根据所述当前事件信息在预案数据库中检索与所述当前事件匹配的至少一组应急预案。

④ 案例存储模块：用于存储各类应急预案的案例数据库。

⑤ 预案分析模块：用于根据所述至少一组应急预案从应急事件数据库中提取所有关联的次生与衍生事件，并在案例数据库中检索与所述当前事件相似的典型案例，对所述至少一组应急预案进行修正，形成应急行动方案。

⑥ 方案生成模块：用于根据当前事件信息中当前应急能力和物资需求数量，以及事件现场的基础决策数据，分析所述应急行动方案的不足，不断形成修正的应急行动方案，并通过人机交互生成当前应急行动方案。

⑦ 知识存储模块：用于存储与应急预案相关的知识数据库。

⑧ 知识提取模块：用于根据所述当前事件信息从知识数据库中提取与所述当前事件关联的常识性知识。

⑨ 方案修正模块：用于在所述当前应急行动方案中增加与所述当前事件关联的常识性知识供用户参考，形成修正的当前应急行动方案。

⑩ 模型存储模块：用于存储应急预案模型数据库。

⑪ 模型提取模块：用于根据所述当前事件信息从模型数据库中提取与所述当前事件关联的各类模型信息。

⑫ 方案修正模块：用于通过所述模型信息分析当前应急行动方案中的应急能力、物资需求数量以及事件现场的基础决策数据，获取当前应急行动方案的不足，形成修正的当前应急行动方案，利用应急预案模型数据以及人工智能技术形成优化的各类应急行动方案。

⑬ 应急预案算法数据库：利用最新的机器学习、神经网络等人工智能算法为预案模型数据库提供算法支撑服务。

利用预案模型数据库，可导出各种预案相关的数据，根据应急预案需求提供可视化的展示工具。

预案模型数据库集成了应急预案模型的自然语言理解、机器学习等人工智能算法和模型。利用深度学习对应急预案的数据进行不断训练可以提高算法的精度，从而使应急预案模型进一步完善。随着应急预案数据库及应急管理系统的日益完善，通过事后完善恢复系统，对各类突发事件进行评价和“训练”，进而为事前预警系统提供更为准确的事件分析能力，提高应急预案数据库的知识图谱建设能力，从而提高整个应急管理系统的应急反应能力，提升应急预案的执行效果。

7.4.3 智慧应急预案生成的结果

应急预案

应急预案是指各级人民政府及其部门、基层组织、企事业单位、社会团体等为依法、迅速、科学、有序应对突发事件，最大程度减少突发事件及其造成的损害而预先制定的工作方案 。应急预案的生成是基于应急预案生成工具，结合相应突发事件而预先制定的工作方案。

《某县突发环境事件应急预案》是自动生成的一个应急预案的案例。

某县突发环境事件应急预案

1 总则（框架）

1.1 编制目的（框架）

规范和强化全县突发环境事件的应急处置工作，健全突发环境事件应对工作机制，科学有序高效应对突发环境事件，最大限度控制、减轻和消除突发环境事件风险和危害，保障人民群众生命财产安全和环境安全。（根据模型抽取填制）

1.2 编制依据（框架）

依据《中华人民共和国环境保护法》《中华人民共和国突发事件应对法》《国家突发环境事件应急预案》《突发环境事件应急管理办法》《某省环境保护条例》《某省突发事件应对条例》《某省突发事件总体应急预案》《某省突发环境事件应急预案》《某市突发公共事件总体应急预案》《某市突发环境事件应急预案》《某县突发公共事件总体应急预案》及相关法律法规等，结合某县实际，制定本预案。（根据模型抽取填制）

1.3 适用范围（框架）

本预案适用于发生在我县境内或发生在县外但对我县有较大影响需要采取紧急应对措施的突发环境事件应对工作。（根据模型抽取填制）

突发环境事件是指由于污染物排放或自然灾害、生产安全事故等因素，导致污染物或放射性物质等有毒有害物质进入大气、水体、土壤等环境介质，突然造成或可能造成环境质量下降，危及公众身体健康和财产安全，或造成生态环境破坏，或造成重大社会影响，需要采取紧急措施予以应对的事件，主要包括大气污染、水体污染、土壤污染等突发性环境污染事件和辐射污染事件。（根据模型抽取填制）

放射源和射线装置生产、销售、运输和使用过程中造成的辐射事故、重污染天气

的应对工作按照相应专项应急预案及规定执行，其他突发环境事件应对工作按照本预案执行。（根据模型抽取填制）

…………

7.5 智慧应急预案验证

应急预案验证是对应急预案进行检验的过程。本过程的主要作用是对应急预案实例化，并且对应急预案进行仿真、评估，不断优化、完善应急预案，重新审视应急预案的效能。图 7–18 描述本过程的依据、工具与技术、结果，图 7–19 是本过程的数据流向图。

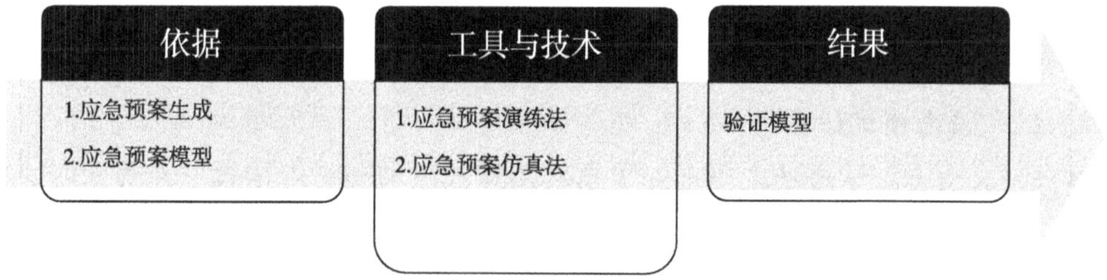

图 7–18 智慧应急预案验证的依据、工具与技术、结果

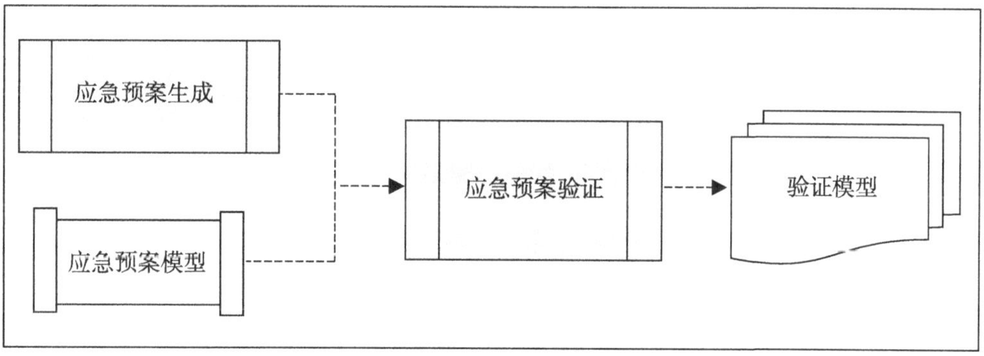

图 7–19 智慧应急预案验证：数据流向

应急预案验证的过程在应急预案生成过程就可以开始，并在应急预案生成过程中可以实时进行验证，确保预案的可实施性。

7.5.1 智慧应急预案验证的依据

7.5.1.1 应急预案生成

借助应急预案生成工具，实时生成应急预案，并进行验证。

7.5.1.2 应急预案模型

根据应急预案业务模型设计阶段形成的应急预案模型。

7.5.2 工具与技术

7.5.2.1 应急预案演练法

应急预案演练不限于基本应急培训和演习，其中应急培训包括以下四方面：① 报警；② 疏散；③ 火灾应急培训；④ 不同水平应急者培训。

在具体培训中，通常将应急者分为五类：初级意识水平应急者；初级操作水平应急者；危险物质专业水平应急者；危险物质专家水平应急者；事故指挥者水平应急者。

根据演习规模可以分为桌面演习、功能演习和全面演习。根据演习的基本内容可以分为基础演习、专业演习、战术演习和自选科目演习。

7.5.2.2 应急预案仿真法

通过对各类灾害事故数据模拟和人员行为数据模拟的数字仿真，在数字空间中模拟灾害发生、发展的过程，以及人们在灾害环境中可能做出的各种反应，并在仿真演练平台上，在最大限度仿真实际灾害条件下，开展应急演练与训练。在此基础上，制定各级政府、各类企事业单位的数字化应急预案。

应急预案仿真可以用来训练各级决策与指挥人员、事故处置人员，发现应急处置过程中存在的问题，检验和评估应急预案的可操作性和实用性，提高应急能力；可以使政府、企事业单位能够运用现代化手段，加强协调能力和应急能力，使应急仿真演练科学化、智能化、虚拟化。

7.5.3 智慧应急预案验证的结果

验证模型

经过应急预案验证，形成各种应急预案验证模型，为完善应急预案提供数据支撑。

应急预案验证模型跟应急预案的内容一致，只是前者根据验证算法对模型进行检验，根据检验的内容完善应急预案，例如对预案的一些数据进行数据质量检查、预案要素检查等。

基于应急预案的生成工具可以对模型完整性进行诊断，如图 7-20 所示。

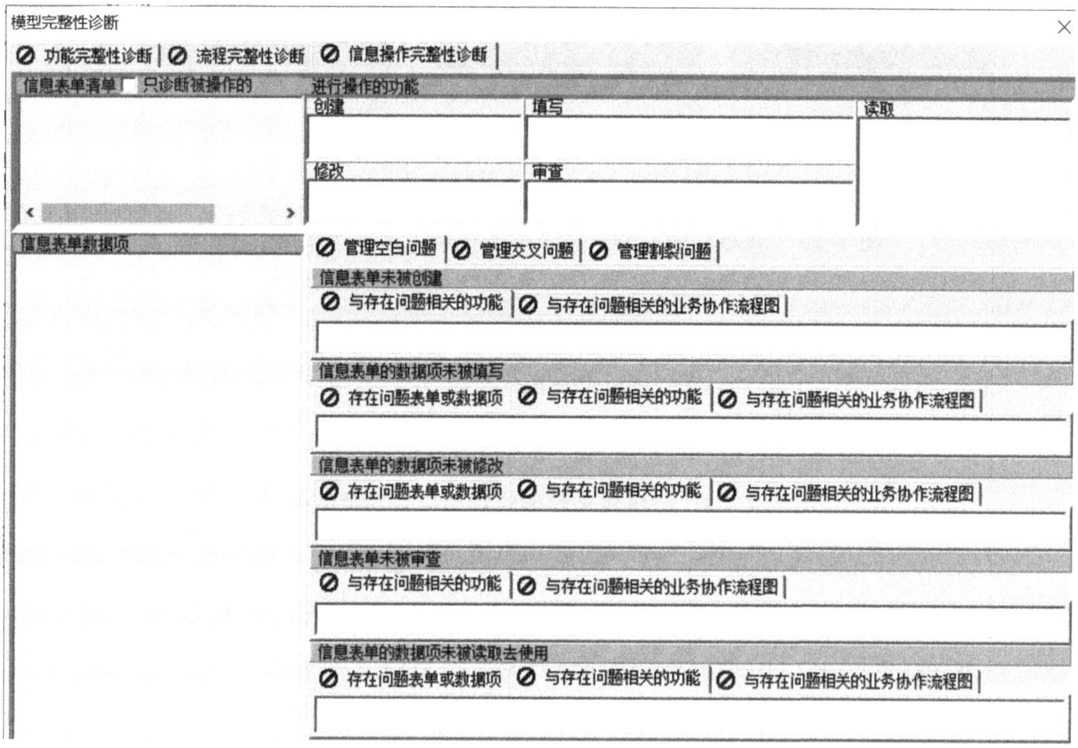

图 7–20　应急预案模型完整性验证

7.6　智慧应急预案执行监控

根据应急预案管理相关法规，需要根据本系统、本领域、本地区应急预案管理办法，定期检查应急预案工作落实情况。

智慧应急预案执行监控内容具体如下。

①“横向到边、纵向到底”的应急管理预案体系。

②“政府统筹协调、群众广泛参与、防范严密到位、处置快捷有效”的应急管理工作机制。

在突发事件应急管理工作中，应急预案执行监控工作非常重要，是进行应急预案管理的重要环节。

应围绕突发事件预防、响应、处置、恢复四个环节做好应急预案执行监控工作。本过程的主要作用是明确应急预案的预防、响应、处置、恢复的应急预案执行监控过程。图 7–21 描述本过程的依据、工具与技术、结果，图 7–22 是本过程的数据流向图。

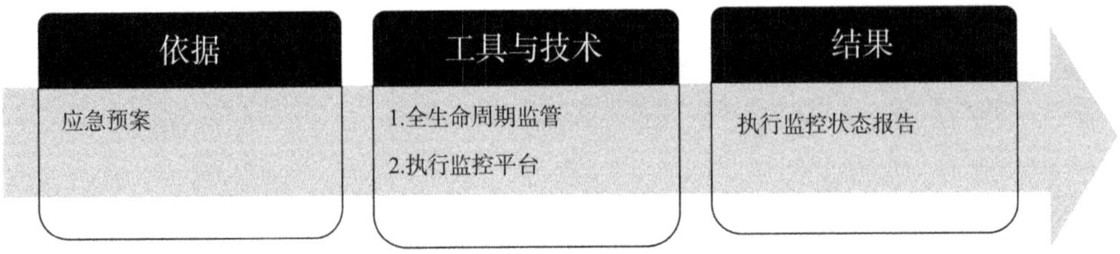

图 7-21　智慧应急预案执行监控的依据、工具与技术、结果

图 7-22　智慧应急预案执行监控：数据流向

应急预案执行监控是应对、处置突发公共事件的核心部分，是整个指挥决策的大脑，其在使用过程中效果的好坏直接关系到应急指挥管理成败。应通过执行监控发现应急预案存在的问题，不断迭代优化应急预案，改进应急预案及应急管理的水平。智慧应急预案的执行监控是强化应急预案的闭环管理、实现问题归零、达成灾害损失最小化监管效果的有效手段，同时能够提升应急预案的智慧化水平。

7.6.1　智慧应急预案执行监控的依据

应急预案

根据编制的应急预案，对应急预案中的预防、响应、处置、恢复的业务过程执行情况进行监督控制。

7.6.2　工具与技术

7.6.2.1　全生命周期监管

要构建“统一指挥、专常兼备、反应灵敏、上下联动”的应急管理体制，优化国家应急管理体系和管理能力现代化建设，提高减灾防灾救灾能力。

从应急预案的应急要素、结构功能、运行机制、过程结果等层面进行全周期统筹和全过程整合，确保整个应急预案管理体系能从预防、响应、处置、恢复的全生命周期处置过程进行执行监管。

应急预案的执行监控将对配置的物流、人员流、资金流、信息流进行全面监控，同时把应急物资保障作为国家应急管理体系建设的重要内容，按照集中管理、统一调拨、平时服务、灾时应急、采储结合、节约高效的原则，全面监控相关工作机制和应急预案。全生命周期监管中要注重所管理对象的动态可变性，在全生命周期的不同阶段实施科学化管控，形成一个有机的闭环，真正做到环环相扣、协同配合、权责清晰、系统有序、运转高效。

利用全息一体化系统论方法，借鉴《资产管理—综述、原则和术语》《资产管理—资产管理体系—要求》《资产管理—管理体系—ISO 55001应用指南》等国际标准对应急预案的执行情况，用全息一体化资产完整性管理的视角对应急预案全生命周期的执行监控进行有效监管。具体标准可参考《资产管理—综述、原则和术语》相关标准，本书不做详细描述。

7.6.2.2 执行监控平台

应依据“统一领导、权责一致、权威高效”的应急能力建设要求，完善应急预案的执行监控过程，搭建应急预案执行监控平台，并通过采集与应急相关的监控实时数据执行监控工作。

应急预案执行监控平台提供“一呼百应”功能，可实现“全灾种、大应急”综合应急预案执行任务的一体化管理，推动跨部门、跨区域社会应急力量整合，并融入各地基础数据，同时为省、市、县三级应急管理部门和各类应急救援力量部署终端设备，实现前端数据实时采集、同步构建后台研判系统，建立起以预防、预测、预警、预备为链条的执行监控响应机制，实现应急预案执行监控信息化。

通过智慧应急预案执行监控平台的建设，实现应急预案与实际执行的有效对接，让应急预案变成智慧应急管理的核心工程。

7.6.3 智慧应急预案执行监控的结果

执行监控状态报告

根据应急预案执行管理过程，形成各层级、各行业的应急预案执行监控报告。

应急预案执行监控报告包括应急管理预案体系执行情况，应急管理机制到位情况，突发事件预防、响应、处置、恢复四个环节执行情况等。

7.7 智慧应急预案绩效评估

智慧应急预案绩效评估跟传统绩效评估不同，二者依据的标准和参考数据都不一样，需根据应急预案模型、应急预案验证结果综合考量。

应急预案绩效评估主要内容如下。

① 应急准备。主要包括应急体系建设规划、应急管理组织体系建设、应急预案及演练、值守应急、监测预警、应急保障、宣教培训等。

② 应急处置。主要包括响应速度、指挥协调、信息公开、处置效果等。

③ 善后处理。主要包括调查评估、恢复重建、事后评估等。

④ 社会评价。主要包括社会公众对应急管理工作的满意度、改进度评价等。

在突发事件应急管理工作中，应急预案绩效评估工作非常重要，是进行应急预案管理的重要环节。

应急预案绩效评估以现有能力和资源为基础，围绕突发事件预防、响应、处置、恢复四个环节展开。应最大限度地发挥评估作用，以便为控制突发事件的破坏力和影响范围提供科学参考。本过程的主要作用是明确应急预案的预防、响应、处置、恢复的绩效评估过程。图 7–23 描述本过程的依据、工具与技术、结果，图 7–24 是本过程的数据流向图。

智慧应急预案绩效评估场景分析：首先，选择智慧应急预案作为应急预案绩效评估的依据；其次，模拟演练智慧应急预案的实施，检测应急预案实际实施数据，采用周期分解法、评估管理对象法评估效果；最后，基于评估效果，形成应急预案绩效评估报告。

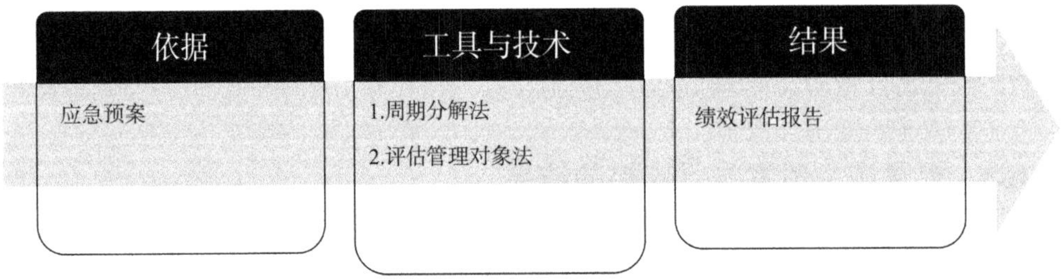

图 7–23 智慧应急预案绩效评估的依据、工具与技术、结果

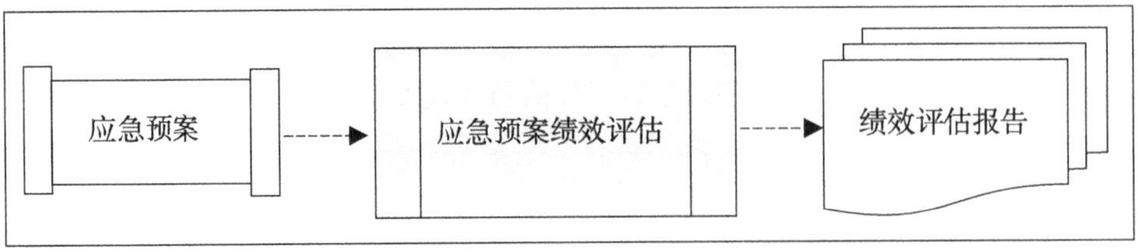

图 7–24 智慧应急预案绩效评估：数据流向

根据相关标准，重大突发事件和特别重大突发事件应急处置结束后，由处置主责部门牵头，针对事发地（单位）应急体系建设情况、监测预警与风险防范、指挥处置与救援救助等工作，开展突发事件应对总结评估，形成总结评估报告。一般突发事件和较大突发事件应急处置结束后，根据需要，由处置主责部门或相关区牵头组织开展应对工作总结评估。这些评估工作既是应急预案绩效评估的重要工作内容，也是绩效评估中根据这些内容循环迭代，形成智慧应急预案管理的有效手段。

7.7.1 智慧应急预案绩效评估的依据

应急预案

详见 7.4.3。

7.7.2 工具与技术

7.7.2.1 周期分解法

应急预案绩效评估包括“执行前”“执行中”“执行后”三部分的评估。

①“执行前”评估多为假设和预估的情况，评估结果作为执行中评估的参考。

②“执行中”的评估是为控制重要政策执行情形而作的评估，可及早发现问题，也可通过问卷调查的方式了解并适度修正执行过程中出现的偏差。

③“执行后”的评估是事后评估，是针对应急预案计划效益及执行绩效作评估。

在绩效评估的过程中，进行全过程管理，并有序推进。通过评估及时发现问题并予以改正，保证评估结果的科学性、客观性，将突发公共事件给人民生命和财产带来的损失降到最低。

应急预案绩效评估根据应急预案全生命周期分解进行。

7.7.2.2 评估管理对象法

应急预案绩效评估根据应急预案管理对象分成三部分。

① 各级政府、企事业单位完成绩效评估后的经验总结，可以作为日后相关政府部门与企事业单位在应对突发公共事件绩效评估的方法、项目和相关法规修改的依据。

② 在评估的过程中如果发现现有组织机构不利于应急管理指挥中的信息传递，可以改变信息传递的通路，保证信息传动快速、准确。

③ 可依此建立完整且实用的各个部门应对突发公共事件的统计管理和知识资料

库，作为各级政府部门、企事业单位应对下一年度突发公共事件工作计划的准备依据。

应急预案绩效评估可以根据组织管理对象、信息过程、大数据知识图谱进行。

7.7.3 智慧应急预案绩效评估的结果

绩效评估报告

根据应急预案绩效评估过程，形成各层级、各行业的应急预案绩效评估报告。智慧应急预案绩效评估报告包括（并不限于）如下内容：对应急预案的合法性、完整性、针对性、实用性、科学性、操作性、衔接性等要素的评估。对编制过程、执行过程等各环节进行评估；对应急准备的应急体系建设规划、应急管理组织体系建设、应急预案及演练、值守应急、监测预警、应急保障、宣教培训等进行评估；对应急处置的响应速度、指挥协调、信息公开、处置效果等进行评估；对善后处理的调查、恢复重建进行评估；对社会公众对应急管理工作的满意度、改进度评价等进行评估。

7.8 智慧应急预案之智慧

智慧应急预案旨在通过“感知数据——交互信息——洞察分析——决策行动”这一智慧过程，借助感知多元应急预案场景的多源异构数据，构建感知多元风险应急预案场景数据，再通过数据的清洗、存储等，形成数据信息，进而结合多元应急预案场景业务流，最终形成可供智能决策的智慧应急救援与处置场景的知识。

第 8 章　智慧应急救援与处置场景

本章一方面从顶层设计考虑，在组织管理方面践行领导指挥体制、协同机制；另一方面在救援处置实施流程中考虑应急队伍建设以提高应急保障能力，在应急物资储备与运输等方面优化、协调资源配置，加强智能技术的应用，并且在社会动员、维护社会稳定等方面践行以人为本的思想。

在突发事件发生过程中，需要迅速做出反应，并采取相应的应急救援和处置措施，这是应急管理的核心环节之一。《中华人民共和国突发事件应对法》第七十二条规定“突发事件发生后，履行统一领导职责或者组织处置突发事件的人民政府应当针对其性质、特点、危害程度和影响范围等，立即启动应急响应，组织有关部门，调动应急救援队伍和社会力量，依照法律、法规、规章和应急预案的规定，采取应急处置措施”。此外，加强应急救援力量、增强全社会应对处置灾害事故的能力是中国特色现代化应急体系建设的主要目标之一。

“智慧”意味着“对事物能迅速、灵活、正确地理解和解决的能力”。智慧应急是针对各类突发事件，采取智能感知、智能分析和智能处置等应对与解决方案。在应急救援与处置阶段，智能感知依靠物联网、地理信息系统等技术，实现各个渠道信息互联互通，并通过监测监控等实时了解和模拟突发事件发展态势；智能分析依靠云平台、大数据、人工智能等技术，评估应对突发事件的能力以及损失情况；智能处置统筹协调多方救援队伍和应急资源，快速生成应对方案，实现对应急处置过程的全程监控，并综合现场情况、救援力量等进行动态调整，以便提高应急处置效率，控制事态发展，最大限度减少突发事件造成的损失。

图 8-1 概述了应急救援与处置阶段的各项任务。

图 8-1 智慧应急救援与处置场景概述

8.1 成立现场指挥部

现场指挥部是在应急救援与处置过程中确立指挥与协调的组织机构。成立现场指挥部的作用是明确现场指挥部的组织结构以及权责关系等，以便保障在应急救援与处置过程中制定和实施有效的方案，并且调动相关资源，协调、指挥有关单位及组织等参加现场救援，控制突发事件发展态势，确保应急救援任务顺利有效地执行，尽快恢复正常社会秩序。图 8–2 描述本过程的依据、工具与技术、结果，图 8–3 是本过程的数据流向图。

图 8–2 现场指挥部成立的依据、工具与技术、结果

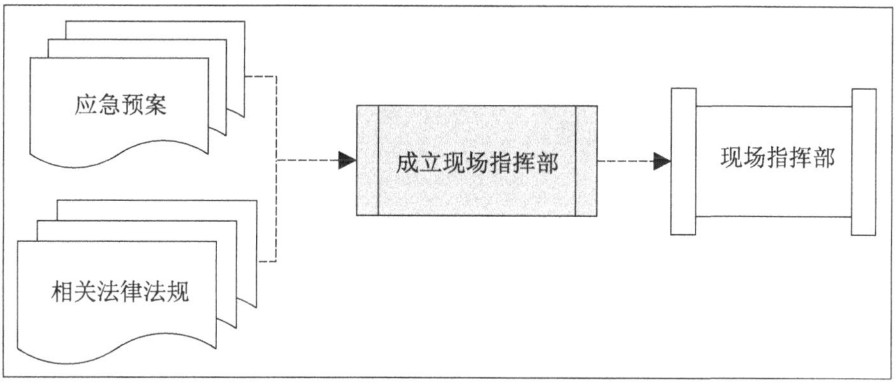

图 8–3 现场指挥部成立：数据流向

8.1.1 成立现场指挥部的依据

8.1.1.1 应急预案

根据实际情况，启动应急预案，成立现场指挥部，负责指挥和协调救援与处置行动。

预案表达方式有文字、流程图、项目管理网络计划、Petri 网等。其中应急响应程序是应急预案的核心内容，包含反映突发事件演变过程的关键场景和一系列具有逻辑顺序的处置动作。为了更好地利用已有应急预案所包含的知识信息，便于计算机存储和运算以及提升在实际应急处置中的应急预案可操作性，应急响应程序需要通过数字化、模块化、可视化来表达。

应急响应程序的数字化和存储是指借鉴网络计划技术中的有向图的表达方式，将关键场景、各个处置动作及其逻辑关系，用图形来表达，进而用邻接矩阵的方式来存储应急响应程序。此外，还可以借助网络计划对响应程序赋予时间、资源、成本等属性，为进一步智能化奠定基础。

应急响应程序模块化是指在已有预案的基础上，将行动间逻辑关系稳定，能够实现一定的功能、在多个程序中共有，且由若干个连接在一起的行动组成的子程序提取出来，作为响应程序的模块，在之后应用中，可以根据实际需求直接调用模块，通过模块之间的重新组合，提高新的响应程序的效率。在模块化过程中，在给定模块数量的情况下，需要尽可能最大化模块内行动间紧密度之和以及模块代表性之和。

在智慧应急框架下，后文所涉及救援处置阶段以及恢复重建阶段的内容以数字化和模块化的应急预案为基础。

8.1.1.2　相关法律法规

根据《中华人民共和国突发事件应对法》《国家突发公共事件总体应急预案》《中华人民共和国安全生产法》等相关法律法规，在突发事件后根据需要成立现场指挥部，负责指挥协调应急处置与救援行动。

8.1.2　工具与技术

组织管理理论

组织管理的具体内容是设计、建立并保持一种组织结构，即：组织设计、组织运作、组织调整。根据组织管理理论，通过建立应急组织结构，规定职务或职位，明确责权关系等，有效实现应急救援与处置。

8.1.3　成立现场指挥部的结果

现场指挥部

现场指挥部是根据应急预案及相关法律法规而建立的应对突发事件的应急组织，旨在明确组织结构、权责关系等，强化部门协同、区域协同，以践行具有中国特色的统一指挥、专常兼备、反应灵敏和上下联动的机制。在现场指挥部下设置工作组，包括搜寻营救组、医疗救治组、后勤保障组、事故调查组、专家咨询组、安全保卫组、舆情信息组、新闻发布组、调查监测组、总结评估组等，并明确相应的人员组成和职责。

8.2　前期评估

前期评估是在成立现场指挥部后对突发事件发展态势及造成的影响等进行研判的过程。本过程的主要作用是通过调查、汇总，分析事态发展信息、造成的影响以及可调度的资源等，为制定相应的现场处置与救援方案提供决策支持。图 8-4 描述本过程的依据、工具与技术、结果，图 8-5 是本过程的数据流向图。

图 8-4　前期评估的依据、工具与技术、结果

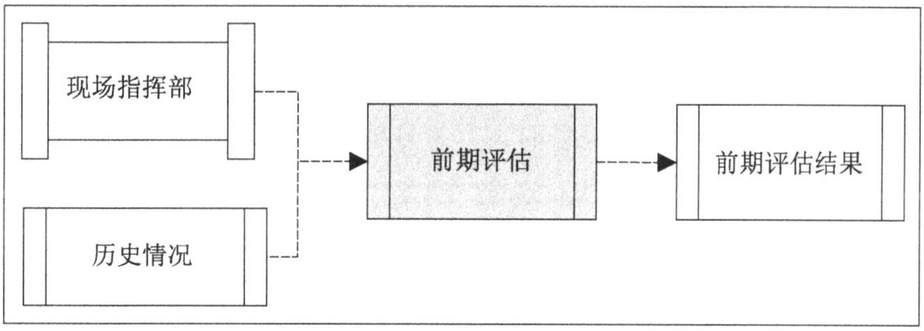

图 8-5　前期评估：数据流向

前期评估场景分析：首先，选择现场指挥部、场景灾害现场情况作为前期评估的依据；其次，基于场景灾害破坏程度，检测实际实施数据，采用时间和事件序列图、

事件与原因因素图标分析法等事故分析法，以及监测技术、数据库技术、数字孪生技术、损失评估方法等，进行灾害损失评估；最后，基于损失评估结果，形成前期评估报告。

8.2.1 前期评估的依据

8.2.1.1 现场指挥部

现场指挥部及评估组、事故调查组等的成员，指挥协调进行前期评估工作。

8.2.1.2 历史情况

受突发事件影响地区的历史情况，具体包括区域分布、人口分布、各种基础设施数量及分布、各种公共服务设施数量及分布、产业分布、生态状况等。

8.2.2 工具与技术

8.2.2.1 事故分析方法

事故分析方法主要包括事故树、事件树、时间和事件序列图、事件与原因因素图表分析法和屏障分析等。

① 事故树分析（Fault Tree Analysis，FTA），也称故障树分析，是从结果到原因找出与突发事件有关的各种因素之间的因果关系和逻辑关系，可以对事故树进行定性分析，也可以进行定量分析。按照事故树结构，通过定性分析，求取事故树的最小割集或最小径集，以及基本事件的结构重要度，从而可以根据定性分析的结果确定对各基本事件进行安全控制所应采取措施的优先顺序，为制定科学、合理的安全控制措施提供基本的依据。通过定量分析，根据引起事故发生的各基本事件的发生概率，计算事故树顶事件发生的概率，计算各基本事件的概率重要度。根据定量分析的结果以及事故发生以后可能造成的危害，对系统进行风险分析，以确定安全投入方向。当事故树中各事件的故障数据不准确或不完备时，定量分析就不可进行。

② 事件树分析（Event Tree Analysis，ETA），起源于决策树分析（Decision Tree Analysis，DTA），是一种从原因到结果的自下而上的分析方法，按事故发展的时间顺序由初始事件出发，按每一事件的后继事件只能取完全对立的两种状态（正常或故障等）之一的原则，逐步向事故方向发展，直至分析出可能发生的事故，从而展示出事故发生的原因和条件。

③ 时间和事件序列图（Sequentially Timed Events Plotting，STEP），是以时间和事

件序列图构建事故发生时的情景，回溯事故中的异常事物，强调人与事件的关联性。

④ 事件与原因因素图表分析法（Events and Causal Factors Charting and Analysis，ECFC/ECFA）最初由美国原子能委员会采用，是以检查表的形式全面分析导致事故发生的因素，通过对证据的组织和整理来描述事故中各事件发生的次序。

⑤ 屏障分析（Barrier Analysis，BA）可追溯至 20 世纪 30 年代的 Heinrich（海因里希）骨牌理论，通过鉴别危险源并对其设置屏障以防止事故发生，屏障通常分为物理屏障和管理屏障。屏障分析适用于调查者对屏障信息十分了解的情况，但是其通常需要借助其他方法找到屏障失效原因。

8.2.2.2 监测技术

即通过构建空、天、地、海一体化全域覆盖的灾害事故监测网络，获取突发事件影响下气象、环境及其他实体有关的数据，表征突发事件后目标事物的状态变化情况，为评估突发事件带来的影响提供数据基础。相关智能监测技术包含射频识别（Radio Frequency Identification，RFID）技术、智能机器人技术、物联网技术、遥感技术、地理信息系统技术（GIS）、工业互联网等。

8.2.2.3 数据库技术

数据库技术用于存储和处理与突发事件相关的环境、气象、建筑等监测数据，并推进跨部门、跨区域、跨层级数据联通、融合共享，加强应急基础信息统一管理和互联共享，为进行损失评估奠定基础。

8.2.2.4 数字孪生技术

在智慧应急救援与处置中，数字孪生技术是利用物理模型和物联网传感器采集的地理信息、建筑、基础设施、实体对象、突发事件等相关数据，在虚拟空间中完成映射，并模拟、验证、预测、控制对应实体对象的全生命周期过程的技术。通过物理空间与虚拟空间的虚实交融、智能操控，数字孪生技术能复现突发事件影响下的系统运行态势，实现对应急信息、应急资源配置的评估。

8.2.2.5 损失评估方法

损失评估方法包括全面调查法、抽样分析法、投入产出法、财产损失率模型、可计算一般均衡模型、历史事件类比法、专家判断法等。

① 全面调查法：在受突发事件影响的范围比较小、灾害程度比较低时，可以采用

该种方法，对受影响区域所有受损的资产、资源等进行全面调查，并逐类逐项统计损失情况。

② 抽样分析法：在受突发事件影响范围较大、影响程度较高时，可以运用抽样分析法，选取样本进行全面调查评估，并根据对样本的调查评估情况来估计受影响区域的损失情况，该种方法节省时间、人力、物力和财力。

③ 投入产出法：由美国华西里·列昂惕夫（Wassily Leontief）教授创立，是研究经济体系（国民经济、地区经济、产业经济等）中各个部分之间投入与产出的相互依存关系的数量分析方法。可用该种方法从供给和需求的角度对突发事件造成的直接和间接损失进行评估，并构建供给需求影响矩阵，应用投入产出法定量分析产业等方面的损失。

④ 财产损失率模型：财产损失率是描述突发事件造成的直接经济损失的一个相对指标，通常指各类承灾体遭受损失的价值量与突发事件发生前或正常年份各类承灾体原有价值量之比。目前，国内外比较通用的做法是构建参数统计模型，以此确立某些突发事件的特征因素与损失率之间的关联；同时，将直接经济损失定义为承灾体的价值与损失率的乘积。

⑤ 可计算一般均衡模型（Computable General Equilibrium，CGE）：该模型反映经济因素和活动的相互依赖关系，突发事件发生前后两个均衡状态下经济变量的变化可用来评估损失，但是该模型对基础数据要求较高。

⑥ 历史事件类比法：利用历史上类似事件或者相似案例进行类比，进而根据历史事件的相关数据推断出本次突发事件带来的影响。

⑦ 模拟仿真法：利用计算机技术等模拟突发事件的情况，估计突发事件造成的影响。

⑧ 专家判断法：结合专家知识来分析突发事件的成因、机理及评估带来的损失等。

⑨ 心理评估方法：在突发事件后需要基于灾害心理学等理论，利用心理评估方法，分析突发事件对群众心理方面的影响。《灾后社会心理需求评估工具手册》中列举了多种评估工具，主要包括《自然灾害中受难人群感知需求状况评定表》《世界卫生组织－联合国难民署自然灾害受灾民众严重症状评定表》等。

⑩ 深度学习方法：通过目标检测方法对突发事件影响前后的图像进行对比，并结合众包受灾标注法等，分析建筑物等的受损程度。

8.2.3 前期评估的结果

（1）突发事件的起因及发展态势

前期评估结果的内容包括突发事件的起因、波及范围、性质、人员伤亡情况等，确认应急响应级别。

（2）突发事件的影响

突发事件的影响主要考虑对人员、城乡住房、基础设施、公共服务设施、生态环境等带来的损失。损失分为经济损失和非经济损失，其中经济损失包括直接经济损失和间接经济损失。直接经济损失指社会财富的减少，包括各个产业、企业、个人的财产损失，自然资源的减少等。间接经济损失是受直接经济损失波及导致的损失，不表现为实物形态的损失，表现了社会生产的下降程度。非经济损失包括突发事件带来的政治社会、生态环境方面的影响等。

需要统计和评估城镇和乡村受损程度和数量；人员伤亡情况，需要安置的人口数量，需要帮助的孤寡老人、伤残人员、未成年人等具有特殊需求的人员数量；各个产业关联的损失，以及企业层面的损失；房屋破坏程度和数量，基础设施、公共服务设施等受损程度和数量，农用地毁损程度和数量等；需要提供的房屋的数量，需要恢复重建的基础设施、公共服务设施和生产设施；环境污染、生态损害以及自然和历史文化遗产毁损等情况；水文地质、工程地质、地形地貌、河势以及重大水利水电工程受影响情况；社会影响方面包括公众情绪、公众心理状况；突发事件带来的安全隐患等。

（3）可利用的资源

可利用的资源包括人力资源、物力资源和财力资源等，以及资源的来源、数量、分布情况及承载力。其中，人力资源包括搜救队伍、医疗救护队伍等，物力资源包括应急物资等，财力资源包括可用于支持应急响应行动的资金等。

此外，根据调查评估情况，设置救援队伍集结点、物资接收分发点、新闻发布中心等，以便后续处置与救援工作的顺利开展。

8.3 智慧应急救援与处置方案制定

发生突发事件后，需要根据应急预案以及评估情况，尽快制定相关的智慧应急救援与处置方案，主要包括救助性方案、保障性方案、控制性方案和稳定性方案等，控制突发事件态势的进一步扩大和发展，减少生命和财产的损失。

其中，救助性方案主要包括对受到突发事件影响的公众进行搜寻与营救、安全疏散以及妥善安置、对伤者进行现场救治或转运到医院进行治疗，以及心理方面的安抚与干预。保障性方案是对应急处置与救援提供人力、物力、财力方面支持，具体包括筹集、运输和分配应急物资；抢修基础设施和公共服务设施，保障交通、通信、供水、供电、供热、供气等；对公共卫生进行管理，防止流行病或传染病的暴发；进行社会动员；对环境进行监测与保护等。控制性方案主要包括防止突发事件态势发展扩大而引发次生灾害。稳定性方案主要包括舆情监测与信息发布以及维护社会稳定措施等。

8.3.1 人员搜寻与营救方案制定

人员搜寻与营救方案制定是现场指挥部组织协调消防、公安等各方面救援力量对受突发事件影响的人员进行搜索与营救，并使其脱离险境的过程。该过程的主要作用是减小突发事件对公众生命的影响。图 8-6 描述本过程的依据、工具与技术、结果，图 8-7 是本过程的数据流向图。

图 8-6 人员搜寻与营救方案制定的依据、工具与技术、结果

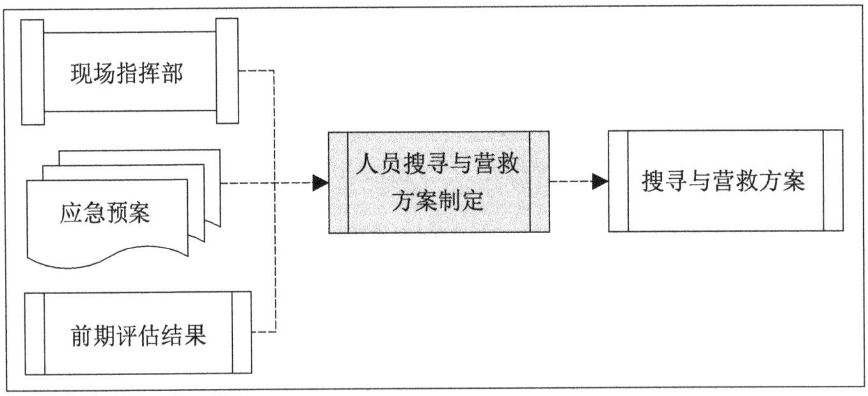

图 8-7 人员搜寻与营救方案制定：数据流向

8.3.1.1 人员搜寻与营救方案制定的依据

（1）现场指挥部

现场指挥部指导组织人员进行搜寻，并形成营救方案。

（2）应急预案

启动相应的应急预案，并以此为依据结合现实情况制定人员搜寻与营救方案。

（3）前期评估结果

根据评估结果可以明确突发事件的性质，可以调度相应的救援队伍资源以及相关装备资源，明确受突发事件影响区域的状况等。

救援队伍以国家综合性消防救援队伍为主力、专业救援队伍为协同、军队应急力量为突击、社会力量为辅助，它们共同构成中国特色应急救援力量。其中社会救援队伍包括专家救援队伍、企事业单位或社会团体组建的专职或兼职的救援队伍等。

装备资源包括检测装备、通信与防护类装备、搜救装备等。其中检测装备包括有毒气体检测仪等。通信与防护类装备用于保持联系、个体防护等，通信工具包括GPS、卫星电话等，防护类设备包括防毒面具、防护服等。搜救设备包括搜索装备和营救装备。搜索装备包括人工装备、巡检机器人、大载荷无人机以及其他仪器、生物设备等，其中人工装备是指搜救人员利用喊话、敲击等搜索受困者使用的装备；仪器是指利用声波、光学、电磁波或热成像来搜救的设备（如雷达生命探测仪、可视生命探测仪等）；生物设备是指搜救犬及其相关装备。营救装备包括在搜救过程中通过凿钻、牵拉、剪切、顶撑、搬运等用到的设备及救援机器人等。

受突发事件影响区域的状况包括地形、道路交通情况、天气变化等。

8.3.1.2 工具与技术

专家知识

根据专家应急处置的经验以及对现实情况的分析，确定搜寻与营救方案。

8.3.1.3 人员搜寻与营救方案制定的结果

搜寻与营救方案

制定搜寻与营救方案，明确救援队伍人员、应携带装备、搜寻路线、搜索方式等，其中搜寻方式主要包括现场询问以及调查、人工搜索、仪器搜索、搜救犬搜索等。

8.3.2 人员疏散与安置方案制定

人员疏散与安置方案制定是当突发事件使得民众的生命健康受到影响时，将受突发事件影响的民众疏散和转移到避难所或者安全地带，并妥善安置的过程。该过程的作用是最大限度减少人员伤亡，稳定社会秩序。图 8-8 描述本过程的依据、工具与技术、结果，图 8-9 是本过程的数据流向图。

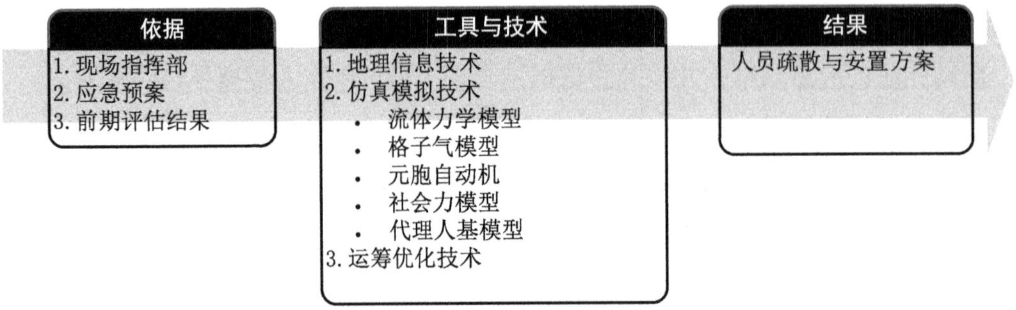

图 8-8 人员疏散与安置方案制定的依据、工具与技术、结果

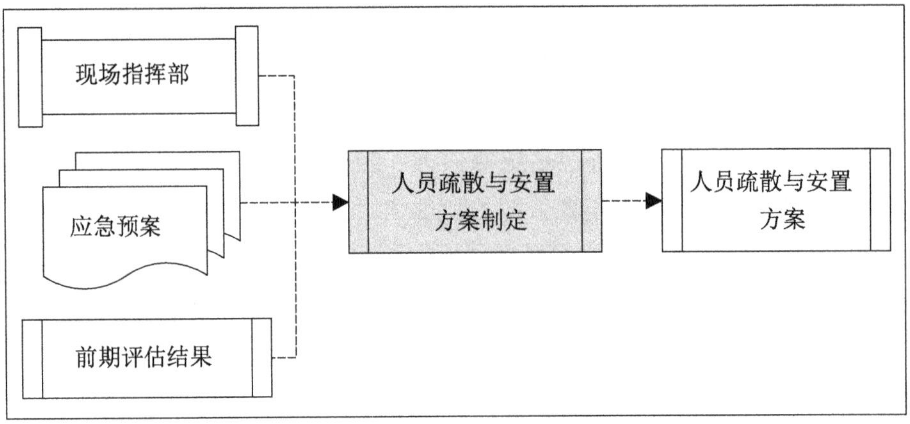

图 8-9 人员疏散与安置方案制定：数据流向

8.3.2.1 人员疏散与安置方案制定的依据

（1）现场指挥部

现场指挥部指导、组织人员进行疏散与安置方案的制定。

（2）应急预案

启动相应的应急预案，并以此为依据结合现实情况制定人员疏散与安置方案。

（3）前期评估结果

根据前期评估结果，明确受突发事件影响的民众区域分布情况，地形和道路交通情况，安置点或避难场所的位置及容量，疏散转移工具种类、数目及相应的容量等。

8.3.2.2 工具与技术

（1）地理信息技术

地理信息技术是地理科学与现代信息技术结合的综合性技术系统，其核心包括遥感（RS）、全球定位系统（GPS）和地理信息系统（GIS）。地理信息技术能够为人员疏散与安置方案制定提供地理环境信息，包括路网、土地利用和人口分布等环境要素。

（2）仿真模拟技术

仿真模拟技术包括流体力学模型、格子气模型、元胞自动机、社会力模型、Agent-based 模型等。

① 流体力学模型：用于在宏观层面上模拟大规模的人群运动情况。该模型将人群运动过程中速度变量、密度、移动位置等宏观量，转化成为流体连续介质的密度、速度、流量，进而对人群运动的动力学行为进行描述。

② 格子气模型：从个体角度出发，刻画在时间和空间上均呈现离散状态的人群运动行为，且不过多考虑个体间的相互作用。

③ 元胞自动机（Cellular Automata，CA）：在 20 世纪 50 年代初由计算机之父约翰·冯·诺依曼（John von Neumann）提出。它是一种时间、空间、状态都离散，空间相互作用和时间因果关系为局部的网格动力学模型，具有模拟复杂系统时空演化过程的能力。利用元胞自动机技术可以从微观层面模拟人员疏散场景，并分析相关参数与策略对疏散结果的影响。

④ 社会力模型：由德国学者赫尔宾（Helbing）和彼得·莫尔纳尔（Péter Molnár）于 1995 年提出，该模型基于物理力的人群疏散模型，从自驱动力、朋友间影响力、周围障碍物对人的影响来刻画人的受力，模拟人群疏散的状态。

⑤ 代理人基模型（Agent-Based Model，ABM）：Agent 是仿真模型的基本单位，具有主观决策能力，能够感知环境信息，并根据自身属性和外部信息按照一定的规则进行决策。

此外，国际上比较成熟的人员疏散模拟仿真软件还有 STEPS、EXODUS、Pathfinder、EVACNET、Simulex 等。

（3）运筹优化技术

根据已知的受突发事件影响的人员数量及分布信息、各个安置点位置及容量信息、转移工具数量及容量信息、交通状况等，并且考虑周围环境等情况，构建数学规划模型，寻找最优疏散路径，力求在尽量短的时间内疏散安置较多的民众。

8.3.2.3 人员疏散与安置方案制定的结果

人员疏散与安置方案

人员疏散与安置方案是明确疏散人员、疏散时间、疏散工具、安置点，以及疏散路径对应关系的预先工作方案。

8.3.3 现场医疗救助方案制定

现场医疗救助是突发事件后对伤员进行分诊及救援的过程。该过程的作用是通过对救援现场的伤员进行检伤分类以及对伤员进行生命体征和伤情的检查，从而有计划地进行针对性的救治以及安排后续的转运与救治方案，以便最大限度地提高生存率，降低死亡率和伤残率。图 8-10 描述本过程的依据、工具与技术、结果，图 8-11 是本过程的数据流向图。

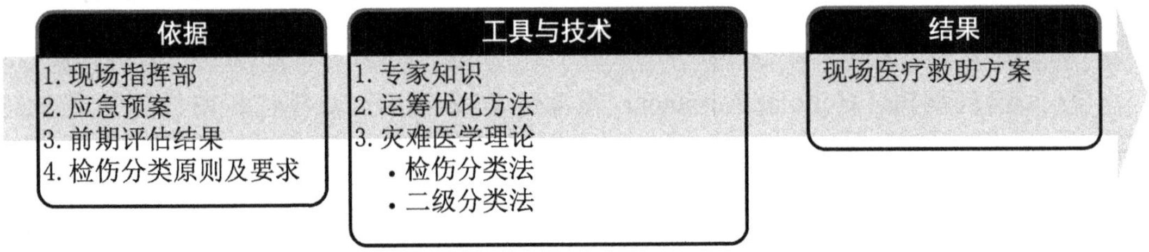

图 8-10 现场医疗救助方案制定的依据、工具与技术、结果

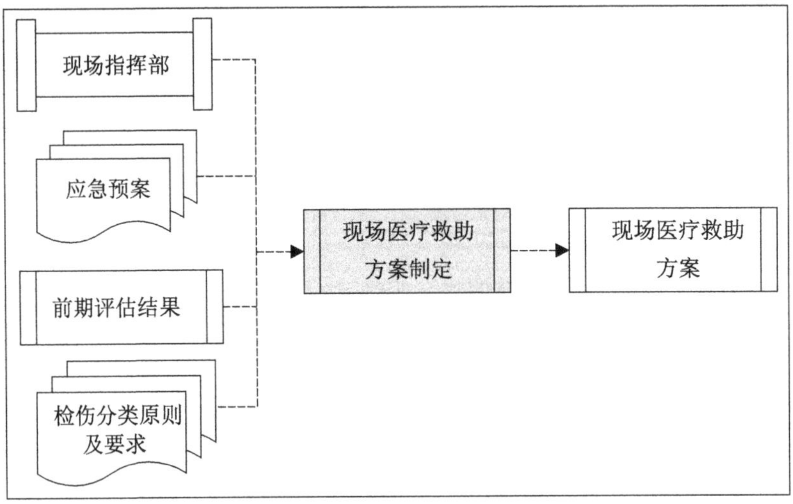

图 8-11 现场医疗救助方案制定：数据流向

8.3.3.1 现场医疗救助方案制定的依据

（1）现场指挥部

现场指挥部指导组织现场医疗救助方案的制定。

（2）应急预案

启动相应的应急预案，以此为依据并结合现实情况制定现场医疗救助方案。

（3）前期评估结果

根据评估结果，明确受突发事件影响的伤员区域分布情况及受伤部位情况等；可调度的医疗资源，包括人员和相关设备，其中医疗救援人员包括指挥人员、外科医生、内科医生、妇产医生、护士等。

（4）检伤分类原则及要求

依据“先救命后治伤，先救重后救轻”的原则开展检伤分类工作。

根据《灾害事故医疗救援工作管理办法》，在现场医疗救护中，依据受害者的伤病情况，按轻、中、重、死亡分类，分别以“红、黄、蓝、黑”的伤病卡做上标记（伤病卡以 5cm × 3cm 的不干胶材料做成），置于伤病员的左胸部或其他明显部位，便于医疗救护人员辨认并采取相应的急救措施。

① 危重患者：为第一优先，有危及生命的严重创伤，及时治疗能够获救，应立即标示红标，优先给予护理及转运。先简单处理致命伤、控制大出血、支持呼吸等。

② 重症患者：为第二优先，有严重损伤，但不危及生命或导致肢体残缺，经急救处理后生命体征或伤情暂时稳定，可在现场短暂等候，应标示黄标。给予次优先转运。

③ 轻症患者：为第三优先，可自行行走无严重损伤，可适当延迟转运和治疗，应标示绿标。将伤者先引导到轻伤接收站。

④ 死亡或濒死者：为第四优先，已死亡或因无法挽救的致命性创伤陷于濒死状态。如呼吸、心跳停止，且超过 12 分钟未给予心肺复苏救治，或头、胸、腹严重外伤而无法实施心肺复苏救治者。应标示黑标，停放在特定区域。

8.3.3.2 工具与技术

工具与技术包括专家知识、运筹优化方法、灾难医学理论等。

（1）专家知识

根据专家经验以及对突发事件现场情况的分析，对医疗救助方案的形成提供决策支持。

（2）运筹优化方法

运筹优化方法是指通过构建数学模型优化现场医疗救援人员、医疗设备、伤员之间的匹配以及救治安排，提高救治效率。

（3）灾难医学理论

灾难医学理论主要包括现代灾难救援理论、组织管理和专门技术等，如检伤分类法和二级分类法等。

其中，常用的检伤分类法包括简明检伤分类法（Simple Triage and RapidTreatment，简称 START）、SALT（Sort，Assess，Lifesaving interventions，Treatment/triage，简称 SALT，即分类、评估、紧急干预、治疗 / 分诊）方法、萨科伤员分类法（Sacco Triage Method，简称 STM）等。伤员分类是一个动态过程，因为伤员的病情是不断变化的，需要反复对伤员进行重新评估做出适当调整。

START 是目前国际通用的一种快速、简单的检伤分类方法，START 是五个英文单词的首字母组合而成的，即简单（Simple）、检伤分类（Triage）、和（And）、快速（Rapid）、治疗（Treatment）。具体步骤如下。①行动检查。行动自如的伤病员为轻伤患者，标绿标；不能行走的患者检查第二步。②呼吸检查。无呼吸者，标黑标；呼吸频率大于 30 次 / 分或者小于 6 次 / 分，为危重患者，标红标；每分钟呼吸 6～30 次者，检查第三步。③循环检查。桡动脉搏动不存在，或甲床毛细血管充盈时间大于 2 秒者，或脉搏大于 120 次 / 分，为危重患者，标红标；甲床毛细血管充盈时间小于 2 秒者，或脉搏小于 120 次 / 分，检查第四步。④清醒程度。不能回答问题或者执行指令者，标红标；能够正确回答问题和执行指令者，标黄标或绿标。

二级分类法：检伤分类之后进行二级分类，一般在伤员收集区进行。在现场检伤分类的基础上，医务人员根据伤员的伤情进行分类，判断具体受伤部位及受伤程度，确定医护级别，包括 SAVE Triage 方法、Triage Sort 方法等。其中 SAEV Triage 方法是将伤员分为三类，分别为即使治疗存活率较低的、有无治疗都会存活、治疗会存活否则会死亡。Triage Sort 方法是根据伤员的呼吸频率、收缩压和 Glasgow 评分进行量化评分。

8.3.3.3　现场医疗救助方案制定的结果

现场医疗救助方案：明确医疗救援现场分区、医疗救援人员与设备分配及救治安排等。

（1）医疗救援现场分区

开展紧急医学救援现场分区管理，充分利用现场条件设立特定功能区，将不同级别的伤病员分区、分级进行急救处理。特定功能区包括初检分类区、重伤病员处理区、轻伤病员接收区、急救车辆待命区、临时停尸区等。

（2）医疗救援人员与设备分配及救治安排

对伤员及时进行现场救治，并且要遵循“先救命后治伤，先救重后救轻”的原则。

明确各个救援现场分区中各类医疗救援人员数目、各类医疗设备数目等，以及伤员现场检伤分类和救治安排。

8.3.4　伤员转运方案制定

伤员转运是在对伤员经过现场检伤分类与基本救治后，根据伤员病情、附近医院救治能力等，将伤员转移到附近医疗机构进行治疗的过程。医疗急救机构不得以任何理由拒诊、拒收伤病员；医疗机构应及时启动应急机制，建立伤病员院前院内衔接以及院内救治的"绿色通道"。坚持"先重后轻"的转运原则，优先转运危重和重伤病员，高效地利用医疗资源，有计划有效率地对伤员进行转运，降低对伤员生命健康的影响。图 8-12 描述本过程的依据、工具与技术、结果，图 8-13 是本过程的数据流向图。

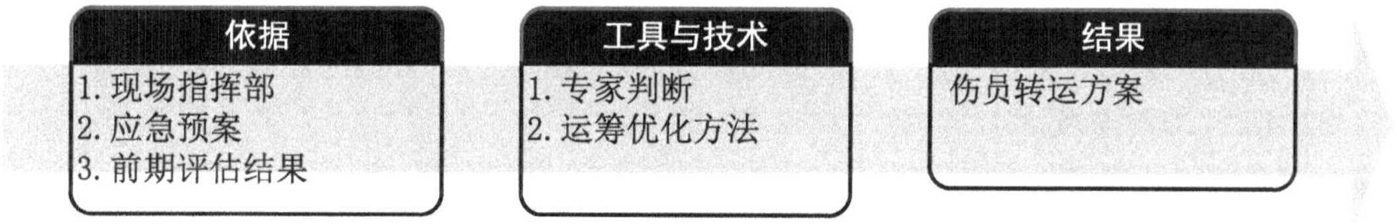

图 8-12　伤员转运方案制定的依据、工具与技术、结果

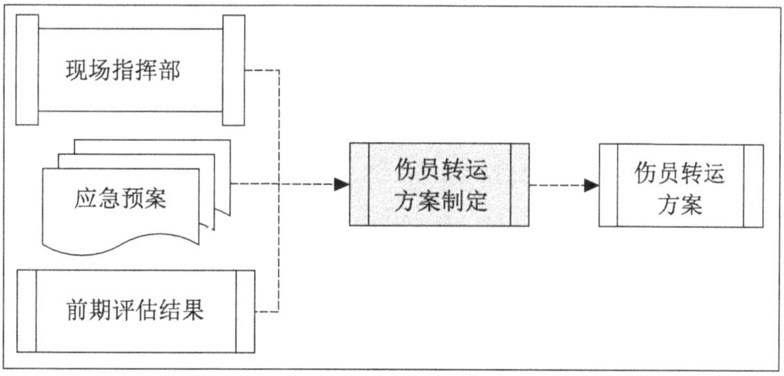

图 8-13　伤员转运方案制定：数据流向

8.3.4.1　伤员转运方案制定的依据

（1）现场指挥部

现场指挥部指导组织伤员转运方案的制定。

（2）应急预案

启动相应的应急预案，以此为依据并结合现实情况制定伤员转运方案。

（3）前期评估结果

根据前期评估结果，明确医疗救援队伍、伤员情况、转运工具信息、交通状况、医疗机构的信息等。

医疗救援队伍是伤员转运过程中协同的医护人员。

伤员情况包括检伤分类后需要转运的伤员数量、基本伤情、所处的位置等。

医疗设备是转运途中所需的基础治疗和急救药品、器材等，应明确可调用的种类和数量及其分布。

转运工具信息包括各类转运工具（救护车、火车、船、直升机等），应明确各类转运工具的数量、位置、容量等。

交通状况是指受突发事件影响，需了解公路、水路等交通状况，如行驶时间、道路连通性等。

医疗机构的信息是指各个收治转运伤员的医疗机构的位置、专业特长、容量等。

8.3.4.2 工具与技术

（1）专家判断

根据专家经验或参照历史救援方案，制定转运伤员的方案。

（2）运筹优化方法

在已知医疗救援队、伤员情况、转运工具信息、交通状况、医疗机构的信息时，通过建立数学规划模型，明确伤员转运安排。

8.3.4.3 伤员转运方案制定的结果

伤员转运方案

根据地理条件和伤员的伤病情况，对伤员、医护人员、转运工具、转运路径、转运时间、对应的医疗机构进行有效合理的分配，预先制定的工作方案旨在转运途中对伤员进行有效的伤情监测与医护处置，到达目的地后完成交接。

8.3.5 心理救助方案制定

突发事件会对人造成心理上的冲击以及其他负面影响，一些受影响的民众会出现不同程度的精神应激症状。心理救助是利用心理干预方法等帮助受影响的民众逐渐恢复心理健康的过程。心理救助是应急救援与处置中的重要工作。该过程的目的是通过对受影响的民众进行分类干预和针对性干预，及时控制和减缓突发事件带来的心理社会影响，维护社会稳定。图 8–14 描述本过程的依据、工具与技术、结果，图 8–15 是本过程的数据流向图。

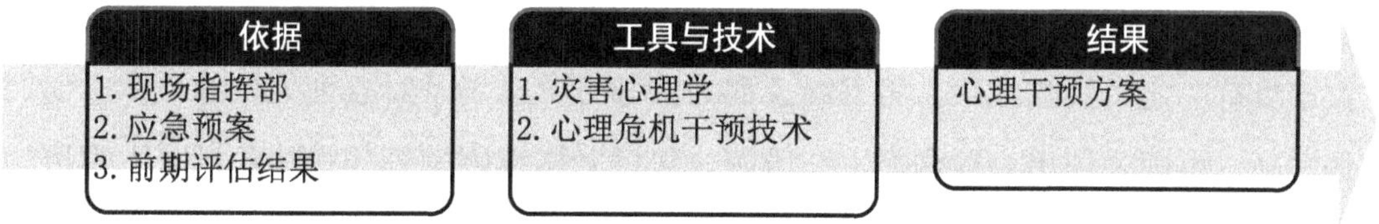

图 8–14　心理救助方案制定的依据、工具与技术、结果

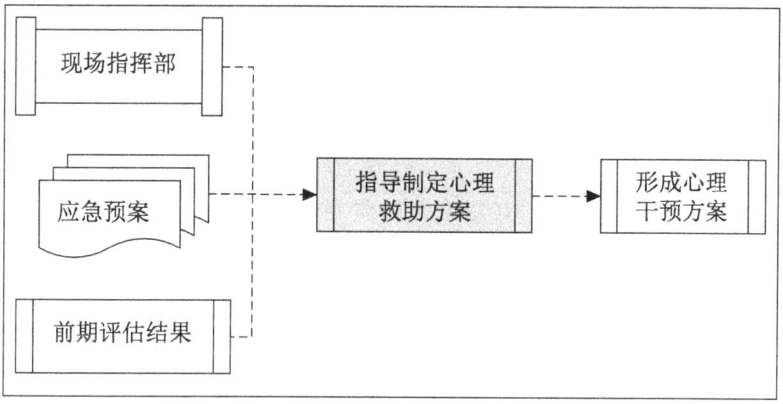

图 8–15　心理救助方案制定：数据流向

8.3.5.1　心理救助方案制定的依据

（1）现场指挥部

现场指挥部指导心理救助方案的制定。

（2）应急预案

启动相应的应急预案，并以此为依据结合现实情况制定心理救助方案。

（3）前期评估结果

根据前期评估结果，明确心理救助队伍、目标人群分类及数量等基本情况。

心理救助队伍以心理卫生专业人员为主，包括心理医生、精神科医生以及其他与心理卫生相关的具有专业背景的人员。

目标人群分类原则：心理危机干预人群分为五级，干预重点从第一级人群开始，逐步扩展。一般宣传性教育要覆盖到第五级人群。第一级人群为直接卷入突发事件的人员、死难者家属及伤员。第二级人群为与第一级人群有密切联系的个人和家属，其可能有严重的悲哀和内疚反应，需要缓解继发的应激反应；现场救护人员（消防、武警官兵、120 救护人员、其他救护人员），以及灾难幸存者也属于第二级人群。该人群为高危人群，是干预工作的重点，如不进行心理干预，其中部分人员可能发生长期、严重的心理障碍。第三级人群为从事救援或搜寻的非现场工作人员（后援）、志愿者等。第四级人群为受灾地区以外的社区成员、为受灾者提供物资与援助的组织，以及可能对灾难负有一定责任的组织。第五级人群为在邻近灾难场景时心理失控的个体，他们易感性高，可能表现出心理病态。在医院，建议采用线索调查和跟随各科医生查房的方法发现心理创伤较重者。在灾民转移集中安置点，建议采用线索调查和现场巡查的方式发现需要干预的对象，同时发放心理救援宣传资料。在突发事件发生的现场，在抢救生命的过程中发现心理创伤较重者应随时干预。

8.3.5.2 工具与技术

（1）灾害心理学

灾害心理学主要研究各类灾害发生及救灾过程中心理现象及其规律，可用于指导心理干预。

（2）心理危机干预技术

根据原卫生部发布的救灾心理危机干预修改方案，常用的干预技术有两种。

第一，针对普通人群。对突发事件中的普通人群进行妥善安置，避免过于集中。在集中安置的情况下建议实施分组管理，并在每个小组中选派小组长，作为与心理救援协调组的联络人，负责本小组的心理危机管理，以建立起新的社区心理社会互助网络，及时发现可能出现严重应激症状的人员。对各小组长进行必要的危机管理培训。建立与当地民政部门、学校、社区工作者或志愿者组织等负责灾民安置与服务的部门/组织的联系，并对他们开展必要的培训，让他们协助参与、支持心理危机管理工作。利用大众媒体向其他群众宣传心理应激和心理健康知识，宣传应对灾难的有效方法。心理救援协调组应该积极与救灾指挥部保持密切联系与沟通，协调好与各个救灾部门的关系，保证心理危机管理工作顺利进行。对在心理危机管理中发现的问题，应及时向救灾指挥部汇报并提出对策，以使问题得到及时化解。

第二，针对重点人群。重点人群是指目标人群中经过评估有严重应激症状的人群。对重点人群采用“稳定情绪”“放松训练”“心理辅导”技术开展心理危机救助。稳定情绪的要点包括倾听与理解、增强安全感、适度的情绪释放、释疑解惑、实际协助、重建支持系统、提供心理健康教育、联系其他服务部门。放松训练要点包括呼吸放松、肌肉放松、想象放松。分离反应明显者不适合学习放松技术。分离反应表现为：对过去的记忆、对身份的觉察、即刻的感觉乃至身体运动控制之间的正常的整合出现部分或完全丧失。心理辅导的要点是：通过交谈减轻灾难对重点人群造成的精神伤害，可采取个别或者集体的形式进行，且以自愿参加为原则。

8.3.5.3　心理救助方案制定的结果

心理干预方案

根据目标人群的心理健康状况，将其分为普通人群和重点人群，并考虑各类目标人群的数目、地区分布、心理救助队伍人员数量等，制定心理干预工作方案，明确心理干预措施及时间安排等。

8.3.6　应急物资筹集方案制定

强化应急物资准备是建立中国特色大国应急体系的重点任务之一。在应急救援与处置中需要通过多种渠道筹集各类应急资源，其中应急物资包括生活类物品、救生类物品、医用物品等。该过程的目的是保障处置与救援过程有效顺利地进行。图 8-16 描述本过程的依据、工具与技术、结果，图 8-17 是本过程的数据流向图。

图 8-16　应急物资的筹集方案制定的依据、工具与技术、结果

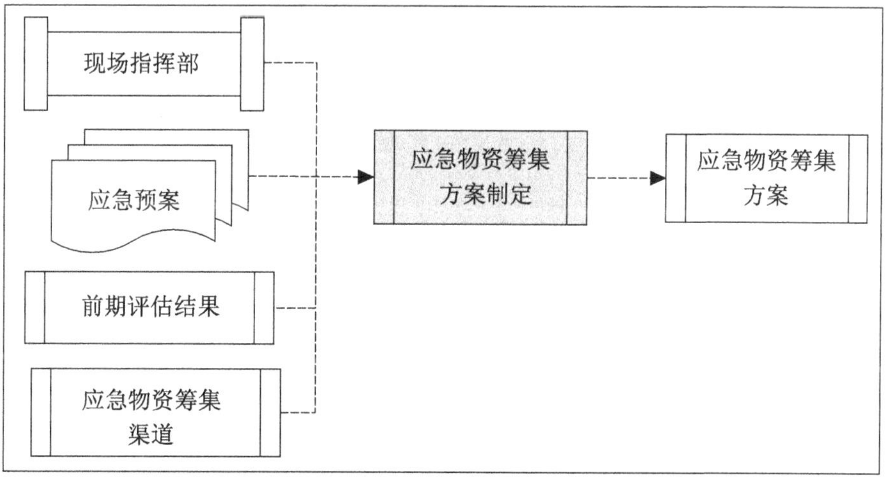

图 8-17　应急物资的筹集方案制定：数据流向

8.3.6.1 应急物资筹集方案制定的依据

（1）现场指挥部

现场指挥部指导物资筹集与管理方案的制定。

（2）应急预案

启动相应的应急预案，并以此为依据结合现实情况制定物资筹集与管理的方案。

（3）前期评估结果

根据前期评估结果了解突发事件的发展态势、突发事件带来的影响及损失，估计各类应急物资的需求量等。

（4）应急物资筹集渠道

物资来源包括应急物资储备、社会捐赠、紧急采购与扩产。在突发事件响应阶段，一方面可以直接调用政府应急物资储备、社会捐赠物资，以及在地区间进行物资调拨。另一方面，在紧急情况下政府或相关部门可以调用其他急需物资，实行紧急采购，其中资金来源包括政府应对突发事件的储备资金以及紧急追加的拨付、社会各界的捐赠。通过紧急扩产，组织突击研制、生产或在已有生产线的基础上快速转产、扩产一些急需的应急物资，以便最大限度满足突发事件对物资的需求。

8.3.6.2 工具与技术

专家判断

根据突发事件的态势发展以及受影响情况，结合专家经验，根据需求多方筹集应急物资。

8.3.6.3 应急物资筹集方案制定的结果

应急物资筹集方案

应急物资筹集方案是指根据应急方案的基本要求，预先明确筹集应急物资的方式、对象、筹集时间和数目而指定的工作方案。

8.3.7 应急物资的运输与分配方案制定

应急物资的运输与分配需要考虑区域统筹调配，通过多部门联动、多方式协同、多主体参与，运用各种运输工具从各个供应点把救援物资运送到指定需求点，根据物资供应情况和民众实际需求，分级分类对物资进行合理分配。该过程的目的是最大限度降低突发事件带来的后继损失。

在物资的运输与分配中，首先需要考虑的是时效性，需要在尽量短的时间内实现物资的供给。此外，物资的运输与分配还需要考虑随机性、动态性与阶段性。突发事件的态势发展具有多个阶段，且具有不确定性，在应急响应的不同阶段对应急物资的需求会不同，因此，运输与分配方案制定也应根据更新的实际情况并结合前一阶段的处置结果，进行动态调整。

图 8-18 描述本过程的依据、工具与技术、结果，图 8-19 是本过程的数据流向图。

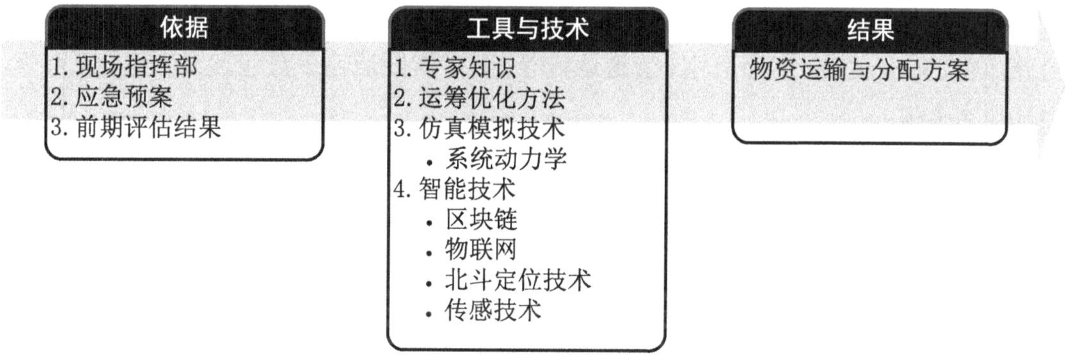

图 8-18　应急物资的运输与分配方案制定的依据、工具与技术、结果

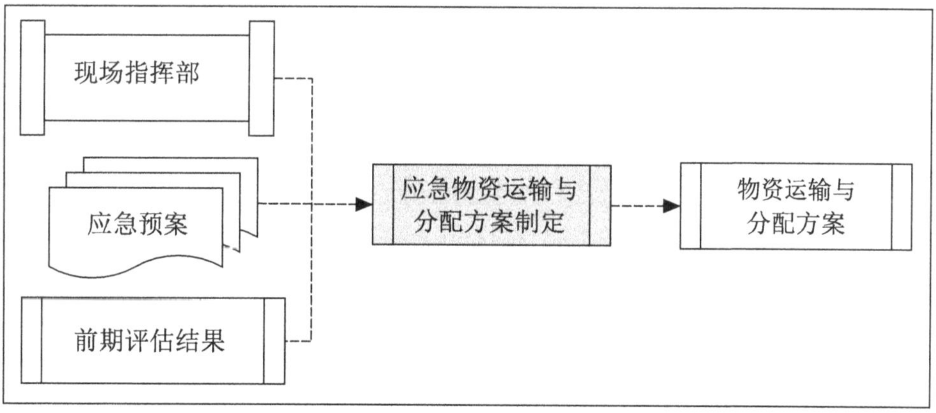

图 8-19　应急物资的运输与分配方案制定：数据流向

8.3.7.1　应急物资的运输与分配方案制定的依据

（1）现场指挥部

现场指挥部指导应急物资运输与分配方案的制定。

（2）应急预案

启动相应的应急预案，以此为依据并结合现实情况制定应急物资运输与分配的方案。

（3）前期评估结果

根据前期评估结果明确受突发事件影响的民众基本情况、物资需求与筹集情况、运输工具信息、交通状况以及供给点和需求点信息等。

民众基本情况：包括受突发事件影响的民众的数量以及所在区域。

物资需求情况：根据突发事件的发展态势，估计应急物资的需求量。

物资筹集情况：各类物资（如食物、医疗用品等）的数量及所在区域。

运输工具情况：包括运输工具的种类、数量与容量等，运输方式包括铁路运输、公路运输、航空运输、水路运输、管道运输等，其中智能运输工具包括无人机、无人车、智能机器人等。

交通状况：了解不同运输方式下的交通状况，如突发事件后路网的联通性等。

供给点与需求点信息：包括供给点与需求点的位置、供给量和需求量等。

8.3.7.2 工具与技术

工具与技术包括专家判断、运筹优化技术、仿真模拟技术、智能技术等。

（1）专家知识

依靠专家经验等安排应急物资运输与分配方案。

（2）运筹优化方法

根据已知的供需信息、突发事件后的环境信息等，考虑突发事件信息的更新、需求的不确定性、物资分配的公平性和社会效益等，以运输路程、运输时间或需求满足度等为目标，建立优化模型，进而求解得到应急物资调运与分配方案。

（3）仿真模拟技术

通过仿真模拟技术，构建应急物资调运系统中各要素间的关系，如利用系统动力学对物资调运分配进行仿真模拟，还可以研究不同要素变化对结果的影响。

（4）智能技术

智能技术包括区块链、物联网、北斗定位技术、传感技术等。如利用区块链实现应急物资信息数据的正向追踪和逆向溯源；利用智能传感器、射频识别（RFID）、红外线感应等传感技术获得应急物资信息，基于物联网技术实现对应急物资的定位、监控、跟踪和管理等；基于云平台和大数据系统，为物流的供需匹配、动态管理、科学决策提供技术支撑，保障应急物资的高效生产、统筹调配与回收管理等。

8.3.7.3　应急物资的运输与分配方案制定的结果

物资运输与分配方案

根据应急预案要求，预先明确各类物资运输数量、运输方式、运输路径、运输时间安排、需求点与供给点的匹配等的工作方案。

8.3.8　基础设施与公共服务设施抢修与保护方案制定

突发事件会对基础设施和公共服务设施造成影响，严重时会影响正常的交通出行、通信、供电、供热、供水等。因此，需要及时抢修和恢复受损的基础设施和公共服务设施，以保障应急处置和救援措施的顺利开展，恢复社会秩序。图 8–20 描述本过程的依据、工具与技术、结果，图 8–21 是本过程的数据流向图。

图 8–20　基础设施与公共服务设施抢修与保护方案制定的依据、工具与技术、结果

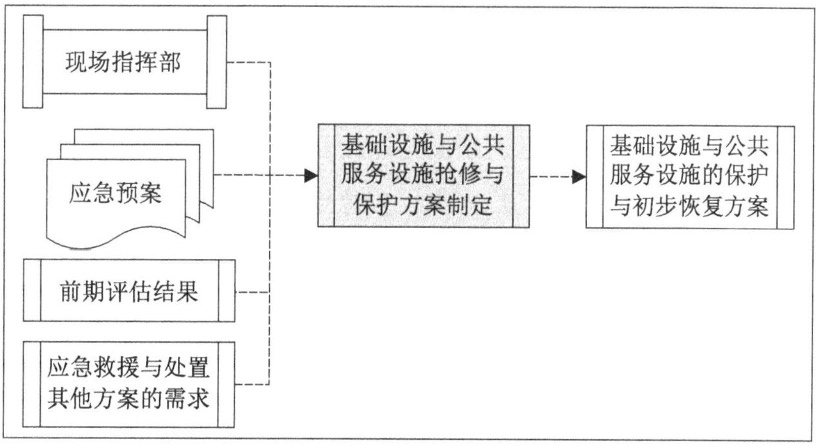

图 8–21　基础设施与公共服务设施抢修与保护方案制定：数据流向

8.3.8.1　基础设施与公共服务设施抢修与保护方案制定的依据

（1）现场指挥部

详见 8.1.3。

（2）应急预案

启动相应的应急预案，以此为依据并结合现实情况制定基础设施与公共服务设施的抢修与保护方案。

（3）前期评估结果

根据前期评估结果，明确受影响区域的地理信息、受突发事件影响的交通、通信等基础设施损坏情况、各类设施维护抢修队伍等。

（4）应急救援与处置其他方案的需求

结合其他处置方案，明确人员搜救、疏散与安置、伤员转运、应急物资运输与分配等方面对基础设施和公共服务设施的需求。

8.3.8.2 工具与技术

（1）专家知识

将专家经验与现实情况相结合，为基础设施与公共服务设施的抢修与保护提供决策支持。

（2）工程技术

工程技术包括抢修与保护基础设施和公共服务设施的电力技术、通信技术等。

8.3.8.3 基础设施与公共服务设施抢修与保护方案制定的结果

根据各类设施损坏情况、地理分布、应急救援与处置的需求及可以调用的抢修保护队伍，明确对各类设施抢修维护的时间、人员安排等。

交通设施：考虑加强对重要交通枢纽的监控，抢通修复因突发事件损毁的公路、桥梁、隧道等交通设施，增强交通网络的连通性和可达性，协调运力。此外可以根据实际情况开设应急救援专用通道，优先保证应急抢险救援人员、应急物资和伤病人员的运输需要，保障民众的基本生活需要和应急工作需要。

通信设施：考虑及时开通应急通信线路，利用公共网络、通信卫星等，实时获得现场的情况；尽快采取措施恢复被破坏的通信线路和设备，保障受突发事件影响地区的通信畅通。

其他设施：尽快抢修恢复供电、供水、供气、供热、排水等设施。

8.3.9 公共卫生管理方案制定

严重突发事件会对生态系统造成负面影响，使得环境卫生情况恶化。此外，突发事件也会对民众的生理与心理造成伤害，进而导致机体抵抗力下降，并且当医疗卫生系统遭到一定程度的破坏时，民众传染病易感性提高。因此，在突发事件发生后，需要加强公共卫生管理，加强对疫病的监测，防止流行病和传染病的暴发。图 8–22 描述本过程的依据、工具与技术、结果，图 8–23 是本过程的数据流向图。

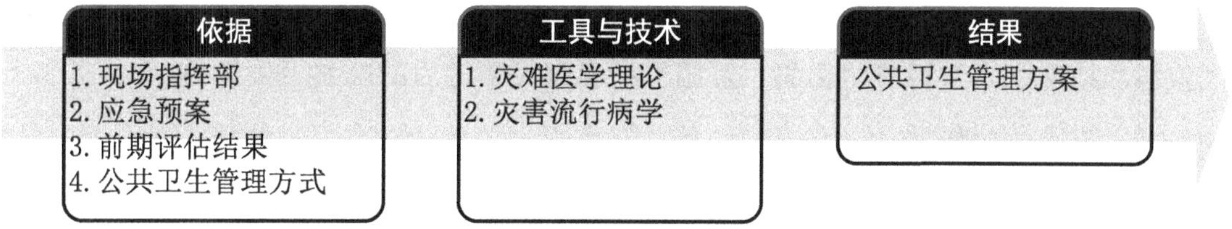

图 8–22　公共卫生管理方案制定的依据、工具与技术、结果

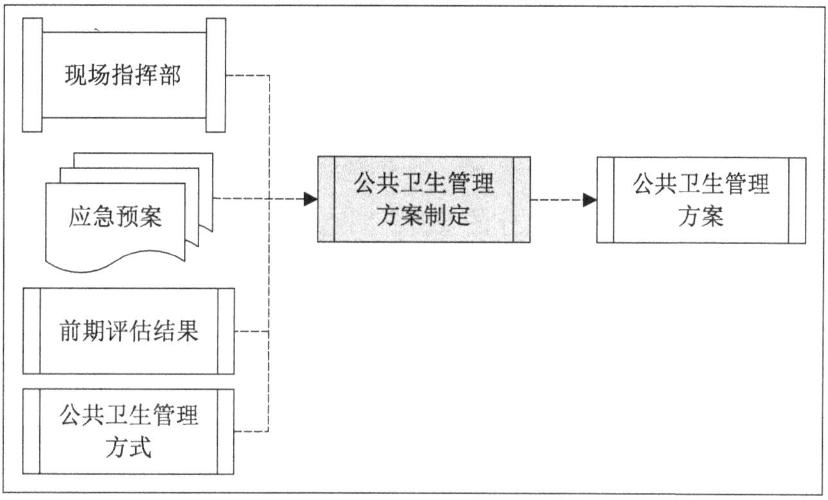

图 8–23　公共卫生管理方案制定：数据流向

8.3.9.1　公共卫生管理方案制定的依据

（1）现场指挥部

现场指挥部指导公共卫生管理方案的制定。

（2）应急预案

启动相应的应急预案，以此为依据并结合现实情况制定公共卫生管理方案。

（3）前期评估结果

根据前期评估结果，了解受突发事件影响的区域民众的身体健康情况、有害物品存放点等。

（4）公共卫生管理方式

公共卫生管理方式包括疾病监测、实行报告制度、进行防疫宣传、分发防疫物资、疫苗接种、废弃物处理与消毒等工作。

8.3.9.2 工具与技术

（1）灾难医学理论

灾难医学理论是交叉学科，不仅涉及医学理论，还与灾难学、管理学、心理学、气象学和地质学等学科密切相关，可用于指导突发事件后的公共卫生管理。

（2）灾害流行病学

灾害流行病学研究受灾人群健康状态、灾难发生原因等，可以用于控制灾难中流行病的暴发，降低灾难对于民众的伤害。

8.3.9.3 公共卫生管理方案制定的结果

公共卫生管理方案

公共卫生管理方案包括对疾病监测、报告制度、防疫宣传、防疫物资分发、废弃物处理及消毒要求、疫苗接种等工作的安排，明确相关负责人员、负责区域等。

疾病监测是指对受突发事件影响区域的民众的伤情和疾病、可能引发的流行病进行动态监测。

报告制度是对相关突发卫生事件及传染病进行及时报告，以加强对疫病的监测。

防疫宣传是对卫生防疫等知识进行宣传普及。

防疫物资分发是根据突发事件实际情况，对防疫药品及消毒用品等进行分发，保证防疫需要。

废弃物等的处理及消毒工作：妥善处置遇难者遗体以及动物尸体等；生活垃圾及时清理，有效控制运输环节中的二次污染，不得擅自焚烧、向水体倾倒生活垃圾；医疗废弃物包括感染性废物、病理性废物、损伤性废物、药物性废物和化学性废物，在处理时需要遵守《医疗废物管理条例》和《医疗卫生机构医疗废物管理办法》进行分类收集与处理，并消毒灭菌；对受突发事件影响的区域，及时进行水源、建筑物、街道等的监测及消毒，加强饮用水和食品卫生监督。

疫苗接种工作是根据实际情况，有针对性地开展预防服药、疫苗接种等工作。

8.3.10 社会动员方案制定

《“十四五”国家应急体系规划》指出，需要引导社会应急力量有序发展，推动其参与防灾减灾救灾，因此，在应急救援处置中进行社会动员具有重要意义。关于社会动员，《中华人民共和国突发事件应对法》第六条规定“国家建立有效的社会动员机制，组织动员企业事业单位、社会组织、志愿者等各方力量依法有序参与突发事件应对工作，增强全民的公共安全和防范风险的意识，提高全社会的避险救助能力”。《中华人民共和国突发事件应对法》第二十三条规定“公民、法人和其他组织有义务参与突发事件应对工作”。因此，在突发事件应急处置与救援中，需要依法依规动员社会力量，整合政府与社会各组织及社会公众资源与力量，加强地域、军民、部门之间的协调，形成自救、互救的局面，以减轻突发事件带来的负面影响。图 8–24 描述本过程的依据、工具与技术、结果，图 8–25 是本过程的数据流向图。

图 8–24　社会动员方案制定的依据、工具与技术、结果

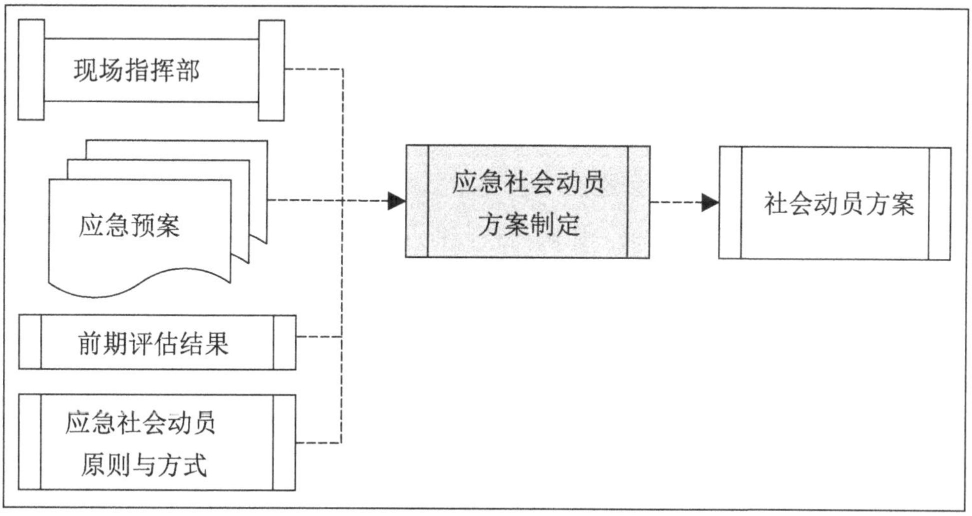

图 8–25　社会动员方案制定：数据流向

8.3.10.1　社会动员方案制定的依据

（1）现场指挥部

现场指挥部指导社会动员方案的制定。

（2）应急预案

启动相应的应急预案，以此为依据并结合现实情况制定社会动员方案。

（3）前期评估结果

根据前期评估结果及其他应急处置与救援方案，了解应急处置与救援的需求，包括应急人力、应急物资、应急财力等。应急人力动员即针对突发事件应急处置与救援措施，对社会上可满足应急需求的人力资源进行征集与分配；应急物资动员是对社会上可满足需求的物资进行征收、调配与使用等；应急财力动员是筹集、拨付应急所需资金。

（4）应急社会动员原则与方式

应急社会动员原则是以人为本，依法动员，分级分类分阶段，相对强制，合理补偿，军地结合，平战结合。

应急社会动员方式包括宣传教育、权威领袖动员等。通过媒体等途径宣传突发事件的相关情况以及需要的帮助等，或者利用一些权威领袖在社会组织中的作用，鼓励社会群体参与应急响应。

8.3.10.2　工具与技术

灾害社会学

灾害社会学是社会学分支学科，主要研究灾害与社会相互作用的规律，涵盖灾害预防、应对与重建等环节。该学科聚焦灾害对社会结构与功能的双重影响，从灾害与人、灾害与社会两个层面展开分析。研究内容主要包括灾害前后个体与组织的心理行为、社会结构变迁及文化适应过程，提出社会资本、脆弱性评估等理论框架，形成经典学派、社会脆弱性学派和社会建构主义学派三大理论体系 。防灾减灾研究涉及监测预警、应急响应和灾后协调机制，强调科技与制度手段的结合。

8.3.10.3　社会动员方案制定的结果

社会动员方案

明确社会动员等级、动员范围、动员对象、动员方式、负责人员、鼓励与补偿等。

8.3.11　生态环境监测与保护方案制定

在应急救援与处置过程中，需要对生态环境进行监测与保护，防止突发事件对水、土壤、空气等生态环境资源造成破坏。图 8-26 描述本过程的依据、工具与技术、结果，图 8-27 是本过程的数据流向图。

图 8-26　生态环境监测与保护方案制定的依据、工具与技术、结果

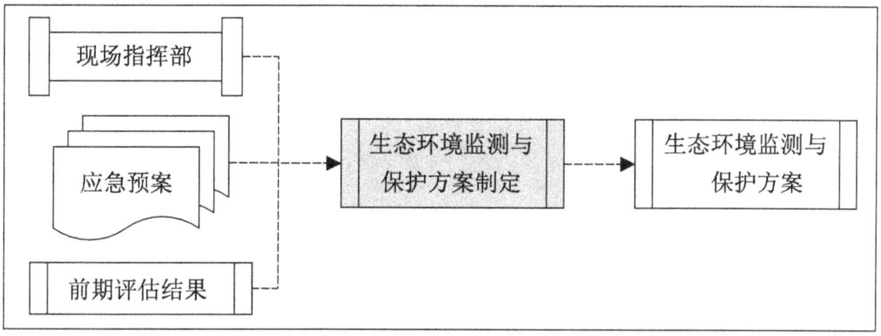

图 8-27　生态环境监测与保护方案制定：数据流向

8.3.11.1　生态环境监测与保护方案制定的依据

（1）现场指挥部

现场指挥部指导组织生态环境监测与保护方案的制定。

（2）应急预案

启动相应的应急预案，以此为依据并结合现实情况制定生态环境监测与保护方案。

（3）前期评估结果

基于前期评估结果，初步了解生态资源分布情况，以及突发事件对生态环境造成的影响和损失等。

8.3.11.2　工具与技术

（1）监测技术

生态环境监测包括现场监测与实验室监测，通过布点、采样等，利用监测仪器或试纸等进行监测。

（2）环境修复技术

根据修复对象不同，环境修复技术可以分为大气环境修复、水体环境修复、土壤环境修复及固体废物环境修复等。根据环境修复所采用的方法不同，环境修复技术又可分为环境物理修复技术、环境化学修复技术及环境生物修复技术等。

8.3.11.3　生态环境监测与保护方案制定的结果

生态环境监测与保护方案

可以参照《突发环境事件应急监测技术规范》（HJ 589—2010）等形成生态环境监测与保护方案，明确监测地点、负责人员、监测技术等，防止由突发事件引发的环境污染与破坏，妥善处理废弃物，做好水土保持等。若突发事件已对环境造成影响，则采取环境修复技术，尽可能减少损失。

8.3.12 防止次生灾害的方案制定

除通过处置与救援措施减轻突发事件的影响外，还应采取方案对危险源和危险区域实施监测，防止突发事件态势进一步发展扩大以及次生灾害的发生，减少生命和财产损失。图 8–28 描述本过程的依据、工具与技术、结果，图 8–29 是本过程的数据流向图。

图 8–28 防止次生灾害的方案制定的依据、工具与技术、结果

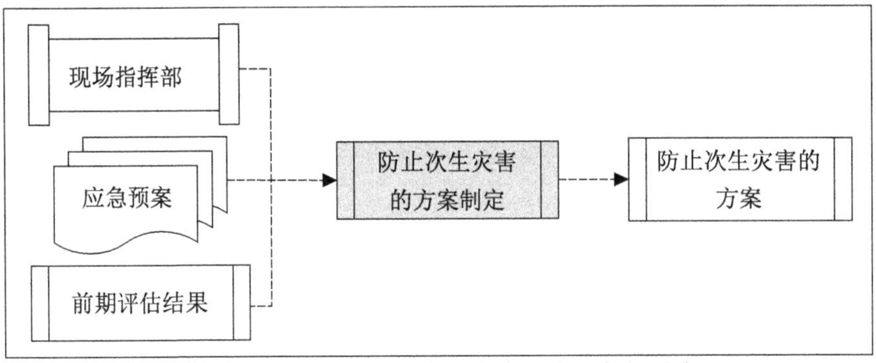

图 8–29 防止次生灾害的方案制定：数据流向

8.3.12.1 防止次生灾害的方案制定的依据

（1）现场指挥部

现场指挥部指导制定防止次生灾害的方案。

（2）应急预案

启动相应的应急预案，以此为依据并结合现实情况制定防止次生灾害的方案。

（3）前期评估结果

根据前期评估结果，了解由突发事件带来的安全隐患。

8.3.12.2 工具与技术

安全管理理论

安全管理理论是针对安全管理而搭建的理论体系，主要包括安全管理的基本原理、事故致因理论、安全生产方针、安全管理体制、劳动安全中介服务、安全生产的法规与法制管理、安全生产责任制等内容。

8.3.12.3 防止次生灾害的方案制定的结果

防止次生灾害的方案

防止次生灾害的方案内容包括实施重点监测、控制危险源和危险区域等。

实施重点监测是在受突发事件影响的区域，水利、交通、环保等部门对易发生次生灾害的设施加强监控与受损排查，并采取处置防范措施，防止余震、爆炸、放射性污染、坍塌等次生灾害发生。

控制危险源是在控制危险物品大量聚集的地方，探测是否存在危险品泄漏等安全隐患，其中危险物品包括危险化学品、放射性物品、受到病原体污染的物品等。

控制危险区域是对危险区域实行警戒线控制、区域控制或封锁，禁止或限制使用有关设备、设施，防止或限定人员出入；标明危险区域，起到警示与防范作用。

8.3.13 舆情监测与信息发布方案制定

舆情监测与信息发布是在救援与处置过程中进行舆情信息收集与分析处理，并通过电视、广播、网络等有关媒体，及时、准确、客观、全面地向社会公布信息的过程。该过程的目的是通过对舆情的监测与处理以及信息公开，发布突发事件相关信息、政府应对措施、公众防范措施等，以便加强正面宣传与引导，保障应急救援与处置工作的顺利开展，并让公众了解和监督政府的行为。此外，该过程有助于驳斥与消除谣言，避免引起群众恐慌。

图 8-30 描述本过程的依据、工具与技术、结果，图 8-31 是本过程的数据流向图。

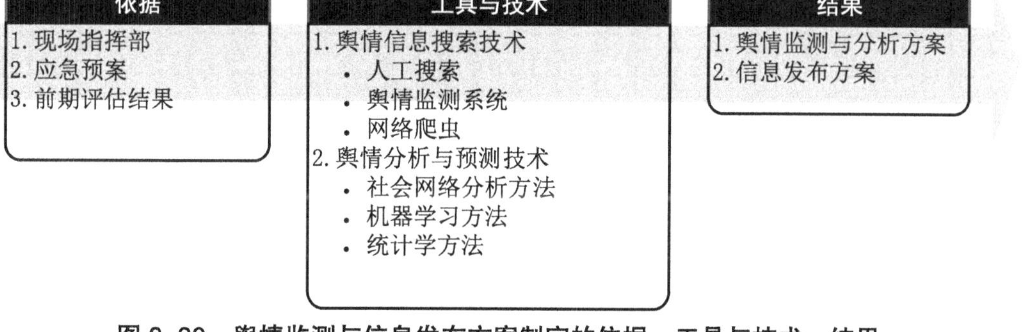

图 8-30 舆情监测与信息发布方案制定的依据、工具与技术、结果

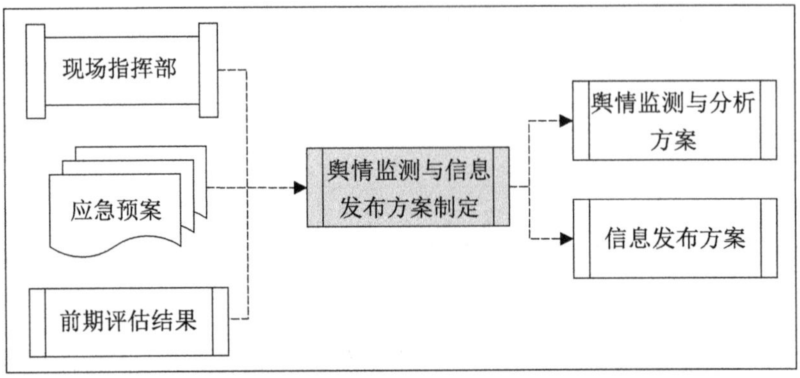

图 8-31　舆情监测与信息发布方案制定：数据流向

8.3.13.1　舆情监测与信息发布方案制定的依据

（1）现场指挥部

现场指挥部指导组织制定舆情监测与信息发布的方案。

（2）应急预案

启动相应的应急预案，并以此为依据结合现实情况制定舆情监测与信息发布方案。

（3）前期评估结果

基于前期评估结果，了解突发事件带来的社会影响和公众意见。

8.3.13.2　工具与技术

（1）舆情信息搜索技术

舆情信息搜索技术包括人工搜索、舆情监测系统、网络爬虫等。网络爬虫是一种借助搜索引擎，按照一定的规则进行信息收集和查找的技术手段，这种方法可以快速、高效地从互联网获取大量文字、语音以及视频等多媒体内容。目前常用的网络爬虫技术有 Nutch、Crawler4J、Larbin、Heritrix，数据来源包括主流媒体网站、行业网站、大型论坛、微博等。

（2）舆情分析与预测技术

通过对获取的数据进行分析，发掘其中的热点话题，并对其传播影响、舆情等级进行评估以及对舆论趋势进行预测，以便采用合理的手段对舆论进行引导和管控。

舆情分析与预测技术包括社会网络分析方法、机器学习方法、统计学方法。

① 社会网络分析方法。社会网络分析是测量与调查社会系统中各部分（即“点”，node）的特征与相互之间的关系（即“连接”，tie），将其用网络的形式呈现，然后分析其关系的模式与特征的一套理论、方法和技术。描述和测量行动者之间的关系或分

析通过这些关系流动的各种有形或无形的东西（如信息、资源等）的方法，主要有图论、社会计量学和代数方法。图论适用于描述小型传播群体的核心关系和团聚力等特征；社会计量学适用于研究结构等价性和“块模型”关系；代数方法适用于对角色和位置关系的分析。社会网络分析可以分析社会行动者的社会联结，包括密度、中介性、强度、对称性、规模等；同时也关注位置联结，即不同行为个体在结构地位上是否一致。社会网络分析主要使用的是 Gephi、UCInet、Pajek、NETminer、MultiNet、NodeXL 等软件。

② 机器学习方法。舆论是由各类词语构成的信息文本，文本内词的多寡、词与词之间的联系可以凸显信息文本的价值观、语意结构和社会诉求等，因此可以进行词频分析、共词分析、文本情感分析等。可以利用自然语言处理（Natural Language Processing，简称 NLP）、聚类分析、支持向量机、贝叶斯网络等技术，以及知识图谱、深度学习（如图神经网络、循环神经网络等）等方法。

③ 统计学方法。包括时间序列分析等，可以利用舆情时序数据，进行分析和外推预测。

8.3.13.3 舆情监测与信息发布方案制定的结果

（1）舆情监测与分析方案

舆情监测与分析方案包括提取舆情信息的主题、热点，以及情感分析、趋势分析和相应的引导和应对方案等。

（2）信息发布方案

信息发布方案需要明确信息受众、信息发布内容、信息发布形式等。

信息受众包括受突发事件直接影响的受众、不受突发事件直接影响的其他受众、国际社会等。

信息发布内容与受众有关，不同受众关心的信息侧重点可能不同。发布内容包括突发事件基本信息及造成的影响、应急处置与救援措施、应急知识宣传等。其中，突发事件基本信息及造成的影响包括突发事件的性质、原因、影响范围、初步造成的损失等；应急处置与救援措施包括救助性措施、保障性措施、控制性措施、稳定性措施等；应急知识宣传包括自救、互救、心理健康、求助方式等。

信息发布形式包括大众传媒方式，电视、广播、报纸、网络、短信、发布会等，以及社区警报、楼宇电视、宣传车等。

8.3.14 维护社会稳定方案制定

突发事件响应阶段需要考虑实施有效的稳定性措施，为突发事件的应急处置提供良好的外部环境。图 8–32 描述本过程的依据、工具与技术、结果，图 8–33 是本过程的数据流向图。

图 8–32 维护社会稳定方案制定的依据、工具与技术、结果

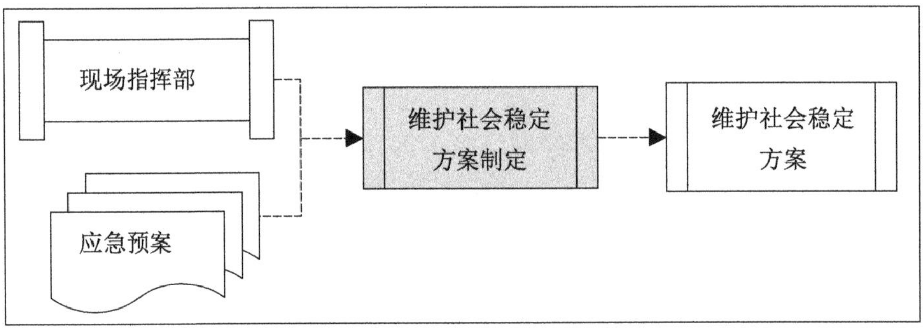

图 8–33 维护社会稳定方案制定：数据流向

8.3.14.1 维护社会稳定方案制定的依据

（1）现场指挥部

现场指挥部指导组织制定维护社会稳定的应急处置方案。

（2）应急预案

启动相应的应急预案，以此为依据并结合现实情况制定维护社会稳定的应急处置方案。

8.3.14.2 工具与技术

社会管理理论和应急管理理论

（1）社会管理理论

社会管理理论是基于社会管理而形成的理论体系。广义上讲，社会管理就是把社会看作一个有机整体，通过运用计划、沟通、协调、控制、指导等手段，使社会系统协调有序、良性运行的过程。从狭义上讲，社会管理是政府和民间组织运用多种资源和手段，对社会生活、社会事务、社会组织进行规范、协调、服务的过程，其目的是满足社会成员生存和发展的基本需求，解决社会问题，提高社会生活质量。

（2）应急管理理论

应急管理理论是基于应急管理而形成的理论体系。应急管理是为应对特重大事故灾害的危险问题提出的，是指政府及其他公共机构在突发事件的事前预防、事发应对、事中处置和善后恢复过程中，通过建立必要的应对机制，采取一系列必要措施，应用科学、技术、规划与管理等手段，保障公众生命、健康和财产安全。

8.3.14.3 维护社会稳定方案制定的结果

维护社会稳定方案

维护社会稳定方案的内容主要包括：依法严惩囤积居奇、哄抬物价、制假造假等扰乱市场秩序的行为，稳定市场价格和市场秩序；依法严惩扰乱应急处置工作、哄抢财物等扰乱社会秩序的行为，维护社会治安；在受灾群众安置点、救灾物资存放点等重点地区，增设临时警务站，加强治安巡逻，增强群众的安全感；加强对党政机关、要害部门金融单位、储备仓库、监狱等重要场所的警戒，做好涉灾矛盾纠纷化解和法律服务工作，维护社会稳定。

8.4 智慧应急处置实施与调整

智慧应急救援处置实施与调整是按照处置方案开展行动，并根据实际情况及时对方案进行调整。由于突发事件的态势处于变化中，其造成的影响、应急处置的需求在不断变化，因此，需要结合项目管理理论、时效性评估方法来监控和评估方案的执行情况，利用应急响应程序重构等方法对应急处置方案进行及时调整，保证应急处置有效进行，减少突发事件对生命财产造成的损伤。图 8–34 描述本过程的依据、工具与技术、结果，图 8–35 是本过程的数据流向图。

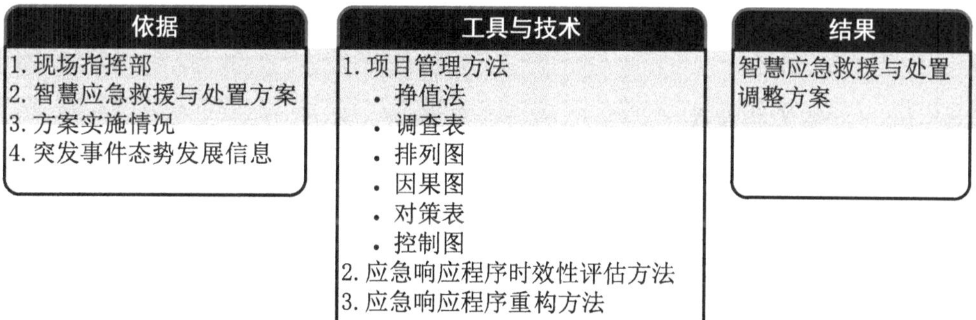

图 8–34 智慧应急处置实施与调整的依据、工具与技术、结果

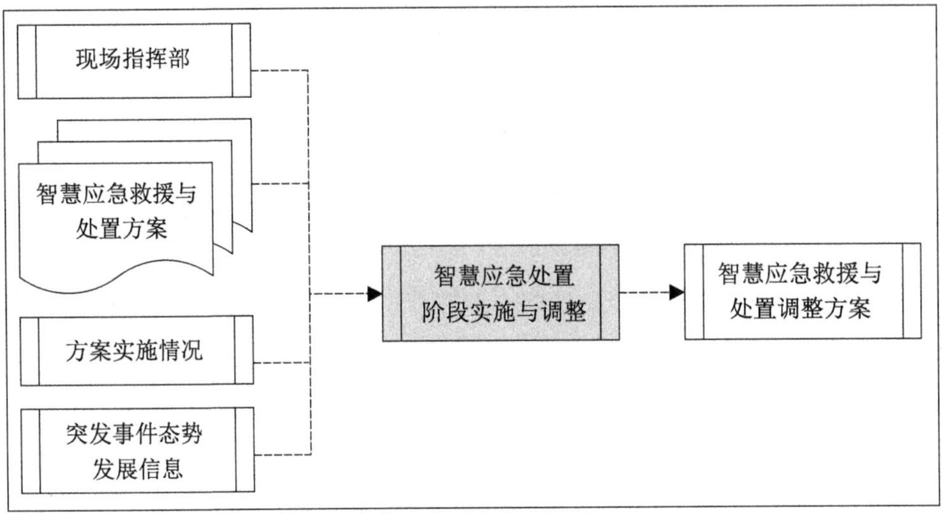

图 8-35　智慧应急处置实施与调整：数据流向

8.4.1　智慧应急处置实施与调整的依据

8.4.1.1　现场指挥部

现场指挥部以及相应的组织，如搜寻营救组、医疗救治组、后勤保障组、事故调查组、专家咨询组、安全保卫组、舆情信息组、新闻发布组、调查监测组、总结评估组等，按照应急处置方案开展行动。

8.4.1.2　智慧应急救援与处置方案

智慧应急处置方案包括救助性方案、保障性方案、控制性方案和稳定性方案等，其中救助性方案具体涉及人员搜寻与营救、人员疏散与安置、现场医疗救助、伤员转运与心理救助；保障性方案涉及应急物资筹集与管理、应急物资的运输与分配、基础设施与公共服务设施抢修与保护、公共卫生管理、社会动员、生态环境监测与保护；控制性方案包括防止次生灾害；稳定性方案涉及舆情监测与信息发布、维护社会稳定。

8.4.1.3　方案实施情况

应急处置方案实施情况包括各个任务的执行质量、资金使用和时间进度等方面。

8.4.1.4　突发事件态势发展信息

突发事件的态势可能会变化发展，在前期评估的基础上，可能出现两种情况：①更新突发事件带来的影响和损失情况，包括城镇和乡村受损程度和数量；人员伤亡情况，需要安置的人口数量，需要帮助的孤寡老人、伤残人员、未成年人等具有特殊需求的人员数量；需要提供的房屋的数量，需要恢复重建的基础设施、公共服务设施和生产设施；环境污染、生态损害以及自然和历史文化遗产毁损等情况等。②更新可利用的资源信息，包括人力资源、物力资源和财力资源等，以及资源的来源、数量及分布情况等信息。

8.4.2 工具与技术

8.4.2.1 项目管理方法

项目管理方法包括挣值法、调查表、排列图、因果图、对策表、控制图等。

挣值法：分析目标实施与目标期望之间差异的偏差方法，关注项目内容、时间、质量、成本等方面与计划的差异情况，进而进行预测、调整，对项目实施进行综合控制。

调查表：用于获取任务和项目的实际执行数据等。

排列图：将影响工程质量的各种因素，按照出现的频数，以从大到小的顺序排列在横坐标上，在纵坐标上标出因素出现的累积频数，并画出对应变化曲线的分析方法。

因果图：又称石川图或者鱼刺图，用于分析质量问题与原因之间的关系，一般从人、机、料、法、环等方面分析。

对策表：又称措施计划表，是针对导致质量问题的主要原因而制订的应采取措施的计划表。

控制图：又称管理图，用于在直角坐标系内绘制具有控制界限、描述质量波动状态的图形。利用控制图可以区分质量波动的原因，并且判断生产工序是否处于稳定状态。

8.4.2.2 应急响应程序时效性评估方法

时效性是指应急救援减少的损失。整体的应急救援与处置行动，不仅受到相关资源（如人力、物力、信息等）各批到达的质量、数量和时间等因素的影响，还受到前序行动的影响。从全流程的角度，充分考虑各个行动任务的特点以及前后任务之间的影响关系，通过定量的时效性评估，可以找到相对薄弱的环节，以便进行针对性的改进，同时为后续进行应急响应程序重构和方案调整提供依据。

在评估中，首先基于整体应急救援处置方案，对单个行动构造时效性评估函数（如采用 Sigmoid 函数）。行动的时效性受到资源质量、数量、紧前行动时效性以及完成时间的影响，并且与前三个因素呈正相关关系，与第四个因素呈负相关关系。其次对多个行动的时效性评估函数进行叠加，进而得到全流程的时效性评估函数。

8.4.2.3 应急响应程序重构方法

当多类突发事件并发或发生次生灾害时，基于已数字化表达和模块化的应对单一类型突发事件的响应程序，根据突发事件的发展情况进行重新组合，形成可同时应对多类突发事件的综合响应程序，并生成相应的调整方案。

在应急响应程序重构具体操作中，可结合数学规划方法，考虑各个应急处置程序所需的资源种类、数量以及完成时间的约束，以及各个程序之间序关系的约束，尽量最小化处置时间、处置成本和造成的损失，从而在线生成新的响应程序。

8.4.3 智慧应急处置实施与调整的结果

智慧应急救援与处置调整方案

基于突发事件的发展态势以及方案实际执行情况，对方案进行动态调整，协调人员、资源、环境条件等，保障应急救援与处置工作顺利进行。

8.5 后期评估与总结

在应急救援与处置基本结束后，需要对该阶段的方案以及实施效果进行评估总结。该过程的目的是总结和吸取应急救援与处置经验教训，并制定整改措施，不断提升应急处置能力。图 8-36 描述本过程的依据、工具与技术、结果，图 8-37 是本过程的数据流向图。

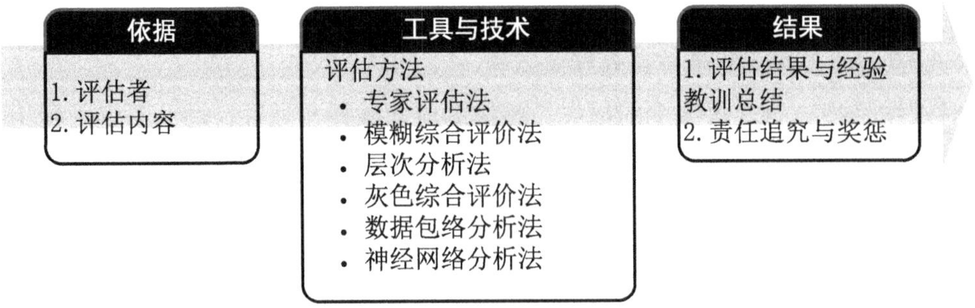

图 8-36 后期评估与总结的依据、工具与技术、结果

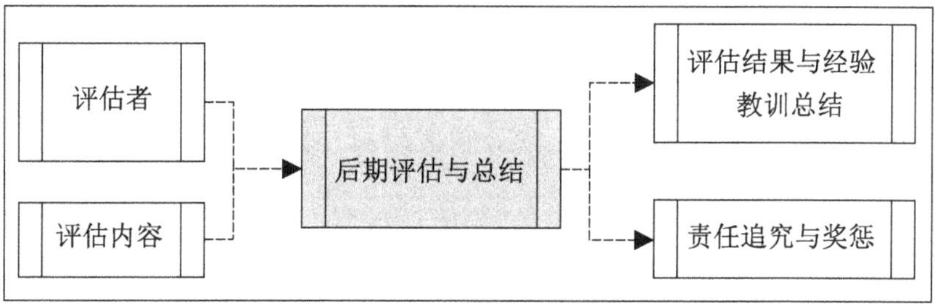

图 8-37 后期评估与总结：数据流向

8.5.1 后期评估与总结的依据

8.5.1.1 评估者

评估者包括现场指挥部以及相关应急处置评估组的成员等，他们对应急救援与处置工作进行评估。

8.5.1.2 评估内容

参考《生产安全事故应急处置评估暂行办法》等，评估内容主要包括：突发事件基本情况、信息报送情况等；智慧应急处置方案制定与执行情况；先期处置情况，包括搜寻与营救情况、控制危险源情况、防范次生灾害发生情况；应急救援队伍、人员、装备、物资储备、资金保障等方面的落实情况；环境监测与保护情况；舆情监测与信息发布情况等。

8.5.2 工具与技术

评估方法

评估方法包括专家评估法、模糊综合评价法、层次分析法、灰色综合评价法、数据包络分析法、神经网络分析法等。

（1）专家评估法

专家评估法的种类主要有个人判断法、专家会议法、头脑风暴法和德尔菲法，主要利用相关领域专家的知识和经验对应急救援处置阶段做出判断和评价。

（2）模糊综合评价法

模糊综合评价法是一种基于模糊数学的综合评价方法。该综合评价法根据模糊数学的隶属度理论把定性评价转化为定量评价，即用模糊数学对受到多种因素制约的事物或对象做出一个总体的评价。

（3）层次分析法

层次分析法是由美国著名运筹学家、匹兹堡大学教授萨蒂（T.L.Saaty）于 20 世纪 70 年代提出的。其将与决策有关的元素分解成目标、准则、方案等层次，在此基础之上进行定性和定量的分析与决策。该方法计算过程简单易懂，但是当要素比较多时，一致性检验可能较难通过。

（4）灰色综合评价法

风险预警是一个复杂巨系统，进行风险预警评估时，要考虑的因素很多，需要用多个指标来衡量，指标间还可划分为不同层次，所以需要进行多层次综合评价。因此，可以利用灰色理论来分析风险预警评估中各指标的实现程度，根据评估标准得出综合性的评估结论。

系统评估指标体系的一般形式为图 8-38 所示的三层结构，评价指标按属性不同分组分层排列，最高层是目标层 G，中间层为一级评价指标层 μ，设有 m 类，记为 $\mu=\{\mu_1\cdots,\mu_m\}$，最低层为二级评价指标层 V，设第 i 大类指标 μ_i 有 n_i 具体评价指标，记为 $\mu_i=\{\mu_{i1}\cdots,\mu_{in1}\}$。评价过程如下：

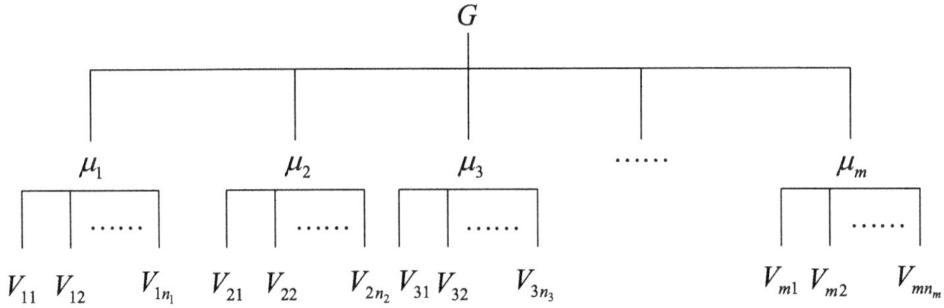

图 8-38　评估指标体系的一般三层结构形式

① 确定评估指标体系。根据评估的目的，经过调查、咨询，由各类专家反复讨论确定评估的一级指标、二级指标，绘制评价指标分类分层结构图。

② 制定具体评价指标 V_{ij} 的评分等级标准。综合评价指标众多是定性指标，可以通过制定评价指标等级标准来实现定性指标定量化处理。可根据评语等级的优劣赋予一定分值作为指标评分等级标准，评语等级越优分值越大，越差分值越小。一般情况，评价指标的评分等级可以分为优秀、良好、一般、较差和差 5 个等级，所以综合评价指标评分分别在 [100，90]、[89，80]、[79，70]、[69，60]、[59，0] 取值。

③ 确定各评价指标的权重，可由专家直接给出权重，也可用其他方法来确定指标的权重。假设求得一级指标 μ_i 相对于目标的 G 的权重为 $a_i(i=1,2,\cdots,m)$，则一级指标的权重分配向量 $a(=a_i,\cdots,a_m)$。二级评价指标 V_{ij} 相对于一级指标 μ_i 的相对权重为，则所属指标 μ_i 的二级评价指标的相对权重分配向量 $A(=a_{i1},\cdots,a_{in1})$。

④确定评估对象的评价值矩阵。设有 P 个评价人员，即 $K=1,2,\cdots,P$；q 个评估对象，即 $S=1,2,\cdots,p$；m 个一级指标，即 $i=1,2,\cdots,m$；第 i 大类指标下设 n_i 个二级指标，即 $j=1,2,\cdots,n_i$ 评估人员按评估指标 V_{ij} 的评分等级标准给某个受评对象打分，设第 K 个评价人员对第 S 个受评对象按评估指标 V_{ij} 的评分等级标准给出的评分为 $d_{ijk}^{(S)}$，则第 S 个受评对象的评价值矩阵 $D^{(S)}$ 为：

$$D^{(s)}=\begin{bmatrix} d_{111}^{(S)} & d_{112}^{(S)}\cdots\cdots d_{11p}^{(S)} \\ d_{121}^{(S)} & d_{122}^{(S)}\cdots\cdots d_{12p}^{(S)} \\ \cdots\cdots\cdots\cdots\cdots\cdots\cdots\cdots & \\ d_{1n_11}^{(S)} & d_{1n_12}^{(S)}\cdots\cdots d_{1n_1p}^{(S)} \\ d_{211}^{(S)} & d_{212}^{(S)}\cdots\cdots d_{21p}^{(S)} \\ \cdots\cdots\cdots\cdots\cdots\cdots\cdots\cdots & \\ d_{2n2_1} & d_{2n_22}\cdots\cdots d_{2n_2p}^{(S)} \\ \cdots\cdots\cdots\cdots\cdots\cdots\cdots\cdots & \\ d_{m11}^{(S)} & d_{m12}^{(S)}\cdots\cdots d_{m1p}^{(S)} \\ d_{m21}^{(S)} & d_{m22}^{(S)}\cdots\cdots d_{m2p}^{(S)} \\ \cdots\cdots\cdots\cdots\cdots\cdots\cdots\cdots & \\ d_{mn_{m1}}^{(S)} & d_{mn_m2}^{(S)}\cdots\cdots d_{mn_mp}^{(S)} \end{bmatrix}$$

⑤ 确定评价灰类。视实际总是确定评价灰类的等级数，灰类的灰数及灰类的白化函数，设评价灰类的等级数有 g 个，即评价灰类 $e=1,2,\cdots g$；灰数不是一个数，而是一个数集、一个数的区间，记灰数为 $\otimes$。常用的白化权函数有三种：

灰类 1 为高（$e=1$），灰数 $\otimes_1\in[d_1,\infty]$，其白化函数为 f_1：

$$f_1(d_{ijk}^{(S)})=\begin{cases}0 & d_{ijk}\notin[0,\infty] \\ d_{ijk}/d_1 & d_{ijk}\in[0,d_1] \\ 1 & d_{ijk}\in[d_1,\infty]\end{cases}$$

灰类 2 为中 $(e=2)$，灰数 $\otimes_2 \in [0,2d_2]$，其白化函数为 f_2：

$$f_2(d_{ijk}^{(S)})=\begin{cases}0 & d_{ijk} \notin [0,\infty] \\ d_{ijk}/d_2 & d_{ijk} \in [0,d_2] \\ (d_{ijk}-2d_2)/(-d_2) & d_{ijk} \in [d_2,2d_2]\end{cases}$$

灰类 3 为低 $(e=3)$，灰数 $\otimes_3 \in [0,3d_3]$，其白化函数为 f_3：

$$f_3(d_{ijk}^{(S)})=\begin{cases}0 & d_{ijk} \notin [0,2d_3] \\ d_{ijk}/d_2 & d_{ijk} \in [0,d_3] \\ (d_{ijk}-2d_2)/(-d_2) & d_{ijk} \in [d_3,2d_3]\end{cases}$$

⑥ 计算灰类的评价系数 $\eta_{ije}^{(S)}$。对于评价指标 V_{ij}，根据白化函数为 $fe(d_{ijk}^{(S)})$ 和评估对象 S 的评价值 $d_{ijk}^{(S)}$，计算评估对象 s 属于评价灰类 e 的灰色评价系数 $\eta_{jie}^{(S)}$：

$$\eta_{jie}^{(S)}=\sum_{K=1}^{P} f_e(d_{ijk}^{(S)})$$

⑦ 计算灰色评价权 $r_{ije}^{(S)}$ 灰色评价权矩阵。评估人员就评价指标 V_{ij}，对评估对象 S 主张灰类 e 的灰色评价权 $r_{ije}^{(S)}$ 为：

$$r_{ije}^{(S)}=\frac{\eta_{JIE}^{(S)}}{\sum_{e=1}^{g}\eta_{IJE}^{(S)}}$$

综合各灰类 $(e=1,2\cdots,g)$ 得评估对象 S 对于评价指标 V_{ij} 的灰色评价权向量 $r_{ij}^{(S)}$：

$r_{ij}^{(S)}=(r_{ij1}^{(S)},r_{ij2}^{(S)},\cdots r_{ijg}^{(S)})$

综合一级指标 μ_i 所有二级指标 $V(j=1,2,\cdots,n_i)$ 的灰色评价权 $r_{ije}^{(S)}$，得评估对象 S 第 μ_i 大类指标对于各评价灰类的灰色评价权矩阵 $R_i^{(S)}$：

$$R_i^{(s)}=\begin{bmatrix} r_{i1}^{(s)} \\ r_{i2}^{(s)} \\ \vdots \\ r_{in_i}^{(s)} \end{bmatrix}=\begin{bmatrix} r_{i11}^{(s)} & r_{i12}^{(s)} & \cdots & r_{i1g}^{(s)} \\ r_{i21}^{(s)} & r_{i22}^{(s)} & \cdots & r_{i2g}^{(s)} \\ r_{i31}^{(s)} & r_{i32}^{(s)} & \cdots & r_{in_ig}^{(s)} \end{bmatrix}$$

⑧ 计算大类指标 μ_i 的灰色综合评价向量 $B_i^{(s)}$。

对评估对象 S，根据指标 μ_i 的二级评价指标 V_{ij} 的相对权重向量 $A_i(=a_{i1},\cdots,a_{im})$ 和指标 μ_i 对于各评价灰类的灰色评价权矩阵进行综合评价，得评估对象 S 第 μ_i 大类指标的灰色综合评价向量 $B_i^{(s)}:B_i^{(s)}=A_i\cdot R_i^{(s)}=\left(b_{il}^{(s)},\cdots,b_{ig}^{(s)}\right)$

⑨综合评价。对评估对象 S，综合其各大类指标的灰色综合评价向量，得到评估对象对于各评价灰类的灰色评价权矩阵 $R^{(s)}$：

$$R^{(s)}=\begin{bmatrix}B_1^{(s)}\\B_2^{(s)}\\\vdots\\B_m^{(s)}\end{bmatrix}=\begin{bmatrix}b_{11}^{(s)} & b_{12}^{(s)}\cdots b_{1g}^{(s)}\\b_{21}^{(s)} & b_{22}^{(s)}\cdots b_{2g}^{(s)}\\\vdots & \vdots \quad \vdots\\b_{m1}^{(s)} & b_{m2}^{(s)}\cdots b_{mg}^{(s)}\end{bmatrix}$$

根据大类指标 $u_i(i=1,2,\cdots m)$ 的权重分配向量 $(a=a_1,a_2,\cdots,a_m)$ 和评估对象 S 的灰色评价权矩阵 $R^{(S)}$ 做综合评价，得系统对象 S 的综合评估结果 $B^{(s)}$：$B^{(S)}=a\cdot R^{(S)}=\left(b_1^{(S)},b_2^{(S)},\cdots b_g^{(S)}\right)$

⑩ 综合评价结论。以各评价灰类的阈值为其等级值，计算各评估对象的综合评价值 。如灰类 1 的阈值为 d_1，灰类 2 的阈值为 $d_2,\cdots$, 灰类 g 的阈值为 d_g，则各评价灰类的等级值向量 $C=(d_1,d_2\cdots,d_g)$。于是评估对象 S 的综合评价值 $G^{(S)}$ 为：$G^{(S)}=B^{(S)}\cdot C^T$。求出各评估对象的综合评价值 $G^{(S)}$ 后，根据 $G^{(S)}$ 的大小判断评分级别。

（5）数据包络分析法

1978 年，数据包络分析法由美国著名运筹学家查恩斯（A.Charnes）等人提出，是一种根据多指标投入和多指标产出对相同类型的单位或部门进行相对有效性或效益评价的系统分析方法。此外，该方法不受投入产出量纲的影响，权重由数学规划得出，不受人为主观因素的影响，但是所得权重不具有可比性。该方法有较明显的指标数量限制，通常决策单元的数量大于投入产出指标之和的 2 倍，当投入和产出指标总和较大，容易出现很多决策单元效率值都为 1 的情况，因而使单元的效率值不容易区分。

（6）神经网络分析法

神经网络分析法需要大量样本，利用神经网络训练模型，构建依据和结果之间的非线性关系，从而进行评估。

8.5.3 后期评估与总结的结果

8.5.3.1 评估结果与经验教训总结

针对应急救援与处置阶段多方面内容，获得评估结果，并总结应急救援与处置阶段的成效、经验和教训，以便进一步提升防灾减灾能力，并向事故调查组和上一级监管监察部门提交总结报告。

8.5.3.2 责任追究与奖惩

突发公共事件应急处置工作实行责任追究制，对迟报、谎报、瞒报和漏报突发公共事件重要情况或者应急管理工作中有其他失职、渎职行为的，依法对有关责任人给予行政处分；构成犯罪的，依法追究刑事责任。同时，对突发公共事件应急管理工作中做出突出贡献的先进集体和个人要给予表彰和奖励。

第9章 智慧应急恢复与重建场景

智慧应急恢复与重建场景是指开展智慧应急恢复与重建的相关集成活动。规范、强化恢复与重建是建立中国特色现代化应急体系的重要内容。突发事件在一定程度上干扰了社会秩序，甚至会对经济运行、环境状态等产生负面影响，造成生命、财产损失。当突发事件的威胁和危害得到控制或者消除后，应急管理主要进入恢复与重建阶段，需要对突发事件造成的损失进行评估，制订恢复与重建计划并实施，使受影响地区尽快恢复正常的社会秩序。结合我国“十四五”国家应急体系规划目标和任务，本章从智慧应急恢复与重建的准备、方案制定、方案实施与调整、验收与总结方面进行说明。

突发事件后的恢复与重建目标，一方面是指在恢复与重建阶段需要防止发生自然灾害、事故灾难、公共卫生事件的次生、衍生事件或者重新引发社会安全事件。另一方面是指在恢复与重建任务完成后，受突发事件影响地区的生产生活条件和经济社会发展得以恢复，达到或超过突发事件发生前的水平，实现人口、产业与资源环境协调发展。城乡居民居住条件、就业创业环境不断改善；基本公共服务水平有所提升，基础设施保障能力不断加强；主要产业全面恢复，优势产业发展壮大，产业结构进一步优化；自然生态系统得到修复，防灾减灾能力不断增强；人民生活水平得到提高，地方经济步入健康可持续发展轨道。

同时，在恢复与重建中需要遵循以下基本原则：①以人为本，民生优先。把保障民生作为恢复与重建的基本出发点，优先恢复与重建受灾群众住房和公共服务设施，尽快恢复基础设施功能，改善城乡居民的基本生产生活条件。②中央统筹，地方为主。健全中央统筹指导、地方作为主体、群众广泛参与的恢复与重建机制。中央层面在资金、政策、规划等方面发挥统筹指导和支持作用，地方作为恢复与重建的责任主体和实施主体，承担组织领导、协调实施、提供保障等重点任务。③科学重建，安全第一。立足实际，遵循自然规律和经济规律，在严守生态保护红线、永久基本农田、城镇开发边界三条控制线基础上，科学评估、规划引领、合理选址、优化布局，严格落实灾害防范和避让要求，严格执行国家建设标准和技术规范，确保恢复与重建得到人民认可、经得起历史检验。④保护生态，传承文化。践行生态文明理念，加强自然资源保护，持续推进生态修复和环境治理，保护具有历史价值、民族特色的文物和保护单位建筑，传承优秀的民族传统文化，促进人与自然和谐发展。

突发事件后的智慧应急恢复与重建的主要过程如图 9–1 所示。

图 9–1　智慧应急恢复与重建场景概述

9.1 智慧应急恢复与重建的准备

在恢复与重建的准备阶段，主要是建立恢复与重建领导协调组织，并在受突发事件影响的地区进行调查与评估，该阶段的目的是为之后进行智慧恢复与重建的规划与实施奠定基础。

9.1.1 组织机构建立

在恢复与重建的准备阶段，建立组织机构是按程序组建恢复与重建指导协调小组的过程，以实现统一指挥、上下联动。指导协调小组负责统筹开展恢复与重建工作，研究解决恢复与重建中的问题，并指导恢复与重建工作有力有序有效地推进。图 9–2 描述本过程的依据、工具与技术、结果，图 9–3 是本过程的数据流向图。

图 9–2 组织机构建立：依据、工具与技术、结果

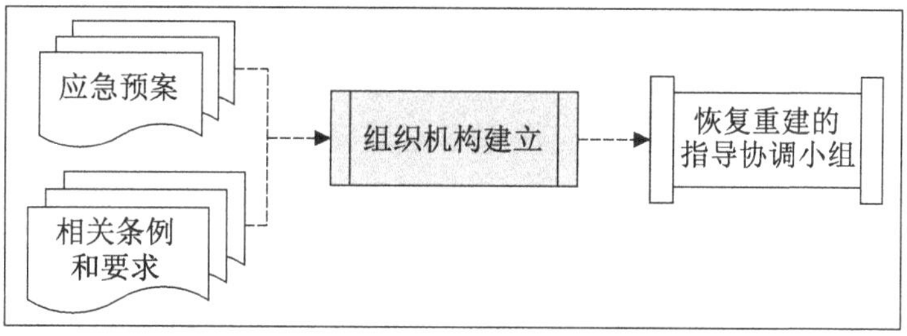

图 9–3 组织机构建立：数据流向

9.1.1.1 组织机构建立的依据

1. 应急预案

根据实际情况，启动应急预案，成立指导协调小组，负责应急恢复与重建工作。

2. 相关条例和要求

根据《国家突发公共事件总体应急预案》中对组织体系的介绍，恢复与重建阶段的指导协调组织主要包括以下内容。

（1）国家层面指挥体制

党中央、国务院对特别重大突发事件应对工作做出决策部署，根据实际需要设立国家突发事件应急指挥机构，指定相关负责同志组织突发事件应对工作，成员由党中央、国务院、中央军委有关部门及地方党委和政府负责同志等组成；必要时，可派出工作组或者设立前方指挥部指导有关工作。

中央和国家机关有关部门按照职责分工组织协调指导本领域突发事件应对管理工作，承担相关国家突发事件应急指挥机构综合协调工作，具体职责在相关国家专项应急预案中予以明确。其中，公安部负责协调处置社会安全类重大突发事件；国家卫生健康委负责卫生应急工作；应急管理部负责组织指导协调安全生产类、自然灾害类等突发事件应急处置；生态环境部负责协调处置突发生态环境事件应急工作；中央网信办负责协调处理网络安全、网络数据安全与信息安全类突发事件。

（2）地方层面指挥体制

县级以上地方党委和政府按照有关规定设立由本级党委和政府主要负责同志牵头组成的突发事件应急指挥机构，统一指挥协调本地突发事件应对工作；根据实际需要设立相关类别突发事件应急指挥机构，组织、协调、指挥突发事件应对工作。突发事件发生后，可视情设立现场指挥机构，统一组织指挥现场应急处置与救援工作，并结合实际按规定成立临时党组织，加强思想政治工作，发挥战斗堡垒作用。

乡镇（街道）、开发区、工业园区、港区、风景区等应当完善应急管理组织体系，明确专门工作力量，细化应急预案，做好本区域突发事件应对组织协调工作。村（社区）应当增强监测预警、信息报告、先期处置和组织动员能力，依法健全应急工作机制，做好本区域应急管理相关工作。

相邻地区应当建立信息共享和应急联动机制，共同做好区域性、流域性、关联性强的突发事件防范应对工作。

（3）专家组

各级各类突发事件应急指挥机构建立相关专业人才库，根据实际需要聘请有关专家组成专家组，为应急管理提供决策建议，必要时参加突发事件应急处置工作。

组织机构的具体构成与救灾响应的级别有关，根据《关于做好特别重大自然灾害灾后恢复重建工作的指导意见》，当启动救灾Ⅰ级响应的特别重大自然灾害，国务院有关部门会同灾区所在省份启动恢复与重建工作，按程序组建灾后恢复重建指导协调小组。指导协调小组负责研究解决恢复与重建中的重大问题，指导恢复与重建工作有力有序有效推进。未启动救灾Ⅰ级响应的自然灾害由地方政府负责组织灾后恢复与重建工作（国家发展改革委、财政部、应急管理部牵头，有关部门和灾区所在省份省级人民政府按职责分工负责）。

9.1.1.2 工具与技术

基于组织管理理论，建立应急恢复与重建组织机构，规定职务或职位，明确责权关系等，以便有效推动恢复与重建进程。组织管理的具体内容是设计、建立并保持一种组织机构。组织管理的内容有三个方面：组织设计、组织运作、组织调整。

9.1.1.3 组织机构建立的结果

恢复重建的指导协调小组

根据相关条例和要求，建立突发事件后恢复重建的指导协调小组机构，并规定职务或职位，并明确责权关系等。

9.1.2 调查与评估

在智慧应急恢复与重建准备阶段，基于救援与处置阶段评估工作，需要对突发事件及其造成的影响进行调查与评估。调查与评估是制订智慧应急恢复与重建计划、保障计划实施的基础，需要保证资料和数据的真实性、及时性。图 9–4 描述本过程的依据、工具与技术、结果，图 9–5 是本过程的数据流向图。

依据	工具与技术	结果
1. 恢复重建的指导协调小组 2. 受突发事件影响地区的历史情况 3. 应急救援与处置阶段的评估与总结	1. 事故分析方法 · 事故树分析 · 事件树分析 · 时间和事件序列图方法 · 事件与原因因素图表分析法 · 屏障分析 2. 监测技术 3. 数据库技术 4. 损失评估方法 · 全面调查法 · 抽样分析法 · 投入产出法 · 财产损失率模型 · 可计算一般均衡模型 · 历史事件类比法 · 模拟仿真法 · 专家判断 · 深度学习 5. 心理评估方法	调查评估结果

图 9–4 调查与评估的依据、工具与技术、结果

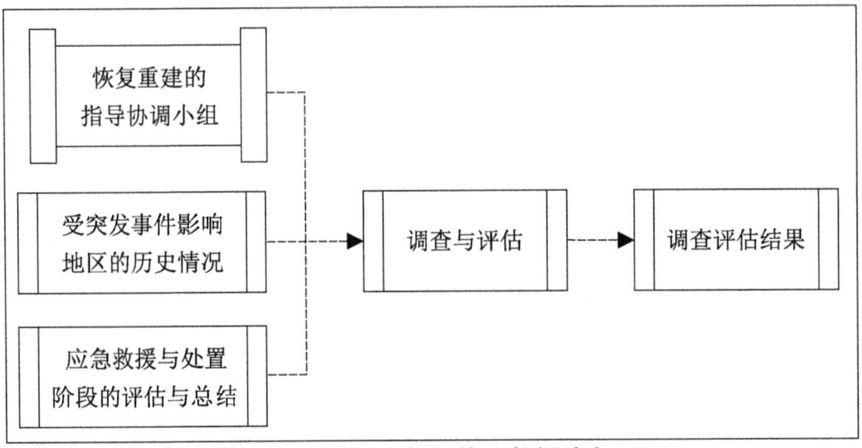

图 9-5　调查与评估：数据流向

9.1.2.1　调查与评估的依据

（1）恢复重建的指导协调小组

恢复重建的指导协调小组领导并参与调查与评估工作的开展。

（2）受突发事件影响地区的历史情况

受突发事件影响地区的历史情况包括区域分布、各种基础设施数量及分布、各种公共服务设施数量及分布、产业分布、生态状况等。

（3）应急救援与处置阶段的评估与总结

以上一阶段的应急处置评估与总结结果为基础，进一步继续开展评估工作，分析突发事件带来的影响等。

9.1.2.2　工具与技术

（1）事故分析方法

包括事故树分析、事件树分析、时间和事件序列图方法、事件与原因因素图表分析法和屏障分析等。详见 8.2.2.1。

（2）监测技术

监测技术用于获取相关数据，来表征突发事件后目标事物的状态变化情况，为评估突发事件带来的影响提供数据基础。相关智能技术包含射频识别（radio frequency identification，RFID）技术、智能机器人技术、物联网技术、遥感技术、地理信息系统技术（GIS）等。

（3）数据库技术

数据库技术用于存储和处理相关监测数据，以便进行损失评估。

（4）损失评估方法

损失评估方法包括全面调查法、抽样分析法、投入产出法、可计算一般均衡模型、财产损失率模型、历史事件类比法、专家判断等。

全面调查法：在受突发事件影响的范围比较小、影响程度比较低时，可以采用该种方法，对受影响区域所有受损的资产、资源等进行全面调查，并逐类逐项统计损失情况。

抽样分析法：适用于受突发事件影响范围较大、影响程度较高时，可以运用抽样调查方法，选取样本进行全面调查评估，并根据样本的调查评估情况来估计受影响区域的损失情况，该种方法节省时间、人力、物力和财力。

投入产出法：由美国华西里·里昂惕夫（Wassily W.Leontief）教授创立，研究经济体系（国民经济、地区经济、产业经济等）中各个部分之间投入与产出的相互依存关系的数量分析方法。可用该方法从供给和需求的角度对突发事件造成的直接和间接损失进行评估，并构建供给需求影响矩阵，定量分析产业等方面的损失。

财产损失率模型：财产损失率是描述突发事件造成的直接经济损失的一个相对指标，通常指各类承灾体遭受损失的价值量与突发事件前或正常年份各类承灾体原有价值量之比，简称财产损失率。目前，国内外较为通用的做法是构建参数统计模型，以此建立某些突发事件的特征因素与损失率之间的关联，同时将直接经济损失定义为承灾体的价值与损失率的乘积。

可计算一般均衡模型（computable general equilibrium，CGE）：反映经济因素和活动的相互依赖关系，突发事件发生前后两个均衡状态下经济变量的变化可用来评估损失，但是该模型对基础数据要求较高。

历史事件类比法：利用历史上类似事件或者相似案例进行类比，进而根据历史事件的相关数据推断出本次突发事件带来的影响。

模拟仿真法：利用计算机技术等，模拟突发事件的情况，估计突发事件造成的影响。

专家判断：结合专家知识来分析突发事件的成因、机理及评估带来的损失等。

深度学习：通过目标检测方法并对突发事件影响前后的图像对比，利用深度学习方法并结合众包受灾标注法等，分析建筑物等的受损程度。

（5）心理评估方法

在突发事件后需要基于灾害心理学等理论，利用心理评估方法，来分析突发事件对群众心理方面的影响。《灾后社会心理需求评估工具手册》中列举了多种评估工具，包括《自然灾害中灾难人群感知需求状况评定表》（HESPER）、《世界卫生组织——联合国难民署自然灾害受灾民众严重症状评定表》等。

9.1.2.3 调查与评估的结果

调查与评估结果的内容具体包括：

① 调查突发事件的起因、性质、发生时间、影响的区域范围、影响的对象等。

② 损失评估。进一步统计和评估城镇和乡村受损程度和数量；人员伤亡情况，需要安置的人口数量，需要帮助的孤寡老人、伤残人员、未成年人等具有特殊需求的人员数量；各个产业关联的损失，以及企业层面的损失；房屋破坏程度和数量，基础设施、公共服务设施等受损程度和数量，农用地毁损程度和数量等；需要提供的房屋的数量，需要恢复与重建的基础设施、公共服务设施和生产设施；环境污染、生态损害以及自然和历史文化遗产毁损等情况；水文地质、工程地质、地形地貌、河势以及重大水利水电工程受影响情况；由突发事件引起的次生灾害以及隐患等。

③ 可利用资源情况。可利用资源包括场地、设备、人员等情况。在恢复与重建阶段中，受突发事件影响的人员安置、废墟及垃圾的处理等，需要的临时场所，实施恢复与重建工作需要人力、物力和财力的投入。

④ 社会影响。包括公众情绪、公众心理状况、政府公信力变化等。

⑤ 需要调查评估的其他事项。

9.2 智慧应急恢复与重建的方案制定

智慧应急恢复与重建方案需要以国家相应减灾法的要求、与恢复与重建有关的法律法规以及重建的标准和重建基础为依据，方案主要涉及经济、社会、环境三个方面。需要统筹规划城乡居民住房、基础设施、公共服务设施、生态系统、产业发展等内容，同时需要考虑短期与长期的发展，来降低或消除突发事件的影响，恢复正常的社会秩序。

其中，经济方面包括扶持政策的提出以及产业结构调整与生产力布局；社会方面包括城乡居民住房、基础设施、公共服务设施的恢复与重建，以及心理干预；环境方面包括废墟清理与废物管理以及生态系统的恢复与重建。

9.2.1 扶持政策的提出

在突发事件后的修复与重建阶段，需要相应的财政、税收、产业等方面的政策支撑，来保障各项修复与重建任务的有效开展。图 9–6 描述本过程的依据、工具与技术、结果，图 9–7 是本过程的数据流向图。

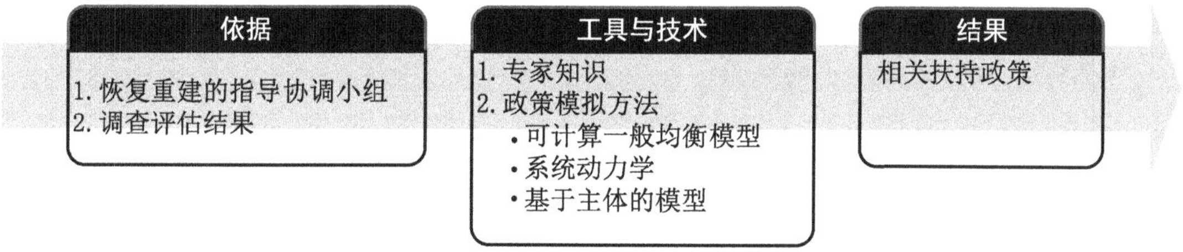

图 9–6 扶持政策的提出的依据、工具与技术、结果

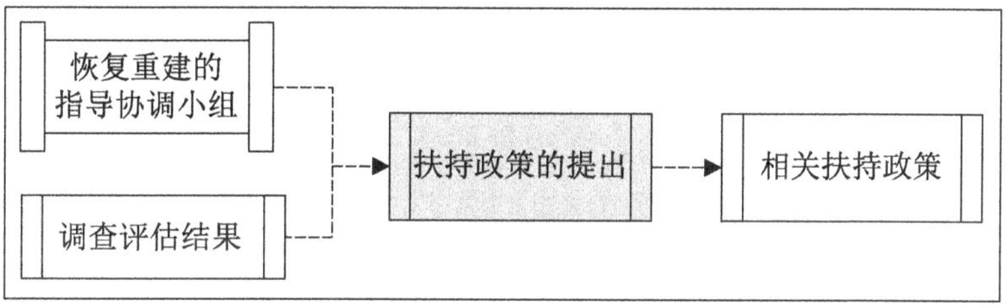

图 9–7 扶持政策的提出：数据流向

9.2.1.1 扶持政策的提出的依据

（1）恢复重建的指导协调小组

恢复重建的指导协调小组领导并参与提出扶持政策。

（2）调查评估结果

基于调查评估结果，了解突发事件带来的损失情况，以便针对性地提出扶持政策。

9.2.1.2 工具与技术

（1）专家知识

根据专家经验和知识为制定扶持政策提供决策支持。

（2）政策模拟方法

政策模拟方法包括可计算一般均衡模型（Computable General Equilibrium，CGE）、系统动力学理论、基于主体的建模（Agent-Based Modeling，ABM）等。

可计算一般均衡模型：通过构建 CGE 模型，研究政策对地区福利、产业发展等的影响。

系统动力学（System Dynamics，SD）：由美国麻省理工学院福瑞斯特（J.W.Forrester）于 1956 年创立。在智慧应急恢复与重建阶段，可以建立包含多种因素的系统，并建立因素之间的动态反馈关系，利用系统动力学方法来对政策实施情况进行模拟仿真。

基于主体的模型：它是一种微观的模型，能够模拟突发事件影响下主体的行为和交互，以评估其对系统的影响。通过构建仿真框架，研究恢复与重建政策的模拟效果。

9.2.1.3　扶持政策提出的结果

相关扶持政策

根据受突发事件影响区域的现状以及恢复与重建任务，制定相关财政政策、税收政策、金融政策、保险政策等，保障恢复与重建任务的实施，加快消除突发事件的负面影响。

财政政策：受突发事件影响地区的政府要通过调整支出结构集中财力用于突发事件后的恢复与重建，统筹优化财政资金使用，发挥财政资金的杠杆作用，吸引更多社会资金参与重建，引导社会捐赠资金在规划框架下认建或承建恢复与重建项目。积极支持符合条件的恢复与重建项目借用国外贷款，引导国际组织无偿援助项目向灾后恢复与重建项目倾斜。此外，相关政策还可以考虑以资金补助和贷款贴息等方式对农产品批发市场、农贸市场、物流配送中心、重要商品储备库等流通基础设施恢复与重建重点项目、保障群众基本生活和恢复工农业生产条件的项目予以支持，并向少数民族地区和边远山区倾斜。

税收政策：根据现实情况，考虑减轻受影响地区的企业税收负担。

金融政策：包括金融机构优先安排受突发事件影响地区的重建信贷资金，在信贷规模上向这些地区倾斜。加强再贷款、再贴现限额调剂力度。支持金融机构加大对恢复与重建的信贷投放。探索发行社会效应债券或项目收益票据等创新型品种，支持受影响地区的企业申请首次公开发行股票和上市公司再融资。

保险政策：包括完善应对突发灾害的保险支持体系，对受影响地区的城乡居民住房地震保险、农业保险实施财政补贴政策。支持保险机构创新产品，满足恢复重建、当地企业和居民的多层次保险需求。鼓励保险资金投资恢复与重建项目。建立绿色理赔通道，简化理赔程序，做到保险赔款应赔、尽赔、快赔。加强保险宣传教育，提高社会公众保险意识。

产业扶持政策：包括支持受突发事件影响地区的产业发展，以及相关基础设施和公共服务设施建设；鼓励淘汰高耗能、高污染类企业等。

就业和社会保障政策：包括扩大就业援助范围和公益性岗位认定范围，按规定给予社会保险补贴和岗位补贴。针对就业困难人员，受影响地区的劳务人员，因灾暂时失去工作岗位的职工，因灾停产、歇业期间或生产经营受到严重影响的企业等进行补贴或实施相关扶持政策。

城乡住房重建政策：包括对因住房毁损导致无房可住的居民给予适当补助，根据房屋破坏程度对因灾受损住房维修加固实行分档补助等。

9.2.2 产业结构调整与生产力布局

产业发展会受到突发事件的影响，因此，在恢复与重建阶段需要进行产业结构调整和生产力布局。需要综合考虑资源环境承载力以及区域建设的需要，坚持因地制宜、以人为本、尊重自然，合理安排原地恢复、原地重建与异地新建，实现经济社会的全面可持续发展。图 9–8 描述本过程的依据、工具与技术、结果，图 9–9 是本过程的数据流向图。

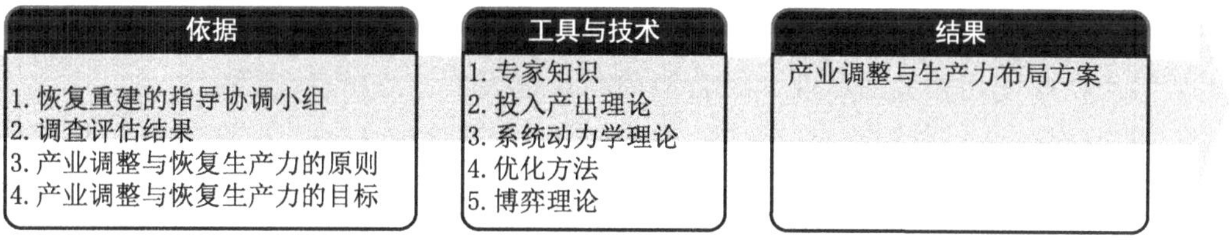

图 9–8 产业结构调整与生产力布局的依据、工具与技术、结果

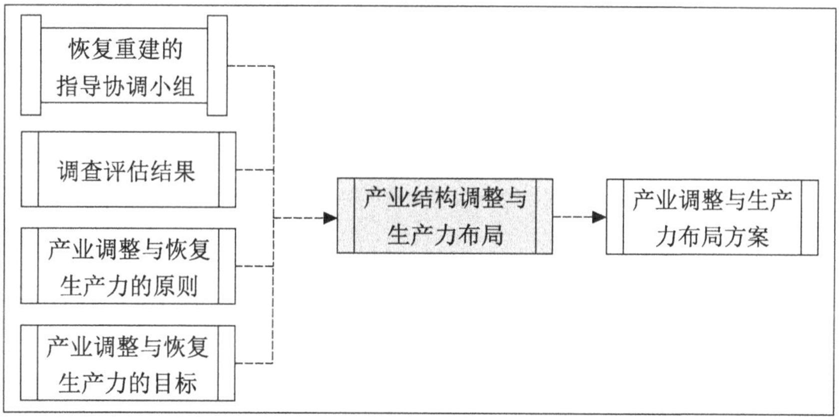

图 9–9 产业结构调整与生产力布局：数据流向

9.2.2.1 产业结构调整与生产力布局的依据

（1）恢复重建的指导协调小组

恢复重建的指导协调小组领导并参与产业结构调整与生产力布局。

（2）调查评估结果

结合恢复与重建初期阶段的调查评估内容，了解受突发事件影响地区的资源分布、经济基础、环境容量等，以及突发事件前后该地区的产业结构、分布情况以及发展状态。

（3）产业调整与恢复生产力的原则

① 科学规划与产业协调相结合。充分考虑地质地理条件和环境承载能力，科学布局，稳步实施。统筹协调农业、工业、旅游业和文化产业之间的关系，处理好产业发展与生态环境保护之间的关系，尊重民族文化传统。

② 因地制宜与突出重点相结合。根据资源环境承载条件和产业政策，注重发挥优势，合理确定不同区域的重建强度与产业发展方向。

③ 恢复与重建和优化提升相结合。恢复与重建要坚持高标准、高起点，优化生产力布局，引导产业集聚发展。用技术改造提升传统产业，做强势产业，坚决淘汰高耗能、高污染和落后生产能力，按照循环经济的理念，推动发展方式转变，推进受影响地区资源节约型和环境友好型社会建设。

④ 产业发展与增加就业相结合。高度重视并优先恢复重建与解决人民就业和恢复生活生产秩序密切相关的产业，结合当前与长远发展，维护社会稳定。

⑤ 市场主导与扩大开放相结合。要坚持市场化改革方向，解放思想、开拓创新，结合市场运作、政府引导与社会参与，以企业为主体，坚持自力更生的同时，扩大对内对外开放，重视发挥国内外大企业集团在恢复与重建中的作用。

（4）产业调整与恢复生产力的目标

结合地区的资源承载力、经济基础、产业政策、就业需要等，设定产业调整后的经济目标和节能减排目标等。

9.2.2.2　工具与技术

（1）专家知识

利用专家知识和经验为调整产业结构和生产力布局提供决策支持。

（2）投入产出理论

通过编制棋盘式的投入产出表，建立模拟现实经济数学模型，定量分析各产业间的联系，并探讨产业结构调整方向。

（3）系统动力学理论

区域产业结构中的众多因素相互关联、相互作用构成了复杂的系统，同时又受到其他因素的影响，可以利用系统动力学方法构建模型并进行仿真模拟，对产业结构进行优化调整。

（4）优化方法

由于经济社会系统比较复杂，在进行产业结构优化时通常需要考虑经济、资源与环境等目标。因此，可以利用多目标优化模型，同时结合实际情况，考虑资金、资源、劳动力供给等约束，对产业结构进行优化。

（5）博弈理论

基于博弈理论，针对产业结构调整，分析不同层级政府间、政府与投资者间的决策关系。

9.2.2.3　产业结构调整与生产力布局的结果

产业调整与生产力布局方案

方案包含各产业恢复与重建目标、重点发展内容、具体实施进度安排等。

9.2.3　城乡居民住房的恢复与重建

突发事件后，需要根据调查评估结果，按照统一规划、合理布局、安全可靠、经济适用的原则，对城乡居民住房进行恢复与重建。对于可以修复的住房，进行查验鉴定与维修加固；对于需要重建的住房，需要科学选址、集约用地。图 9–10 描述本过程的依据、工具与技术、结果，图 9–11 是本过程的数据流向图。

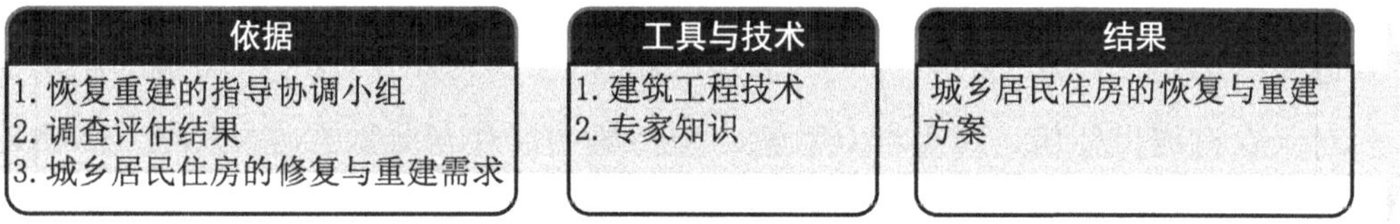

图 9–10　城乡居民住房的恢复与重建的依据、工具与技术、结果

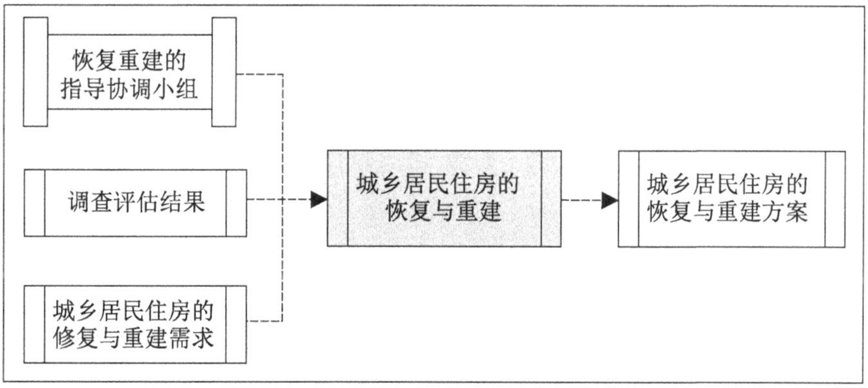

图 9–11　城乡居民住房的恢复与重建：数据流向

9.2.3.1 城乡居民住房的恢复与重建的依据

（1）恢复重建的指导协调小组

指导协调小组领导并参与城乡居民住房的恢复与重建。

（2）调查评估结果

结合恢复与重建初期阶段的调查评估内容，了解城乡居民住房的损失情况，包括受损数目、受损程度、所在区域等。

（3）城乡居民住房的修复与重建需求

分别确定城乡需要加固修复与重新建设的住房数量、规模面积、所在区域及相关配套设施等。

9.2.3.2 工具与技术

（1）建筑工程技术

该技术用于修缮或重建居民住房。

（2）专家知识

利用专家知识与经验指导居民住房的恢复与重建工作。

9.2.3.3 城乡居民住房的恢复与重建的结果

城乡居民住房的恢复与重建方案

城乡居民住房的恢复与重建方案包括城乡住房重建方式、规模、建造工期与年度计划进度等。

对于农村居民住房，尊重群众意愿，坚持集中居住与分散居住相结合；严格建筑要求，重建设计需要符合现行建筑技术规范和抗震设防的要求，并利用自然条件和生态优势，突出地域特色和民族风貌，建设绿色乡村和生态家园。

对于城镇居民住房，根据规划布局和群众意愿，统筹住房建设，可以通过建设经济适用房、廉租房等方式解决受突发事件影响的群众的住房问题。新建的居民小区要配备相应的基础设施与服务功能。住房建设推广应使用安全节能环保新材料和新技术。

9.2.4 基础设施的恢复与重建

依据《“十四五”国家应急体系规划》，在恢复与重建阶段，需要考虑对受影响地区的交通、能源、水利、通信等基础设施的恢复与重建，尽快恢复社会生活秩序。各类基础设施的恢复与重建，要把恢复功能放在首位，根据地质地理条件和城乡分布合理调整布局，与当地经济社会发展规划、城乡建设规划、土地利用规划相衔接，远近结合，合理确定建设标准，增强安全保障能力。图 9-12 描述本过程的依据、工具与技术、结果，图 9-13 是本过程的数据流向图。

图 9-12　基础设施的恢复与重建的依据、工具与技术、结果

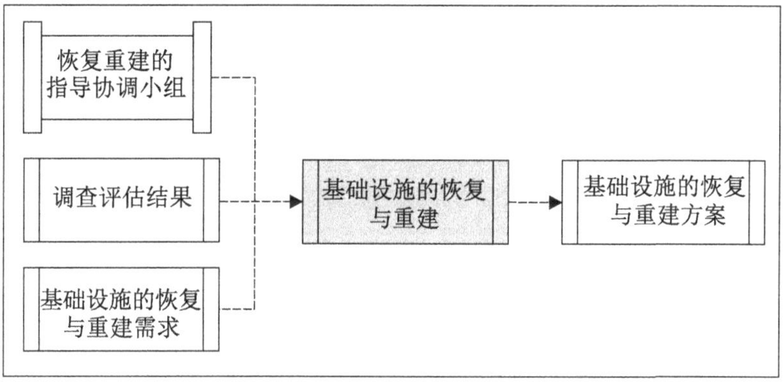

图 9-13　基础设施的恢复与重建：数据流向

9.2.4.1　基础设施的恢复与重建的依据

（1）恢复重建的指导协调小组

指导协调小组领导并参与基础设施的恢复与重建。

（2）调查评估结果

结合恢复与重建初期阶段的调查评估内容，了解各类基础设施的损失情况，包括受损程度、所在区域等。

（3）基础设施的恢复与重建需求

基础设施的恢复与重建需求主要包括交通、通信和邮政、能源、水利等设施的恢复与重建。

交通设施的恢复与重建，首先，需要仔细排查并恢复既有功能，对损毁中断的道路按照“先通后畅”的原则，全力组织抢修国道、省道、主要干线公路、农村公路，以及通往重要工矿企业、林区的专用道路和受损的民航设施；其次，对危桥和山区特殊路段的护坡要重点进行检查和维护，迅速开展重点路段和桥梁的恢复与重建，确保主要交通干线公路安全畅通。

通信和邮政设施的恢复与重建，需要加强通信干线网的恢复与重建，修复基站设备及受损光缆等，做好公众通信网和应急通信能力建设，并且恢复与重建邮政设施。

能源设施的恢复与重建，需要恢复受损电网设施以及油气管网设施等。

水利设施的恢复与重建，需要统筹考虑防洪安全、饮水安全、恢复生产等需求。重点做好水库工程、堰塞湖及河道淤堵处理工程、堤防工程和乡村供水设施、灌排水利设施、水文水资源设施等的恢复与重建。

市政公用设施的恢复与重建，需要符合调整后的城镇总体规划，恢复与重建城镇供水、排水、燃气、避难场所等设施，并推进农村基础设施建设。

9.2.4.2　工具与技术

（1）专家知识

将专家经验与现实情况相结合，为基础设施的恢复与重建提供决策支持。

（2）工程技术

工程技术包括恢复与重建基础设施电力技术、通信技术等。

9.2.4.3　基础设施的恢复与重建的结果

基础设施的恢复与重建方案

基础设施的恢复与重建方案包括各项建设任务的内容、地点、优先级、实施人员、实施时长等。

9.2.5　公共服务设施的恢复与重建

在突发事件发生后，需要对教育、卫生、文化体育等公共服务进行恢复与重建，来维持社会秩序。图 9–14 描述本过程的依据、工具与技术、结果，图 9–15 是本过程的数据流向图。

图 9–14　公共服务设施的恢复与重建的依据、工具与技术、结果

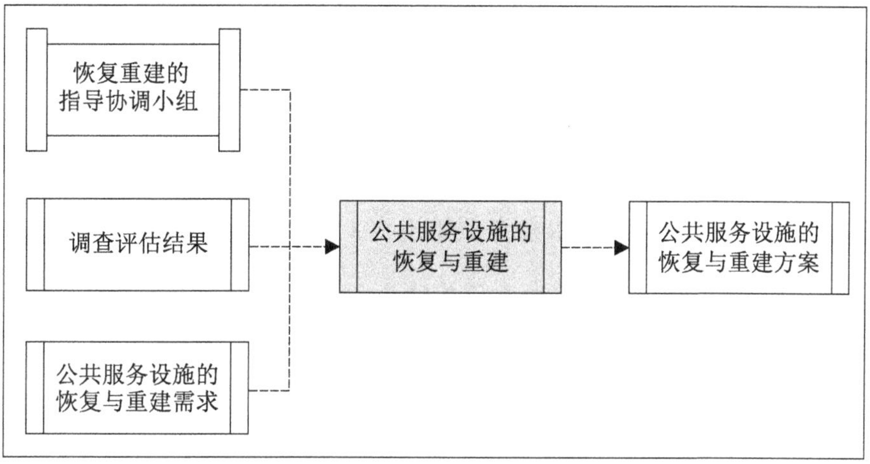

图 9-15 公共服务设施的恢复与重建：数据流向

9.2.5.1 公共服务设施的恢复与重建的依据

（1）恢复重建的指导协调小组

指导协调小组领导并参与公共服务设施的恢复与重建。

（2）调查评估结果

结合恢复与重建初期阶段的调查评估内容，了解各类公共服务设施的损失情况，包括受损程度、所在区域等。

（3）公共服务设施的恢复与重建需求

关于公共服务设施，优先安排学校、医院等的恢复与重建。根据受影响地区总体区域规划的变动,合理调整教育资源布局。恢复与重建妇幼保健站、疾病预防控制中心、社区卫生服务中心等服务设施，补充配置因灾受损的医疗卫生设备，充实医疗卫生机构专业人才队伍，可利用其他地区医疗资源对受影响地区进行对口支援。

完善文化体育设施。恢复与重建受损的公共文化广场、群众健身设施等。修复受损文物，加强非物质文化遗产保护。恢复与重建广播电台、电视台等设施。

社会管理。恢复与重建受损的行政机关、政法机构、监督监管机构的办公业务用房及村级综合服务设施。严格按照国家相关建设标准建设，同级同类机构的用房和设施尽可能整合资源，集中建设，共建共享，厉行节约。

提高就业和社会保障能力。建立健全公共就业和社会保障服务体系，提供就业和社会保障服务。恢复与重建福利院、敬老院、残疾人综合服务设施、殡葬服务设施等，增强各类社会福利、社会救助和优抚安置服务能力。

9.2.5.2　工具与技术

（1）专家知识

将专家经验与现实情况相结合，为公共服务设施的恢复与重建提供决策支持。

（2）工程技术

工程技术包括恢复与重建公共服务设施土木工程技术、建筑工程技术等。

9.2.5.3　公共服务设施的恢复与重建的结果

公共服务设施的恢复与重建方案

公共服务设施的恢复与重建方案包括建设内容、地点、优先级、实施人员、实施时长等。

9.2.6　心理干预

突发事件不仅会给公众带来生命和财产的损失，还可能会给一定数量的人造成负面的心理影响。因此，需要采取相应的心理干预措施，让受突发事件影响的公众从精神上恢复健康，提高应激能力。图 9–16 描述本过程的依据、工具与技术、结果，图 9–17 是本过程的数据流向图。

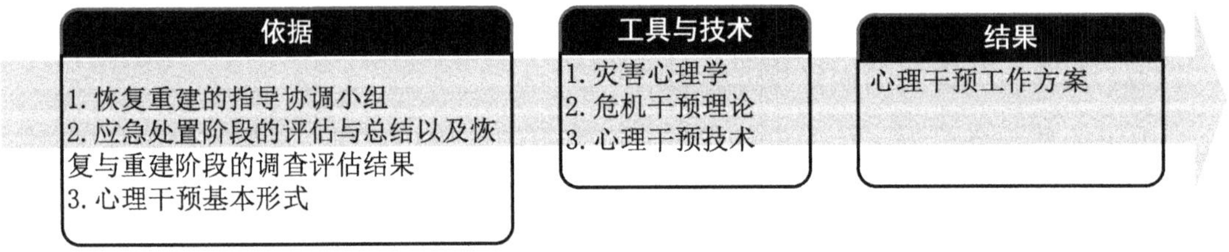

图 9–16　心理干预的依据、工具与技术、结果

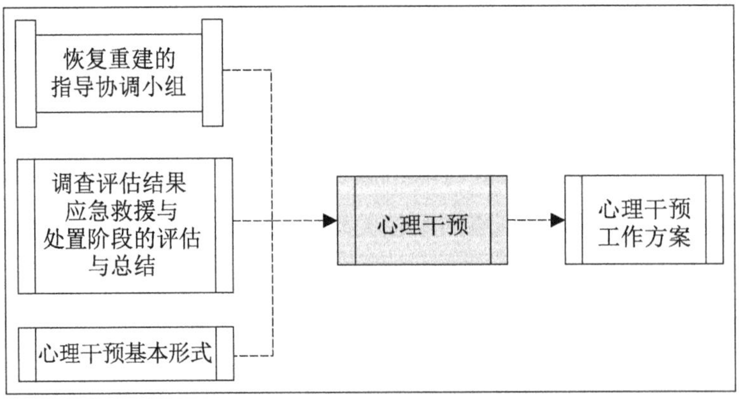

图 9–17　心理干预：数据流向

9.2.6.1 心理干预的依据

（1）恢复重建的指导协调小组

指导协调小组领导并组织心理救援医疗队开展心理干预工作。心理救援医疗队主要以精神科医生为主，心理治疗师、心理咨询师、精神科护士、社会工作者和心理援助热线队伍为辅。心理援助热线队伍以接受过心理热线培训的心理健康工作者和有突发公共事件心理危机干预经验的志愿者为主。在上岗之前，应当接受心理援助培训，并组织专家对热线人员提供督导。

（2）应急处置阶段的评估与总结以及恢复与重建阶段的调查评估结果

基于应急救援与处置阶段的评估总结结果，根据恢复与重建阶段的评估情况，明确心理干预工作的进度以及心理救助队伍、目标人群分类及数量等基本情况。

（3）心理干预基本形式

针对普通人群采用心理危机管理技术开展心理危机管理，主要包括：①利用大众媒体宣传心理应激和心理健康知识，宣传应对突发事件的有效方法。②建立社区心理社会互助网络。

重点人群是指目标人群中经过评估有严重应激症状的人群。对重点人群采用稳定情绪、放松训练、心理辅导技术开展心理危机救助。①稳定情绪。其主要方法包括以理解的心态接触重点人群，给予倾听和理解，并做适度回应，不要将自身的想法强加给对方；增强其安全感，减少重点人群对当前和今后的不确定感，使其情绪稳定；适度的情绪释放，运用语言及行为上的支持，帮助重点人群适当释放情绪，使其心情平静；释疑解惑，对于重点人群提出的问题给予关注、解释及确认，减轻疑惑；提供实际协助，给重点人群提供实际的帮助，协助重点人群接受因突发事件改变的生活环境及状态，尽可能地协助重点人群解决面临的困难；重建支持系统，帮助重点人群与主要的支持者或其他的支持来源（包括家庭成员、朋友、社区的帮助资源等）建立联系，获得帮助；提供心理健康教育，即提供突发事件后常见心理问题的识别与应对知识，帮助重点人群积极应对，恢复正常生活；联系其他服务部门帮助重点人群联系可能得到的其他部门的服务。②放松训练。主要包括呼吸放松、肌肉放松、想象放松。分离反应明显者不适合学习放松技术。分离反应表现为对过去的记忆、对身份的觉察、即刻的感觉乃至身体运动控制之间的正常的整合出现部分或完全丧失。③心理辅导。通过交谈来减轻突发事件对重点人群造成精神伤害的方法，个别或者集体进行，自愿参加。开展集体心理辅导时，应按不同的人群分组进行，如住院轻伤员、医护人员、救援人员等。

9.2.6.2　工具与技术

（1）灾害心理学：灾害心理学的概念是由心理学家雷耶斯（Reyes）和吉莉安·雅各布斯（Gillian Jacobs）在 2006 年提出的，主要关注受到灾害影响的人们的心理健康和心理社会需求问题。

（2）危机干预理论：包括精神分析理论、适应理论、人际关系理论、系统理论。第一，精神分析理论是通过对个体无意识和过去情绪经历的理解，帮助求助者理解其行为的动力和原因。第二，适应理论是指适应性不良行为、消极的思想和损害性的防御机制对个体的危机起维持的作用。它假设当适应性不良行为改变为适应性行为时，危机就会消退。第三，人际关系理论是指如果人们相信自己，相信别人，并且具有自我实现和战胜危机的信心，那么个人的危机就不会持续很长时间。其对危机和危机干预的理解在于，它认为一个人的控制权的外失与他的危机会持续相等的时间。这种情况的目的在于将自我评价的权利交回自己的手中。第四，系统理论注意的焦点不是强调处于危机中的个体的内部反应，而是关注人与人、人与事件之间的相互关系和相互影响。它常涉及一个情绪系统、一个沟通系统及一个需要满足系统，且所有属于系统的成员都对别人产生影响，也被别人影响。其最大的突破在于不仅仅从当事人的线性因果关系角度来考察危机，还从社会和环境的范畴来考察。

（3）心理干预技术：是在心理学理论指导下有计划、按步骤地对一定对象的心理活动、个性特征或心理问题施加影响，使之发生朝向预期目标变化的过程。其中贝尔金等提出了三种基本的心理危机干预模式，即平衡模式、认知模式和心理转变模式。平衡模式的目的在于帮助人们重新获得危机前的平衡状态，适合于早期干预；认知模式认为危机源于对生活困难和创伤的错误思维和信念，通过改变思维方式、改变非理性的认知和自我否定，使得人们获得对自己生活中危机的控制；心理转变模式是引导人们从心理、社会和环境三个范畴来寻找策略。

9.2.6.3　心理干预的结果

心理干预工作方案

根据目标人群范围、数量以及心理危机干预人员数量，安排工作，制定工作时间表，针对不同的人群确定相应的心理干预方法，并利用大众媒体向群众宣传心理应激和心理健康知识。

9.2.7　废墟清理与废物管理

一些突发事件会导致废墟或者大量废物产生，对环境和人体健康造成影响，因此，在恢复与重建阶段，需要立足当前，兼顾长远，依法、有序地清理废墟和管理废物。

根据分类，废物主要包括传染性废物、危险废物、一般废物及建筑废物等。传染性废物主要包括禽畜尸体、医疗废物、被尸体污染的废物等。危险废物主要是工业区内的工业危险废物，如铬渣、废酸、废碱、有机溶剂、化工残渣残液、被污染的化工原料等。此外，还有社会源危险废物，如石棉、铅酸蓄电池、清洁剂、杀虫剂、除草剂、油漆、油类（如加油站的油品）等。一般废物包括一般工业固体废物等。建筑废物主要包括砖瓦、钢筋混凝土构件、玻璃、木材、沥青、各类金属（钢铁、铜、铝等）、塑料、橡胶制品（如门窗、管道）、绝缘材料（玻璃纤维、泡沫塑料等），并杂有各种生活用品、家具灯具、家电、电线电缆、衣物等。

图 9–18 描述本过程的依据、工具与技术、结果，图 9–19 是本过程的数据流向图。

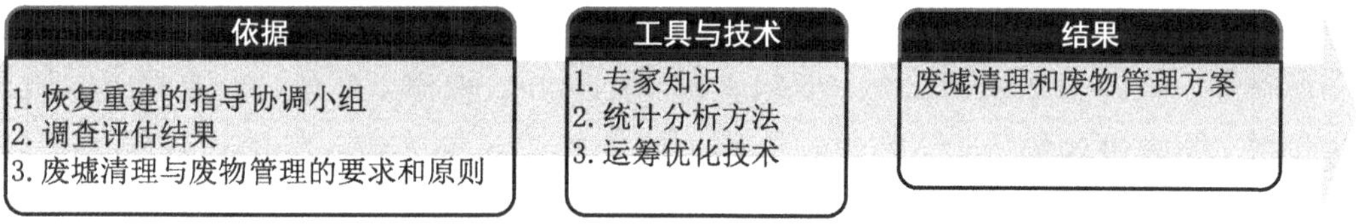

图 9–18　废墟清理与废物管理的依据、工具与技术、结果

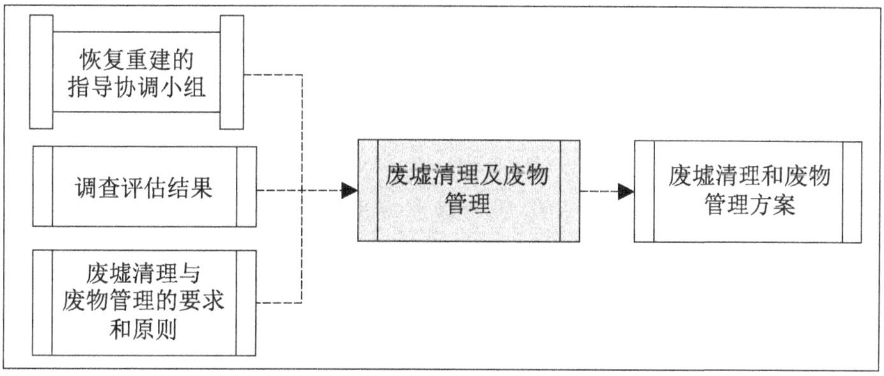

图 9–19　废物清理与废物管理：数据流向

9.2.7.1　废墟清理与废物管理的依据

（1）恢复重建的指导协调小组

指导协调小组领导并参与废墟清理及废物管理。

（2）调查评估结果

调查评估结果包括废墟及废物的基本情况和可利用的进行废物管理的资源。

废墟及废物的基本情况：统计各类废物的分布、种类、数量。根据灾害范围内各类建筑的分布概况、数量、损坏情况，估测建筑废物产生量。根据灾害范围内生活垃圾清运、处置设施的分布概况、数量和损坏情况，结合灾后重建和救援过程中产生的生活垃圾，估测生活垃圾产生量。根据有关经济统计数据或环境统计数据，分析估测一般工业固体废物的产生量。可能产生危险废物的有生产、使用、销售危险化学品及农药的工商业单位（如化工、农药、电镀、有色冶金、制药等企业及相关流通、使用单位），以及医疗机构、加油站等企事业单位；根据有关经济（或商业）统计数据、环境统计数据，灾区内工业企业产业结构和生产规模、受损情况，以及危险废物和医疗废物处置设施可能残存的危险废物量，估算危险废物产生量。

可利用的进行废物管理的资源：包括专业的废物利用和处置设施及单位、可临时利用或处置废物设施（如工业窑炉）和单位、可能的废物利用市场等，以及相应的处理设备等，具体包括废物挖掘、收集、包装、装卸、运输、贮存、处置技术及所用包装容器、工程设备等。

（3）废墟清理与废物管理的要求和原则

① 分类清理和管理。废物混合后，将增加处理成本和环境污染的风险。因此，要尽可能实现分类清理和管理，特别是将废墟中的危险废物清理出来后分类处置，处置要求参照相关要求。②废物清理时考虑其优先级。废物管理时优先处理对人体健康和环境威胁大的废物以及环境敏感区域（如饮用水源地附近、人口聚居地）的废物，优先级为：传染性废物，危险废物和生活垃圾，一般废物，建筑废物。③注重资源化利用。如各类生活用品、电器、报废汽车、建筑废物都有可能进行循环利用。④尽可能实现减容和减量。采取切割、破碎、压缩、焚烧等措施进行废物的减容和减量，降低运输和处置成本、减小环境风险。⑤尽可能以环境无害化方式处置。⑥应急及临时处置管理。应急及临时贮存、填埋和焚烧废物，应有专人管理，确保按规定要求接收废物；记录填埋或焚烧地点，所焚烧或填埋废物类别及数量、时间（以下简称“运行记录”），并报有关环保或其他相关部门备案。应急及临时贮存处置设施要设置专门标识，向公众和废物运输者提供废物接收信息和紧急联系方式等。⑦必要的培训和指导。有关部门或单位应当对从事废墟清理的人员进行必要的有关人员防护和危险废物知识的

培训。在紧急情况下，也必须在清理前对参加清理人员交代清理要点和要求，如关于建筑废墟中石棉清理的培训。对可能产生危险废物的重点区域，应当有持危险废物经营许可证的单位或有相关经验的专业公司协助指导清理。在废墟清理过程中，发现危险废物或疑似危险废物的，应当立即通知政府指定的专业公司协助清理。⑧强化管理。清理或排查重点区域的废墟前，应做好防护措施。特别是在察觉场地有异常气味或发现不明物质时，应进行环境监测。清理过程中注意相应的安全、环保、卫生等防护措施，以及风险事故应急措施。包括在对废墟清理前，喷洒药物或石灰灭菌或控制蚊蝇。政府有关主管部门应当加强对临时处置设施的巡视、监管和指导。所有运行记录，应由当地环保或其他相关部门及时报上级环保部门备案。加强废墟清理和废物管理的过程监督，及时总结经验教训并进行后期评估。⑨在废墟清理和废物管理中注重宣传教育。如宣传废物的潜在风险以及如何防护，列明废物处理的优先等级，公示废物处置地点和联系方式等。

9.2.7.2 工具与技术

（1）专家知识

将专家经验与现实情况相结合，为废墟清理及废物管理提供决策支持。

（2）统计分析技术

利用统计方法统计各类废物的分布、种类和数量，可利用的数量以及需要处置的数量等。

（3）运筹优化技术

摸清废墟的基本情况，如各类废物的数量及分布、废墟清理的相关原则（如优先级等）和要求、可利用的运输及存储资源、道路情况等，通过建立数学规划模型，得到最优运输路线、安排废物清理任务等。

9.2.7.3 废墟清理与废物管理的结果

废墟清理和废物管理方案

废墟清理和废物管理方案包括不同种类不同区域的废物处理时间、处理方法、相关人员、临时放置场所、运输路径、处理场所、注意事项等，以及回收再利用计划等。

9.2.8 生态系统的恢复与重建

在突发事件发生后，需要采取相应的措施，消除或减少其引发的负面影响，尊重自然、顺应自然、保护自然，严守生态保护的红线。要坚持自然修复与人工治理相结合，并且以自然修复为主，使得生物措施与工程措施相结合且以生物措施为主，逐步恢复受影响区域的重要生态环境功能，促进人口、资源、环境协调发展。图 9–20 描述本过程的依据、工具与技术、结果，图 9–21 是本过程的数据流向图。

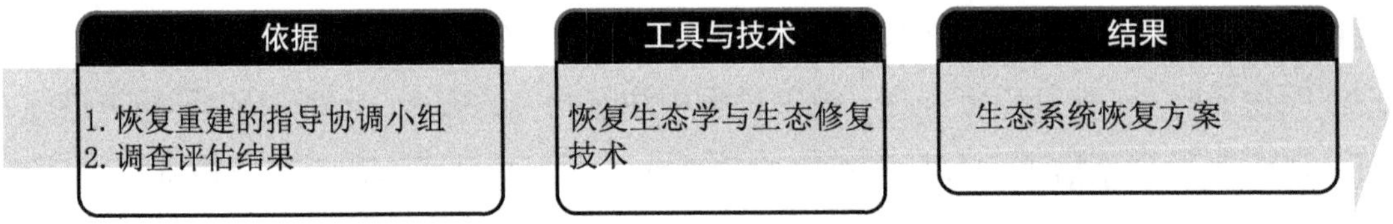

图 9–20　生态系统的恢复与重建的依据、工具与技术、结果

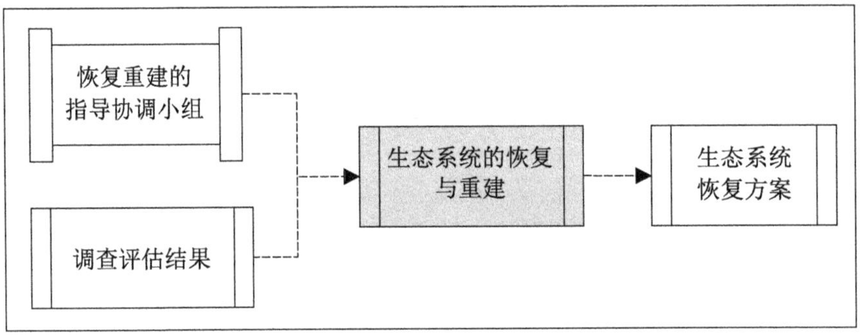

图 9–21　生态系统的恢复与重建：数据流向

9.2.8.1　生态系统的恢复与重建的依据

（1）恢复重建的指导协调小组

恢复重建的指导协调小组领导相应的政府部门、负责生态系统恢复的职能部门以及相关人员等开展生态系统的恢复与重建工作。

（2）调查评估结果

基于对突发事件后所造成影响的调查评估，了解受影响区域的生态系统的现状和历史状况，如山水林田湖草以及相应的生物物种的情况、相应的标准数据。

9.2.8.2　工具与技术

恢复生态学与生态修复技术

生态修复技术是在生态学理论的指导下，结合物理学、化学、植物学、微生物学、分子生物学、栽培学和环境工程等相关理论，以生物修复（包括微生物修复、植物修复、动物修复和酶学修复）为基础，利用各种物理修复、化学修复以及工程技术措施等，通过优化组合和技术再造来修复环境。其中具体包括生态工程技术、微生物生态修复技术、植物生态修复技术、物理生态修复技术、化学生态修复技术。

9.2.8.3 生态系统的恢复与重建的结果

生态系统恢复方案

突发事件的类型不同，对生态系统产生的影响不同。生态系统恢复主要包括林草植被、湖泊湿地以及生物多样性的恢复等，同时包括修复或增加生态环境保护设施及监测设施。

恢复受损林草植被：实施受损林地安全隐患清理，分类开展灾后林草植被恢复。对保护区外受损林地采取工程措施、人工植苗、封山育林等方式恢复林草植被。对保护区内受损珍稀动物栖息地采取生境修复、保育等措施恢复林草植被。加快景区、重点乡镇周边和主要交通沿线的林草植被恢复，合理配置原生乔木、灌木和草本植物，严防外来有害生物入侵，增强森林、草原等生态系统功能。

恢复受损湖泊湿地：在修复受损严重的核心景观湿地的基础上，坚持以自然恢复为主、工程修复为辅，恢复河湖湿地岸线植被，加强一般受损湿地管护，开展湿地水体微生境生态修复建设，提升湿地生态系统功能。

保护生物多样性：恢复自然保护区内珍稀动物栖息地，改善生存环境，扩大种群数量。

修复或增加相关生态环境保护设施：修复森林管护、森林防火、有害生物防治、林业执法等设施设备，建设林区公路、防火作业道路等基础设施，维护加固林区、自然保护区、森林公园、地质公园、风景名胜区保护设施，恢复提升受影响地区的生态保护能力。此外，加强饮用水水源地管护，修复围网围栏、警示标志等设施设备，对饮用水水源一级保护区实施封闭式管理，取缔水源保护区范围内的排污口，建立水源地预警应急机制，保障突发事件影响地区的城乡居民饮水安全。

修复或增加相关生态环境保护监测设施：布设野外监测站点，自动采集自然遗产、森林资源、野生动植物、森林防火、林业有害生物、巡山管护、旅游、水质、大气、核与辐射等图像及信息资源数据，对生态环境进行综合监测。

9.3 智慧应急恢复与重建的方案实施与调整

智慧应急恢复与重建的方案实施阶段的主要任务是在受突发事件影响区域，在恢复与重建规划的指导下，恢复与重建组织架构，充分调动和发挥各政府部门、企事业单位以及人民群众的主动性和积极性，在上级政府、对口支援省市以及广大社会力量的支持、支援和扶助下，执行恢复与重建任务、实施项目等，实现经济、社会、环境的恢复与发展。

该阶段的主要工作包括执行恢复与重建各项任务，实施相关项目与工程，并对资金、质量与进度进行监控与调整，实行动态管理，确保恢复与重建任务与项目按照相关规定与要求完成。图 9–22 描述该阶段的依据、工具与技术、结果，图 9–23 是该阶段的数据流向图。

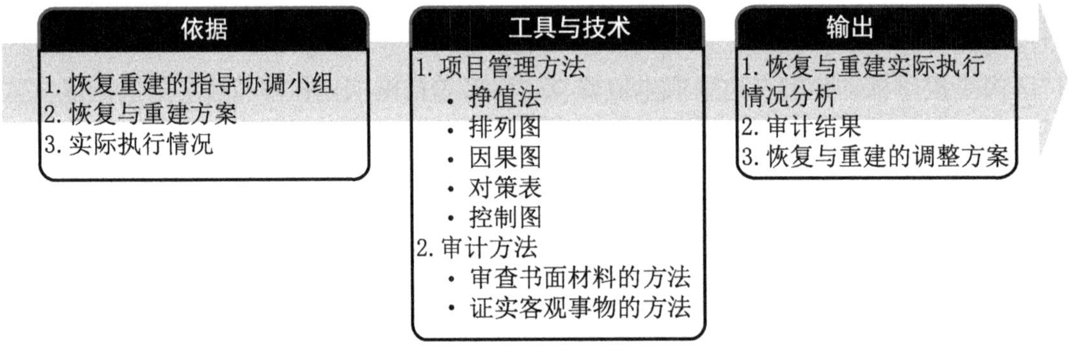

图 9–22　智慧应急恢复与重建的方案实施与调整的依据、工具与技术、结果

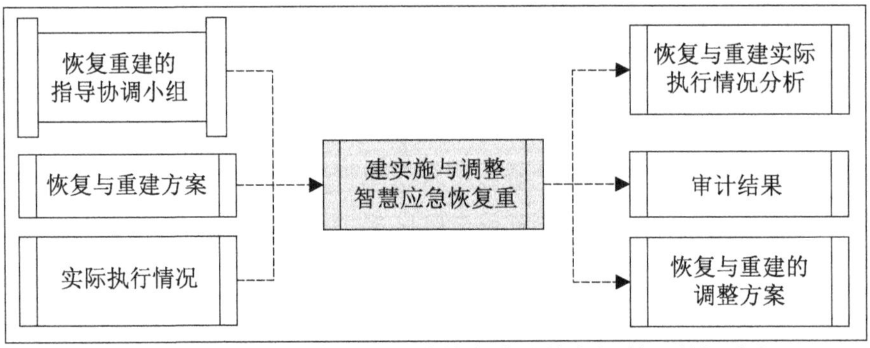

图 9–23　智慧应急恢复与重建的方案实施与调整：数据流向

9.3.1　智慧应急恢复与重建的方案实施与调整的依据

（1）恢复重建的指导协调小组

指导协调小组包括相应的政府部门、相关职能部门以及人员等。

（2）恢复与重建方案

在受突发事件影响的区域，针对经济、社会和环境方面的恢复与重建方案，具体包括政策提出、产业结构调整、废墟清理、生态系统恢复、城乡居民住房的恢复与重建、基础设施与公共服务设施的恢复与重建、心理干预等。

（3）实际执行情况

包括恢复与重建中各个任务和项目的实际执行情况，涉及资金、质量与进度等方面。

9.3.2　工具与技术

（1）项目管理方法

详见 8.4.2.1。

（2）审计方法

审计方法是指审计人员为了达到特定的审计目的，对审计对象进行检查、分析，收集证据，形成审计结论和意见的技术手段，包括审查书面资料的方法和证实客观事物的方法。其中审查书面资料的方法包括审阅法、核对法、查询法、分析法、计算法；证实客观事物的方法包括盘点法、调节法、查询及函证法、鉴定法等。

9.3.3　智慧应急恢复与重建的方案实施与调整的结果

（1）恢复与重建实际执行情况分析

面对恢复与重建的目标与规划，从资金、进度、质量等方面对各个任务和项目进行监督管理，获得实际执行情况，并分析原因、判断趋势，以便对规划进行调整。

（2）审计结果

审计人员对政府投资突发事件后恢复与重建项目全过程实施审计与监督。主要包括对资金、物资筹集、分配、拨付、使用和效果，以及恢复与重建政策的实施和落实情况全程跟踪审计，并公布审计结果，确保重建资金按照规定专款专用，不被侵占、截留或挪用，并对审计发现的重大建设质量问题依法追究责任。

（3）恢复与重建的调整方案

基于恢复与重建实施情况，对规划进行动态调整，协调人员、资源、工艺与技术、环境条件等，保障恢复与重建工作的顺利进行。

9.4　智慧应急恢复与重建的验收与总结

在该阶段，需要对恢复与重建工作进行验收与评估，并且对恢复与重建工作进行反思，总结经验与教训并将其纳入未来防灾减灾的规划中。图 9-24 描述该阶段的依据、工具与技术、结果，图 9-25 是该阶段的数据流向图。

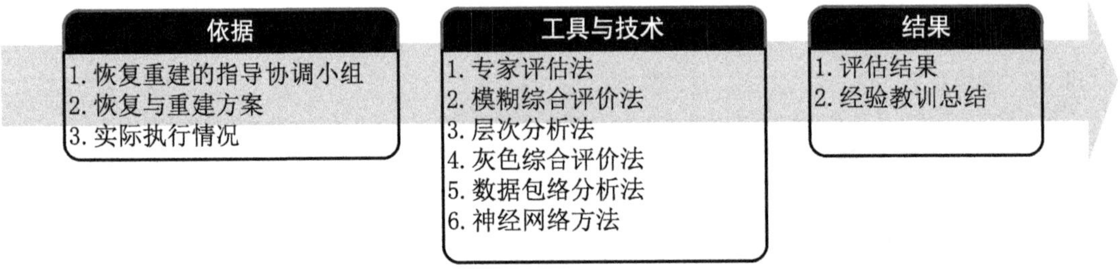

图 9-24　智慧应急恢复与重建的验收与总结阶段的依据、工具与技术、结果

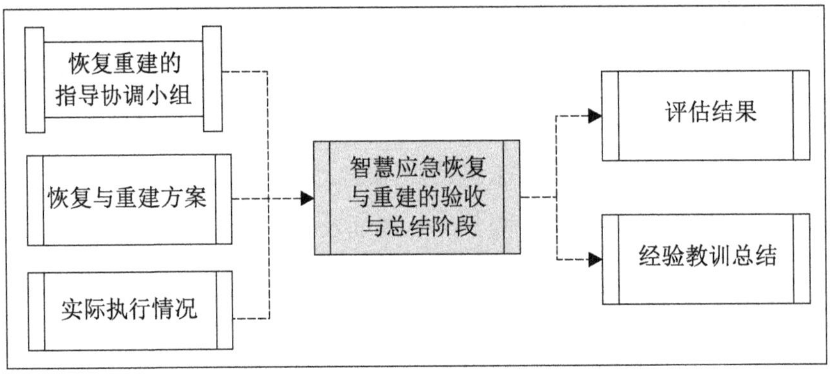

图 9-25　智慧应急恢复与重建的验收与总结阶段：数据流向

智慧应急恢复与重建的验收与总结场景分析：首先，选择恢复重建指导协调小组、恢复与重建方案、实际执行情况作为依据；其次，基于专家评估法、模糊综合评价法等，收集恢复与重建实际数据信息，进行验收；最后，基于验收结果，形成评估结果和经验教训。

9.4.1　智慧应急恢复与重建的验收与总结的依据

（1）恢复重建的指导协调小组

包括相应的政府部门、相关职能部门以及人员等。

（2）恢复与重建方案

在受突发事件影响的区域，针对经济、社会和环境方面的恢复与重建规划，具体包括政策提出、产业结构调整、废墟清理、生态系统恢复、城乡居民住房恢复与重建、基础设施与公共服务设施恢复与重建、心理干预等。

（3）实际执行情况

包括恢复与重建中各个任务和项目的实际执行情况，涉及资金、质量与进度等方面。

9.4.2　工具与技术

评估方法包括专家评估法、模糊综合评价法、层次分析法、灰色综合评价法、数据包络分析法、神经网络分析法等，详见 8.5.2。

9.4.3　智慧应急恢复与重建的验收与总结阶段的结果

（1）评估结果

形成对恢复与重建各项任务的评估结果。

（2）经验教训总结

恢复与重建后，应急管理部门及相关部门应及时反思，总结经验教训，制定与更新防灾减灾方案。

9.5　智慧应急恢复与重建之智慧

智慧应急恢复与重建旨在通过“感知数据——交互信息——洞察分析——决策行动”智慧过程，感知多元应急恢复与重建场景的多源异构数据，构建感知多元应急恢复与重建场景数据，再通过数据的清洗、存储等，形成数据信息，进而结合多元应急恢复与重建场景业务流，最终形成可供智能决策的智慧应急场景管理的知识。

第 10 章　智慧应急场景管理之“三制”

智慧应急场景管理之“三制”包括智慧应急管理体制、机制和法制，是智慧应急场景管理“一案三制”的重要组成部分，是构建自然灾害、安全生产、疫情防控、城市安全数字应急管理大生态的组织基础，也是实现对自然灾害、安全生产、疫情防控、城市安全开展智慧应急场景管理的重要保证。

智慧应急场景管理中的“三制”贯穿智慧应急场景管理的各个过程，针对过程组中的各类应急活动，开展体制、机制和法制的识别、定义、整合、计划、统一和协调工作。智慧应急场景管理之“三制”概述见图 10-1。

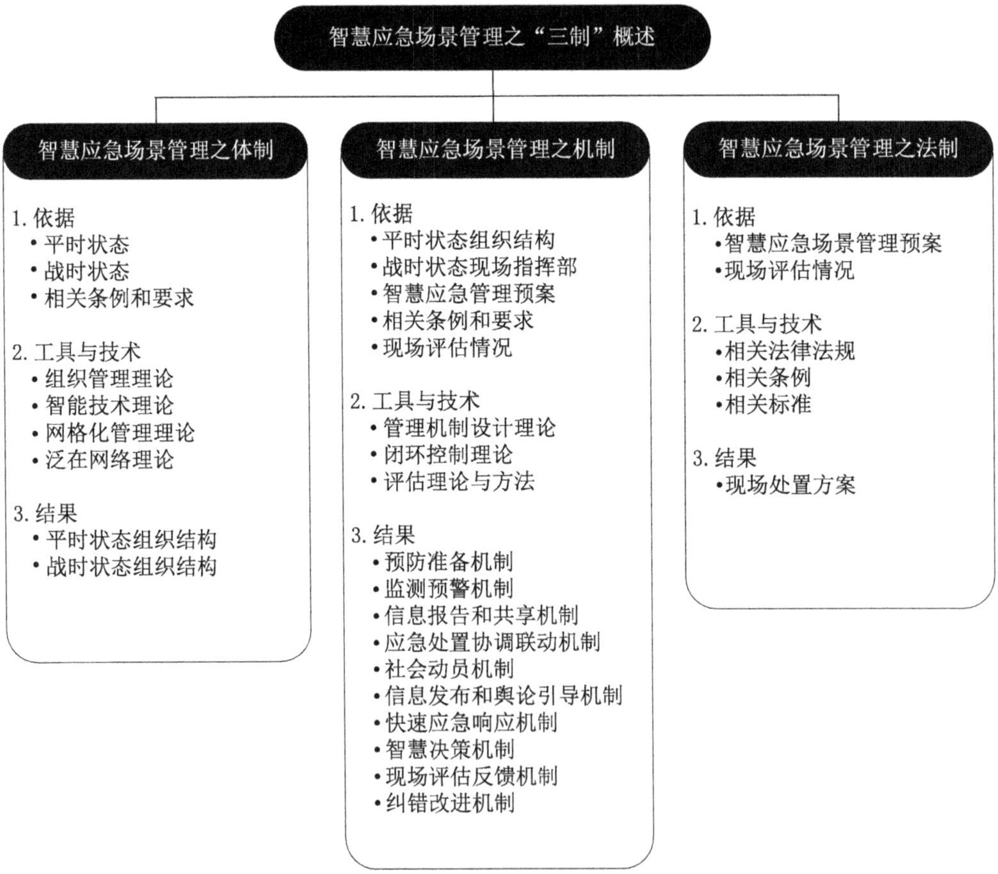

图 10-1　智慧应急场景管理之“三制”概述

10.1 智慧应急场景管理之体制

根据《辞海》的定义，“体制”是国家机关、企事业单位在机构设置、领导隶属关系和管理权限划分等方面的体系、制度、方法、形式等的总称。《现代汉语词典》对“体制”一词的定义是“国家、国家机关、企业、事业单位等的组织制度”。据此，体制是特定主体内部的组织制度。“管理体制”是政府的机构设置、职能配置、与职能相应的事务管理制度及权力运行机制的总称。管理体制是由机构、职能与运行机制等要素构成的。因此，根据智慧应急管理体制的上述两个上位概念的基本含义，可将其界定为由应急性机构、应急性权力与应急性机制三个组织要素，并结合智能化、数字化工具技术所形成的制度体系。

智慧应急场景管理之体制是为保障公共安全，有效预防和应对突发事件，避免、减少和减轻突发事件造成的危害，消除其对社会产生的负面影响，结合物联网、云计算、大数据、人工智能、机器深度学习、区块链、5G 通信等数字化、网络化、智能化技术建立起来的以政府为核心的有机体制，其主要构成要素为应急管理相关机构的组织结构。图 10–2 描述该阶段的依据、工具与技术、结果，图 10–3 是该阶段的数据流向图。

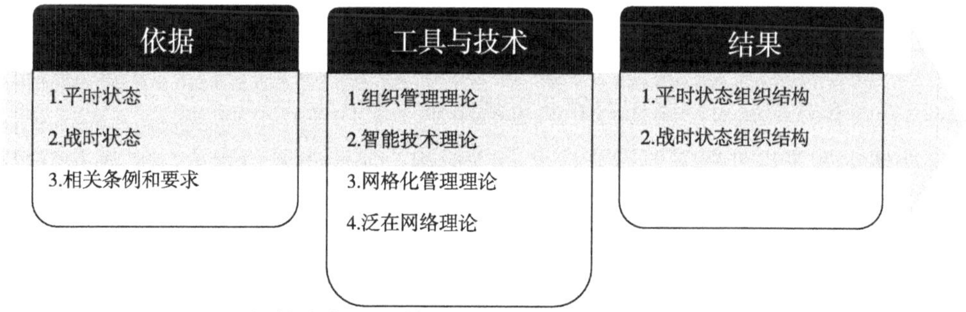

图 10–2 智慧应急场景管理之体制的依据、工具与技术、结果

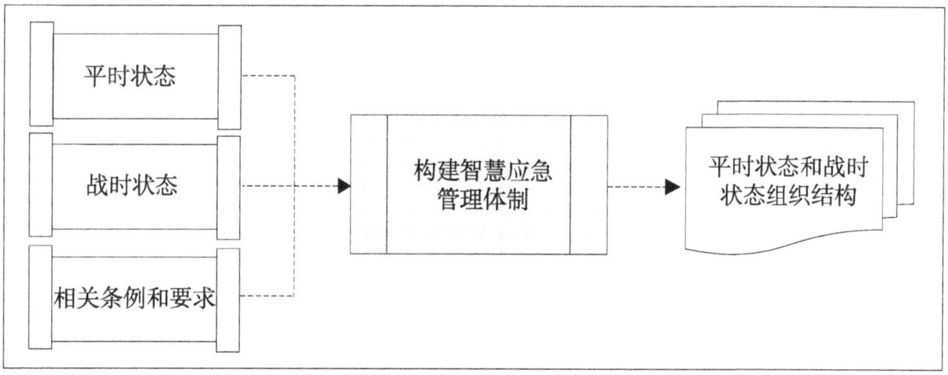

图 10–3 智慧应急管理之体制：数据流向

根据突发事件发生的时间，可以将智慧应急管理体系的运行状态划分为两种：平时状态和战时状态。在评估平时状态和战时状态后，依据智慧应急预案、相关条例要求和智能化技术工具，构建应对平时状态和战时状态的组织机构，并依据平时状态和战时状态的变化进行及时转换。

10.1.1 智慧应急场景管理之体制的依据

10.1.1.1 平时状态

在未有突发事件发生的“和平时期”，智慧应急管理体系需要做好保障准备工作，其中包括建立应急预案、建设信息化应急管理体系、针对应急预案进行演练、组织实施培训以提高安全保障度、协调各种资源进行日常的防范处理准备等。通过智慧应急数据中心，随时收集和监测可能存在的突发事件影响因素，对突发事件进行预测和预警是平时状态的另外一项日常性的工作。

10.1.1.2 战时状态

在突发事件最终暴发的时候，系统即进入战时状态。此时，应立即启动相应的评估和决策系统，尽快做出决策，调整并启动相应的应急预案，根据预案的要求调集各种资源，协调各个部门进行事件的处置。战时状态下的应急指挥机构是智慧应急预案的重点内容，在智慧应急预案中对其职责规定有以下几点。

① 按照突发事件处置需要设立应急指挥机构，明确主要负责人、组成人员及相应的职权。

② 应急指挥机构涉及的部门（单位）及其相应的职权和义务。

③ 以突发事件应急响应过程为主线，明确突发事件发生、报告、响应、结束、善后处置等环节的主管与协作联动部门；以应急准备及保障机构为支线，明确参与部门的职责。

在平时和战时两种不同的状态下其组织结构将发生变化，随之项目中的人员责任矩阵也将发生相应的变化。在组织结构和人员职责发生变化时相关信息应该及时、准确无误地传递到各组织单元和个体。这样就需要结合智能化技术工具和信息化平台对切换结构、切换时机的决策判断、由战时状态返回平时状态的退出机制等进行优化。

10.1.1.3 相关条例和要求

《中华人民共和国突发事件应对法》《中华人民共和国安全生产法》《中华人民共

和国防震减灾法》《中华人民共和国道路交通安全法》等对应急管理组织平时和战时状态的职责做出了规定。在突发事件发生后根据需要成立应急指挥机构，实行智慧应急管理的平战转换，负责指挥协调应急管理的准备、响应和恢复。

10.1.2 工具与技术

10.1.2.1 组织管理理论

组织管理理论是研究管理组织结构、职能和原则的理论，其产生于 19 世纪末 20 世纪初，至今经历了三个发展阶段。

① 古典管理理论。形成于 19 世纪末 20 世纪初，其代表人物有美国的 F.W. 泰勒、法国的 H. 法约尔和德国的 M. 韦伯等人。其前期，泰勒等人重点探讨了组织内企业管理理论；后期，以韦伯为代表的管理理论者重点探讨了组织内部的行政管理。该阶段理论的基础是“经济人”理论，他们认为人们工作是为了追求最大的经济利益以满足自己的基本需求。为了满足人们工作上的经济利益，他们提出科学管理方法以追求组织的生产效率和合理化，并制定了一套标准化的原则来指导和控制组织及成员的活动。

② 行为科学理论。产生于 20 世纪 30 年代初，其代表人物有美国的 G.E. 梅奥、F. 赫茨伯格等人。他们认为人是有多种需要的“社会人”，满足人的多种需要，在组织内建立良好的人际关系是提高组织效率的根本手段。该阶段的理论重点研究了组织中的非正式组织、人际关系、人的个性和需要等。

③ 现代组织管理理论。产生于 20 世纪中叶，学派甚多，主要有以美国 C.I. 巴纳德为代表的社会系统论，以 H.A. 西蒙为代表的决策理论，以 F.E. 卡斯特为代表的系统与权变理论和以 E.S. 巴法为代表的管理科学理论等。

该阶段理论的特点是吸收古典组织管理理论和行为科学管理理论的精华，并且在现代系统论的影响下有了新的发展。他们把组织看成一个系统，实现组织目标和提高组织效率取决于组织系统内各子系统及各部门之间的有机联系。

随着时代发展，更适合现代组织结构的自适应组织理论被提出。“自适应”一般是指系统按照环境的变化，调整其自身使得其行为在新的或者已经改变了的环境下达到最好的，或者至少是容许的特性和功能。对环境变化具有自适应能力的系统称为自适应系统。基于自适应理论对组织进行改造，可减少组织层级，实现组织机构的扁平化和实体化。正确处理集权与分权，一方面，通过集中事权，实行专业化管理，提升管理效率与满意度；另一方面，通过缩减层次、下移重心，充分下放基础事项权力，增强组织回应力、适应力和创新力，形成自适应型组织。自适应组织与应急管理体制相结合，有利于打通消防救援、森林消防救援等不同部门间的接警系统，加快国家应急协同指挥平台、国家应急资源管理平台建设，强化应急信息跨网融合，实现应急救援智能化、扁平化、一体化。

10.1.2.2　智能技术理论

现代化智慧应急是以新一代高新数字技术（如物联网、大数据、云平台、5G 通信等）作为技术支撑。增强物联网、大数据基础设施建设，整合各类职能协同建设云平台，打通异构网络，打造“感知探测网”，汇聚指挥决策编织“综合防控图”，统一多元数据构建“数据资源池”。例如，积极构建覆盖城乡的监测预警体系，综合运用 5G 通信、物联网等传输手段，推动航空遥感、传感探测、无人机监测和地理信息系统广泛使用，扩大基础数据资源，缩短无数据阶段、定向追踪小数据、融合挖掘大数据，提高传统灾害感知、监测和预防能力；推进应急管理技术自主创新，构建突发事件处置模型，开发事故监测监控技术和应急处置装备，形成应急管理数据云平台，链接全国各智慧城市生产、物流环节，形成应急物流供应链。通过智能技术理论，实现应急管理信息化建设和应用系统智能化升级，推进现代信息网络技术与应急管理业务深度融合，有利于促进应急体制创新、业务流程再造和工作模式创新，提高应急组织的监测预警、辅助指挥决策、救援实战和社会动员能力，逐步改变应急组织经验式、粗放化的管理模式，向科学化、精准化和智能化转变。

10.1.2.3　网格化管理理论

网格化管理是一种行政管理改革，其依托统一的城市管理以及数字化的平台，将城市管理辖区按照一定的标准划分成单元网格。通过加强对单元网格内部件和事件的巡查，建立起监督和处置互相分离的机制。例如，以网格化管理系统为基础，强化区、街道、社区、网格四级服务，在区、办事处、社区分别建立集群众诉求服务、治安防控、应急服务、应急指挥为一体的信息化应急管理服务平台。对区域的有效网格化管理能够协调组织、统筹救援指挥，使应急救援全过程在控、可控，构建以智能化、物联网为核心的科学救援新模式，实现现场态势全面掌控、跨区域协调组织、统筹救援指挥集中管控、事态发展逐级跟踪、救援指挥高效运行，形成统一指挥处置重大突发事件的核心保障能力。

10.1.2.4 泛在网络理论

泛在网络由计算机科学家马克·魏瑟（Mark Weiser）首次提出，它不是一个全新的网络技术，而是在现有技术基础上的应用创新，意思是不断融合新的网络，不断向泛在网络注入新的业务和应用，直至“无所不在、无所不包、无所不能”。

从网络技术上，泛在网络是通信网、互联网、物联网高度融合的目标，它将实现多网络、多行业、多应用、异构多技术的融合与协同。如果说通信网、互联网发展到今天解决的是人与人之间的通信，物联网要实现的是物与物之间的通信，泛在网络将是实现人与人、人与物、物与物的通信，其涵盖传感器网络、物联网和发展中的电信网、互联网、移动互联网等。

泛在网络是从人与人通信为主的电信网向人与物、物与物的通信广泛延伸的信息通信网络，它是一个“大通信”的概念，是面向经济、社会、企业和家庭全面信息化的概括。泛在网络与现代应急管理体系相结合，能够加速应对突发事件过程中不同部门的数据交换与融合，有利于部门间的协同合作。建立政府管理部门间突发事件应急管理的数据交换综合网络，有利于智慧应急组织架构的建立。

10.1.3 智慧应急场景管理之体制的实施结果

10.1.3.1 平时状态组织结构

我国政府应急管理机构的设置是在党中央、国务院的统一领导下，按照分级管理、分级响应、条块结合、属地管理为主的原则设置的。应急管理工作组织主要包括应急管理领导机构、办事机构、工作机构、地方机构和专家组。

2018 年 3 月，根据第十三届全国人民代表大会第一次会议批准的国务院机构改革方案，设立了中华人民共和国应急管理部。方案提出，将国家安全生产监督管理总局的职责，国务院办公厅的应急管理职责，公安部的消防管理职责，民政部的救灾职责，国土资源部的地质灾害防治、水利部的水旱灾害防治、农业部的草原防火、国家林业局的森林防火相关职责，中国地震局的震灾应急救援职责以及国家防汛抗旱总指挥部、国家减灾委员会、国务院抗震救灾指挥部、国家森林防火指挥部的职责整合，组建应急管理部，作为国务院组成部门。

据应急管理部官网，该部经调整后的内设机构共包括四个部分，分别为议事机构、机关司局、派驻机构和部属单位。议事机构包括国家防汛抗旱总指挥部、国务院抗震救灾指挥部、国务院安全生产委员会、国家森林草原防灭火指挥部和国家减灾委员会。机关司局包括办公厅、应急指挥中心、人事司、风险监测和火灾综合防治司、救援协调和预案管理局、防汛抗旱司、地震和地质灾害救援司、危险化学品安全监督管理一司、危险化学品安全监督管理二司、安全生产执法和工贸安全监督管理局、安全生产综合协调司、救灾和物资保障司、政策法规司、国际合作和救援司、规划财务司、调查评估和统计司、新闻宣传司、科技和信息化司、机关党委和离退休干部局等。派驻单位包括中央纪委国家监委驻应急管理部纪检监察组。部属单位包括国家安全生产应急救援中心。

应急管理部的职责包括组织编制国家应急总体预案和规划，指导各地区各部门应对突发事件工作，推动应急预案体系建设和预案演练；建立灾情报告系统并统一发布灾情，统筹应急力量建设和物资储备并在救灾时统一调度，组织灾害救助体系建设，指导安全生产类、自然灾害类应急救援，承担国家应对特别重大灾害指挥部工作；指导火灾、水旱灾害、地质灾害等防治；负责安全生产综合监督管理和工矿商贸行业安全生产监督管理等。智慧应急管理组织平时状态下需要进行例如安全生产、防灾减灾、城市生命线等风险感知数据的收集，多灾害风险综合监测预警、智能分析，以及突发事件风险监测、风险早期识别和预报预警等工作。

10.1.3.2 战时状态组织结构

当突发事件发生时，政府应急管理机构由平时状态向战时状态转变，按照分级负责的原则和组织机构扁平化的要求，一般性灾害由地方各级政府负责，应急管理部代表中央统一响应支援；发生特别重大灾害时，应急管理部作为指挥部，协助中央指定的负责同志组织应急处置工作，保证政令畅通、指挥有效。战时状态下，应急管理部需要处理好防灾和救灾的关系，明确与相关部门和地方各自职责分工，建立协调配合机制。智慧应急管理组织战时状态相较平时状态将进一步加强多部门协同的灾害事故信息报送、预警发布、信息共享机制，加强对互联网、卫星遥感等信息的大数据分析，实现灾情信息汇聚、现场灾情动态研判、灾害损失评估和应急指挥辅助决策。

10.2 智慧应急场景管理之机制

智慧应急场景管理之机制是应急场景管理体系中各要素的机理性特征以及要素之间的关系，强调的是应急场景管理的运行过程。智慧应急场景管理机制是在系统论基础上，利用智慧工具和技术，依据应急场景管理流程，建立预防准备机制、监测预警机制、信息报告和共享机制、应急处置协调联动机制、社会动员机制、信息发布和舆论引导机制、快速应急响应机制、智慧决策机制、现场评估反馈机制、纠错改进机制等，是一种系统化、智慧化应急管理机制，侧重于从整个突发事件与应急场景管理的全过程的运行机理中提高应急场景管理机制的效率。

信息时代，智能化已经成为实施有效应急管理的手段，推动智慧工具和技术融入突发事件应急管理的各个关键环节，形成跨部门联防联控、联动联治的智慧应急管理机制，是未来应急管理的努力方向。在突发事件应急预防准备阶段，以突发事件风险隐患分析和评估为基础，运用大数据手段感知、整合、关联应急管理体系的各项关键信息，采取联防联控等措施，加强应急管理的前段治理。智慧应急预防旨在通过主动提前介入，实现应急管控风口前移，消除或减少突发事件风险隐患。在监测预警阶段，利用智慧工具和技术对历史数据和实时监测数据进行分析，全方位、多层次、多视角地综合研判当前突发事件的状况以及未来演化趋势，预先向相关部门和社会发出警示。智慧监测预警旨在最大限度地规避危险、减少损失。在决策处置阶段，利用相关智能技术辅助决策研判，加强联动协作，有效控制事态扩大并使其朝着正常方向转化。智慧监测预警旨在通过对数据的深入挖掘和信息的共享，最大限度提高决策的效力和应急的合力。在恢复与重建阶段，以数据共通共融为基础，通过大数据手段跟踪、反馈突发事件后恢复与重建期间的各项关键信息，强化突发事件事后的多部门协同治理并提供精准个性化服务，尽快将社会组织的各项要素恢复到正常状态。

图 10-4 概括了智慧应急场景管理机制的各个组成部分。建立包括预防准备机制、监测预警机制、信息报告和共享机制、应急处置协调联动机制、社会动员机制、信息发布和舆论引导机制、快速应急响应机制、智慧决策机制、现场评估反馈机制、纠错改进机制等系统化应急场景管理机制，从整个突发事件与应急场景管理的全过程的运行机理中提高应急场景管理机制的效率。

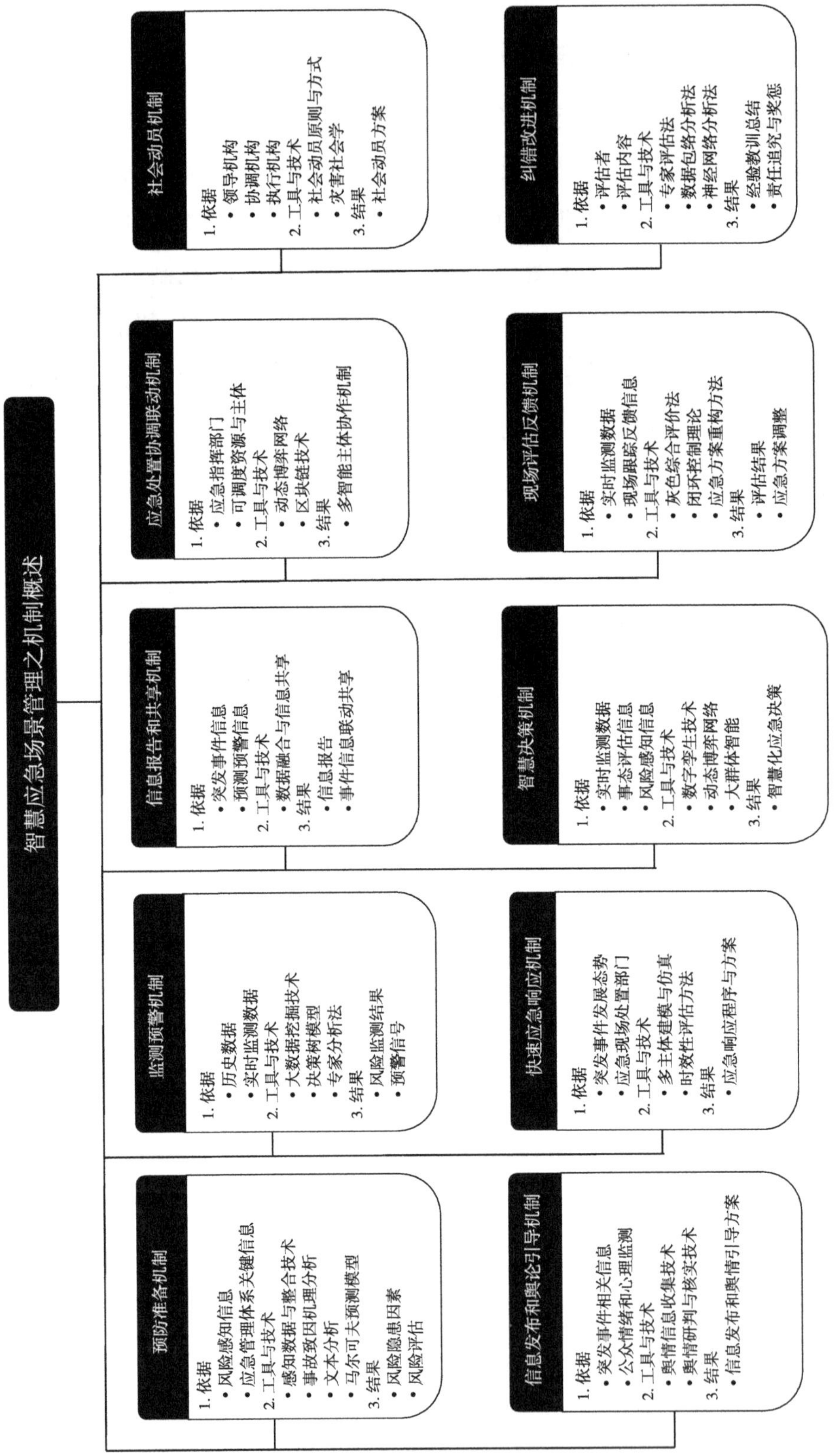

图 10-4 智慧应急场景管理之机制概述

10.2.1 预防准备机制

智慧应急场景管理实行预防为主、预防和应急结合的原则。预防准备机制是智慧应急场景管理过程的基础性行动。建立并维持各类突发事件预防、预警、响应及恢复能力的各项工作，都属于预防准备机制的范畴。突发事件预防与应急准备是指在突发事件发生前，通过政府主导和动员全社会参与，采取各种有效措施，来消除突发事件隐患，避免突发事件发生；或者在突发事件来临前，做好各项充分准备，包括思想准备、预案准备、组织机构准备、应急保障准备等，防止突发事件升级或扩大，最大程度地减少突发事件造成的损失和影响。智慧化预防准备机制是在收集风险信息、应急场景管理体系关键信息等的基础上，运用大感知数据与处理技术、机理分析、预测模型等智慧化技术和工具，进行风险因素识别与评估的过程。图 10–5 描述本过程的依据、工具与技术、结果，图 10–6 是本过程的数据流向图。

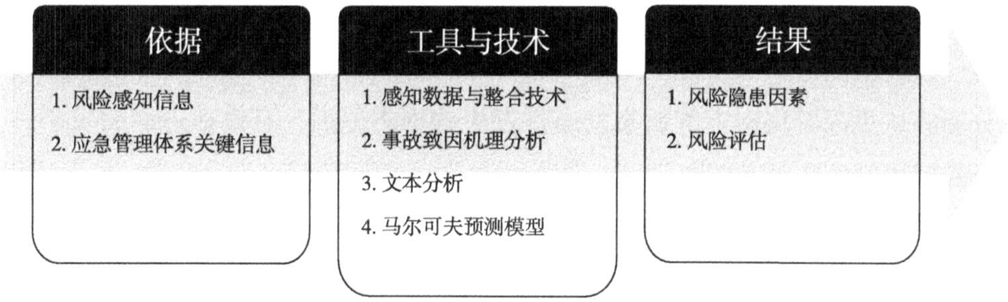

图 10–5 预防准备机制：依据、工具与技术、结果

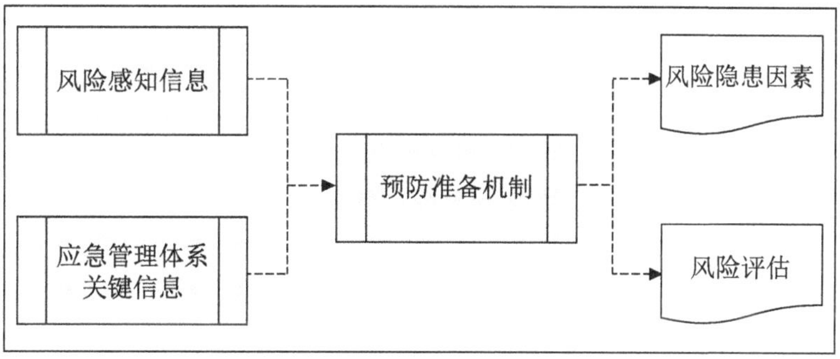

图 10–6 预防准备机制：数据流向

10.2.1.1 预防准备机制的依据

10.2.1.1.1 风险感知信息

个体对某个特定风险的特征和严重性所做出的主观判断，是基于其通过直观判断

和主观感受所积累的经验，结合环境刺激与信息进行记录、筛选、凝聚形成的知识与记忆做出的；这一主观风险判定，会成为个体采取逃避、改变或接受风险的态度及行为决策的判断依据。

10.2.1.1.2 应急管理体系关键信息

应急管理体系关键信息包括应急预案的编制与管理、突发事件事前培训演练、突发事件案例库、应急资源管理、应急能力评估等。

10.2.1.2 工具与技术

10.2.1.2.1 感知数据与整合技术

基于时空数据的挖掘算法、海量的定位设备，以传感器的形式收集时空信息，使用面状单元（三角网、格网、行政区等）来生成聚合层面的数据集，以反映突发事件特征以及可能存在的风险隐患。

10.2.1.2.2 事故致因机理分析

每一次突发事件的发生都不是偶然的，是众多因素的组合，对突发事件进行科学的划分能够从更深的层次上解析突发事件发生的根本原因，有效地遏制突发事件，推动应急管理体制的完善和转变。

10.2.1.2.3 文本分析

从大量的突发事件相关文本中提取出有用的信息，并结合统计学、计量经济学、管理学等学科知识，将这些有用的信息进行进一步组织并挖掘其中的价值。

10.2.1.2.4 马尔可夫预测模型

马尔可夫预测模型是依据历史突发事件的相关数据，预测等时间间隔点上的相关数据情况的一种方法。此方法的基本思想是根据过去数据变化的规律，推测未来相关数据的变动趋势，实时监测和预测突发事件的风险。

10.2.1.3 预防准备机制的结果

10.2.1.3.1 风险隐患因素

突发事件发生之前，运用各种智能化方法系统、连续地认识所面临的各种风险因素并分析突发事件发生的潜在原因。

10.2.1.3.2 风险评估

突发事件发生之前，根据识别出的风险因素，结合实际情况和对未来可能发生情况的合理预期，用智能化方法或模型评估得到风险因素的风险等级排序和突发事件的风险等级。

10.2.2　监测预警机制

监测预警机制是指能灵敏、准确地预测风险前兆，并能及时提供警示的机构、制度、网络、举措等构建的预警系统，其作用在于超前反馈、及时布置、防风险于未然，从而最大限度地降低突发公共事件对人民生命财产造成的损失。监测预警机制是做好突发事件应对工作，有效预防、减少突发事件的发生，控制、减轻和消除突发事件引起的严重社会危害的重要机制保障。智慧化监测预警机制是运用智能技术和工具，收集、分析历史数据与实时监测数据，得到相应的突发事件风险预警结果的过程。图 10-7 描述本过程的依据、工具与技术、结果，图 10-8 是本过程的数据流向图。

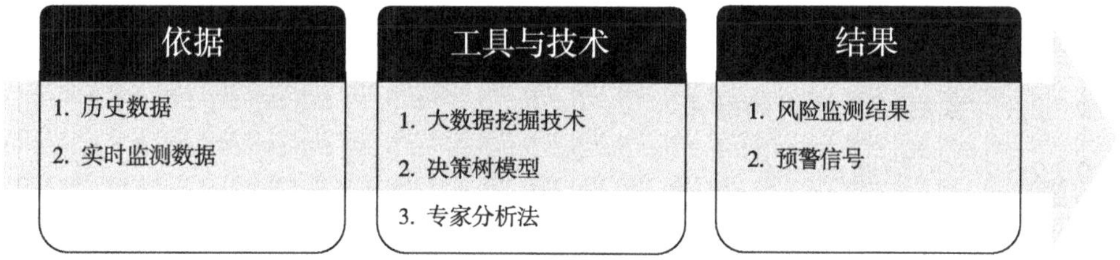

图 10-7　监测预警机制：依据、工具与技术和结果

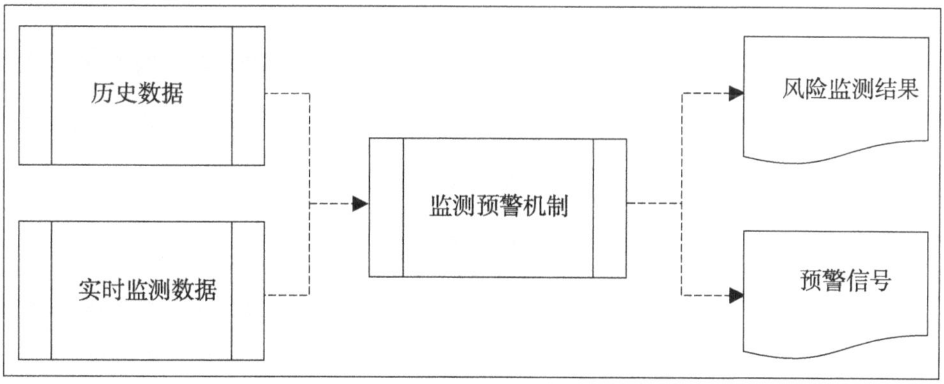

图 10-8　监测预警机制：数据流向

10.2.2.1　监测预警机制的依据

10.2.2.1.1　历史数据

历史数据是在存储器中保存的与突发事件密切相关的重要数据、文本。

10.2.2.1.2　实时监测数据

通过突发事件信息系统，汇集、储存、分析、传输有关突发事件的实时信息、数据等。

10.2.2.2 工具与技术

10.2.2.2.1 大数据挖掘技术

这是一种深层次的数据分析方法，其利用计算机技术获取隐藏在大量数据背后的信息，为突发事件应急管理者提供决策依据。

10.2.2.2.2 决策树模型

由决策点、策略点（事件点）及结果构成的树形图，一般应用于序列决策中，通常以最大收益期望值或最低期望成本作为决策准则，通过图解方式求解在不同条件下各类方案的效益值，然后通过比较，做出决策。

10.2.2.2.3 专家分析法

专家分析法是指基于应急专家的阅历经验以及知识丰富的广度和深度，在定量和定性分析的基础上，以打分等方式做出定量评价，其结果具有数理统计特性。

10.2.2.3 监测预警机制的结果

10.2.2.3.1 风险监测结果

根据有关突发事件的预测信息和风险评估，以及突发事件的危害程度、紧急程度和发展趋势，确定突发事件的风险情况。

10.2.2.3.2 预警信号

预警信号的发布和调整，包括突发事件的类别、预警级别、起始时间、可能影响范围、警示事项等。

10.2.3 信息报告和共享机制

对各类突发公共事件信息，可能引发突发公共事件的预测预警信息，事件本身比较敏感或发生在敏感地区、敏感时间、涉及敏感人群或可能演化为突发公共事件等信息,各基层单位要第一时间报告管理处应急办。图 10-9 描述本过程的依据、工具与技术、结果，图 10-10 是本过程的数据流向图。

图 10-9 信息报告和共享机制：依据、工具与技术和结果

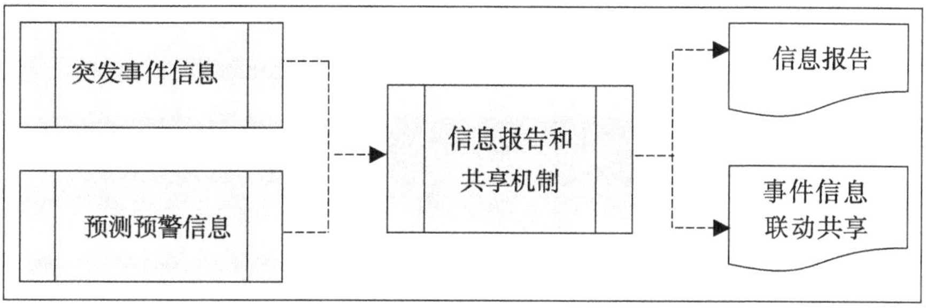

图 10-10 信息报告和共享机制：数据流向

10.2.3.1 信息报告和共享机制的依据

10.2.3.1.1 突发事件信息

突发事件信息是指突发事件发生的时间、地点、原因、性质、涉及的人员、财产和事件分类、分级等情况。

10.2.3.1.2 预测预警信息

预测预警信息是指权威责任单位发布的相关信息，包括突发事件的类别、预警级别、起始时间、可能影响范围、警示事项等。

10.2.3.2 工具与技术

数据融合与信息共享

数据融合技术是指利用计算机对按时序获得的若干观测信息，在一定准则下加以自动分析、综合，以完成所需的决策和评估任务而进行的信息处理技术。信息共享指在信息标准化和规范化的基础上，按照法律法规，依据信息系统的技术和传输技术，信息和信息产品在不同层次、不同部门信息系统间实现交流与共享的活动。

10.2.3.3 信息报告和共享机制的结果

10.2.3.3.1 信息报告

依据突发事件信息报告程序，分为初次报告、阶段报告和总结报告。突发事件发生后，按照不同的阶段，报告突发事件的简要情况。

10.2.3.3.2 事件信息联动共享

不同层次、不同部门的信息系统间交流与共享突发事件阶段报告，并依据突发事件态势信息开展应急处置方案。

10.2.4 应急处置协调联动机制

突发事件发生后，应急处置部门可以就近调度使用各种力量、设施、装备，各单位有责任和义务提供相应的支援和协作，充分发挥已有应急力量和资源。图 10–11 描述本过程的依据、工具与技术、结果，图 10–12 是本过程的数据流向图。

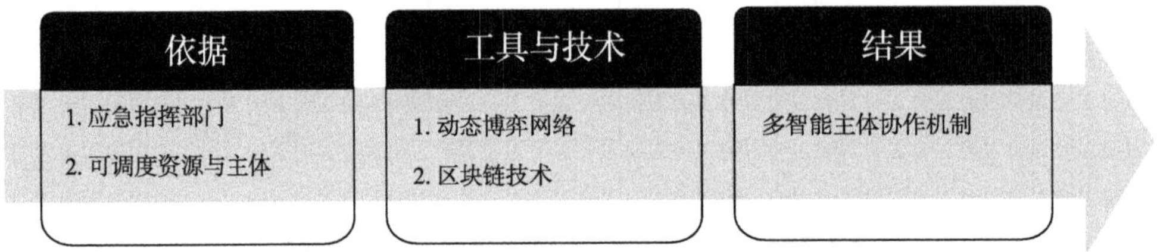

图 10–11　应急处置协调联动机制：依据、工具与技术、结果

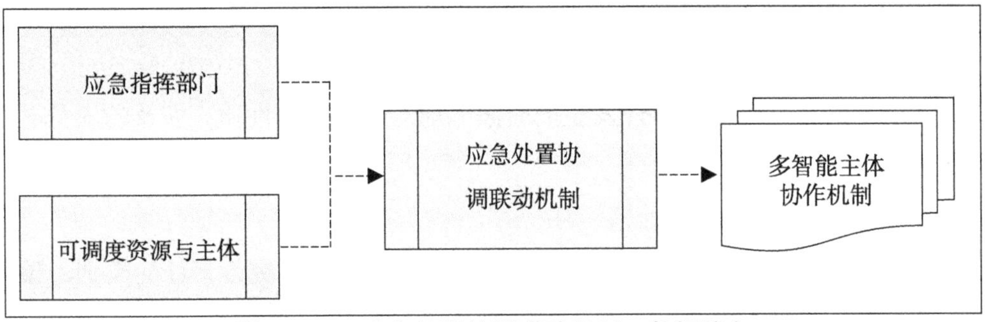

图 10–12　应急处置协调联动机制：数据流向

10.2.4.1　应急处置协调联动机制的依据

10.2.4.1.1　应急指挥部门

根据应急预案及相关法规条例，建立应对突发事件的应急现场指挥部，明确组织结构、责权关系等。在应急现场指挥部下设置工作组，包括搜寻营救组、医疗救治组、后勤保障组、事故调查组、专家咨询组、安全保卫组、舆情信息组、新闻发布组、调查监测组、总结评估组等，并明确相应的人员组成和职责。

10.2.4.1.2　可调度资源与主体

应急处置部门可以就近调度使用各种力量、设施、装备，以及可以指挥配合的组织及个人。

10.2.4.2　工具与技术

10.2.4.2.1　动态博弈网络

基于网络计划方法，根据突发事件发展过程中的状态变化及相应的信息补充，运用不完全信息动态博弈的数学模型调整网络结构，最终得出最有效的应急处置方案。

10.2.4.2.2　区块链技术

区块链技术是一种通过去中心化、高信任的方式集体维护一个可靠数据库的技术方案，数据库中的每个区块包含系统的全部数据信息，使用数字签名验证信息的有效性和完整性，通过密码学原理链接到下一个区块并形成一条主链。

10.2.4.3　应急处置协调联动机制的结果

多智能主体协作机制

突发事件应急处置涉及主体包括整个应急管理体系内部政府部门之间，政府部门与企业、民众、社区、医疗机构、社会组织等利益相关者，共同创建多智能主体参与协同机制。

10.2.5　社会动员机制

在突发事件应急处置与救援中，需要依法依规动员社会力量，整合政府与社会各组织及社会公众资源与力量，加强地域、军民、部门之间的协调，形成自救、互救的局面，以减轻突发事件带来的负面影响。图 10–13 描述本过程的依据、工具与技术、结果，图 10–14 是本过程的数据流向图。

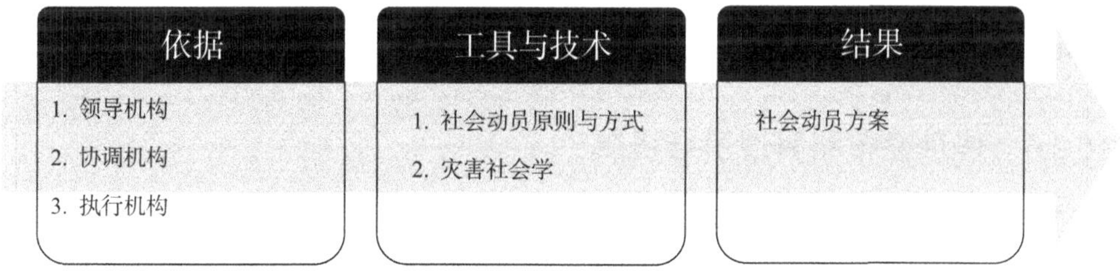

图 10–13　社会动员机制：依据、工具与技术、结果

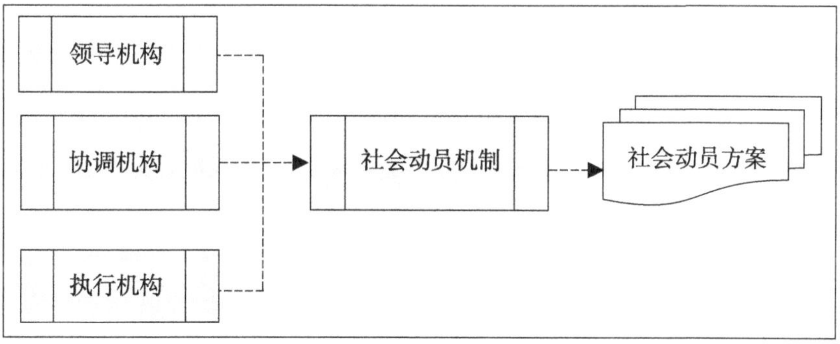

图 10–14　社会动员机制：数据流向

10.2.5.1　社会动员机制的依据

10.2.5.1.1　领导机构

国务院和县级以上地方各级人民政府是应对突发事件的领导和管理主体。

10.2.5.1.2　协调机构

协调机构是有效履行突发事件应急救援与处置工作中利益相关协调的职能机构。

10.2.5.1.3　执行机构

执行机构承担应急管理的日常工作，履行值守应急、信息汇总和综合协调职能，发挥运转枢纽作用的机构。

10.2.5.2　工具与技术

10.2.5.2.1　社会动员原则与方式

详见 8.3.10.1（4）。

10.2.5.2.2　灾害社会学

灾害社会学探究灾害与社会发展之间相互影响、相互作用的过程、特点和规律，对发挥机构、组织等社会合力进行突发事件救援与处置提供指导。

10.2.5.3　社会动员机制的结果

社会动员方案

明确社会动员等级、动员范围、动员对象、动员方式，以及负责人员、鼓励与补偿等。

10.2.6　信息发布和舆情引导机制

信息发布与舆情引导是在救援与处置中，进行舆情信息收集与分析处理，并通过电视、广播、网络等有关媒体，及时、准确、客观、全面地向社会公布信息的过程。该过程的目的是通过对舆情的监测与处理以及信息公开，发布突发事件相关信息、政府应对措施、公众防范措施等，以便加强正面宣传与引导，保障应急救援与处置工作的顺利开展，并让公众了解、监督政府的行为；此外，信息发布和舆情引导有助于驳斥与消除谣言，避免引起群众恐慌。图 10–16 描述本过程的依据、工具与技术、结果，图 10–15 是本过程的数据流向图。

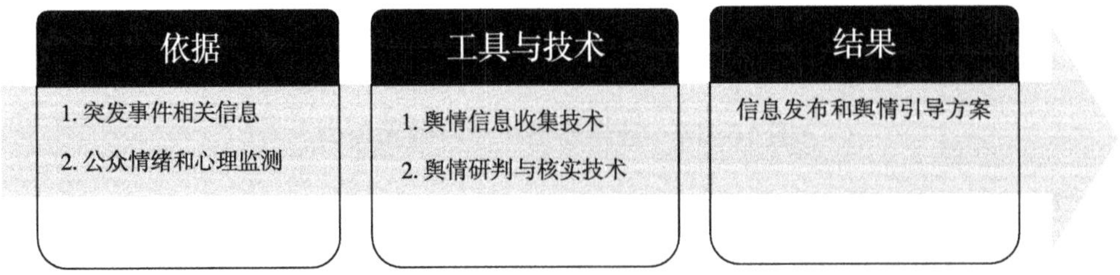

图 10–15　信息发布和舆情引导机制：依据、工具与技术、结果

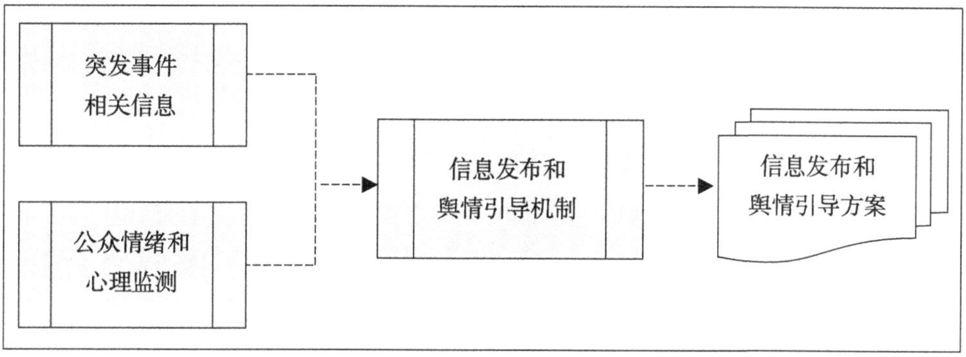

图 10–16　信息发布和舆情引导机制：数据流向

10.2.6.1　信息发布和舆情引导机制的依据

10.2.6.1.1 突发事件相关信息

通过突发事件信息系统，得出一个准确的突发事件态势发展趋势。

10.2.6.1.2　公众情绪和心理监测

基于突发事件发展态势，了解突发事件带来的社会影响和公众心理状态的变化。

10.2.6.2　工具与技术

10.2.6.2.1　舆情信息收集技术

舆情信息收集技术包括人工搜集、利用舆情监测系统、网络爬虫等。网络爬虫是一种借助搜索引擎，按照一定的规则进行信息收集和查找的技术手段，这种方法可以快速、高效地从互联网获取与突发事件相关的大量文字、语音以及视频等。目前常用的网络爬虫技术有 Nutch、Crawler4J、Larbin、Heritrix，数据来源包括主流媒体网站、行业网站、大型论坛、微博等。

10.2.6.2.2　舆情研判与核实技术

通过对获取的数据进行分析，发掘其中的热点话题，并对其传播影响、舆情等级进行评估以及对舆情趋势进行预测，以便采用合理的手段对舆情进行引导和管控。舆情研判与核实技术包括社会网络分析方法、机器学习方法、统计学方法等。

10.2.6.3　信息发布和舆情引导机制的结果

信息发布和舆情引导方案

舆情引导与分析方案：包括提取舆情信息的主题、热点，以及情感分析、趋势分析和相应的引导和应对方案等。

信息发布方案：信息发布方案需要明确信息受众、信息发布内容、信息发布形式等。

10.2.7 快速应急响应机制

突发事件发生后或得到预警后，根据突发事件响应分级标准，以事发地政府是否有足够的能力应对为基础，采取分级管理、条块结合、以块为主的方式应对处置，形成统一领导、分级负责、反应灵敏、运转高效的应急响应机制。图 10-17 描述本过程的依据、工具与技术、结果，图 10-18 是本过程的数据流向图。

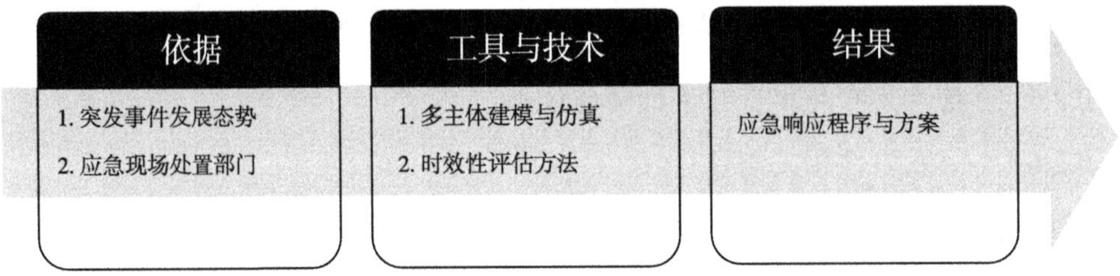

图 10-17 快速应急响应机制：依据、工具与技术、结果

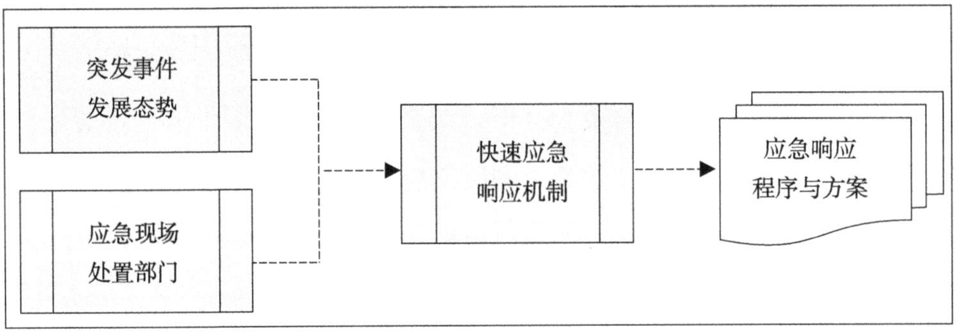

图 10-18 快速应急响应机制：数据流向

10.2.7.1 快速应急响应机制的依据

10.2.7.1.1 突发事件发展态势

突发事件的态势可能会变化发展，因此应在前期评估的基础上，更新以下信息：突发事件带来的影响和损失情况，包括城镇和乡村受损程度和数量；人员伤亡情况，需要安置的人口数量，需要帮助的孤寡老人、伤残人员、未成年人等具有特殊需求的人员数量；需要提供的房屋的数量，需要恢复与重建的基础设施、公共服务设施和生产设施；环境污染、生态损害以及自然和历史文化遗产毁损等情况等；可利用的资源信息，包括人力资源、物力资源和财力资源，以及资源的来源、数量及分布情况等。

10.2.7.1.2　应急现场处置部门

根据应急预案及相关法规条例，建立应对突发事件的应急现场指挥部，明确组织结构、责权关系等。在应急现场指挥部下设置工作组，包括搜寻营救组、医疗救治组、后勤保障组、事故调查组、专家咨询组、安全保卫组、舆情信息组、新闻发布组、调查监测组、总结评估组等，并明确相应的人员组成和职责。

10.2.7.2　工具与技术

10.2.7.2.1　多主体建模与仿真

多个智能主体模拟，模型中的每个主体能根据既定的规则、外界以及自身状态的变化，主动地做出相应的反应。一般是从整个系统的角度来研究系统中各主体之间的互动行为对系统的影响，使研究系统中的个体行为与整个系统宏观行为之间的联系成为可能。

10.2.7.2.2　时效性评估方法

应急数据时效性是指应急数据信息从生成到被利用的时间间隔及效率，时间间隔越短则时效性越强。时效性评估是指突发事件发生后，基于基础数据和历史数据，利用计算模型短时间内对灾害程度进行评判与估计。该方法通过整合多源数据，结合历史经验，能够快速生成灾情评估结果，并根据实时信息及时修订评估。

10.2.7.3　快速应急响应机制的结果

应急响应程序与方案

应急响应程序按过程可分为接警、响应级别确定、应急启动、救援行动、应急恢复、应急结束六个环节，应急响应方案包括救助性方案、保障性方案、控制性方案和稳定性方案等。

10.2.8　智慧决策机制

智慧决策机制是智慧应急管理的重心和关键环节，这个阶段的应急管理目的是最大限度地减少突发事件危害、降低生命财产损失，并为事后的恢复工作奠定基础。如果突发事件处理得当，会减少突发事件的不良影响，提高应急管理效率。如果处理失当，突发事件可能会演化为深层次的危机。因此，必须建立健全突发事件决策机制，建立一整套科学的突发事件处理流程和工作程序，提高处理突发事件的反应力。智慧决策机制指的是在突发事件发生时迅速有效地利用决策理论和智能化辅助工具、技术，选择一个合适的决策方案，并随着事态的发展对决策不断地进行调整，直至应急救援结束。图 10-20 描述本机制的依据、工具与技术、结果，图 10-19 是本机制的数据流向图。

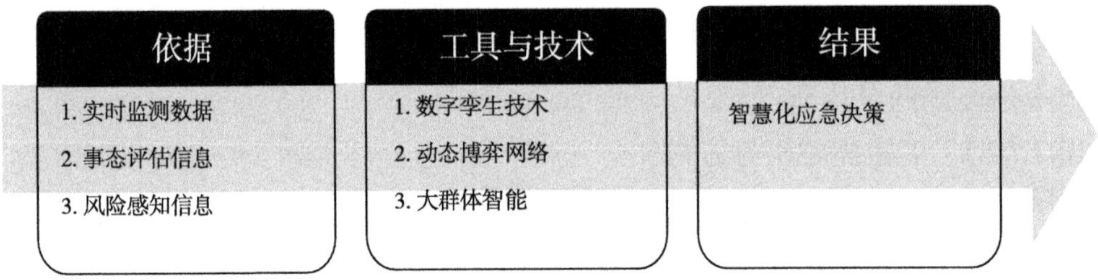

图 10-19　智慧决策机制：依据、工具与技术、结果

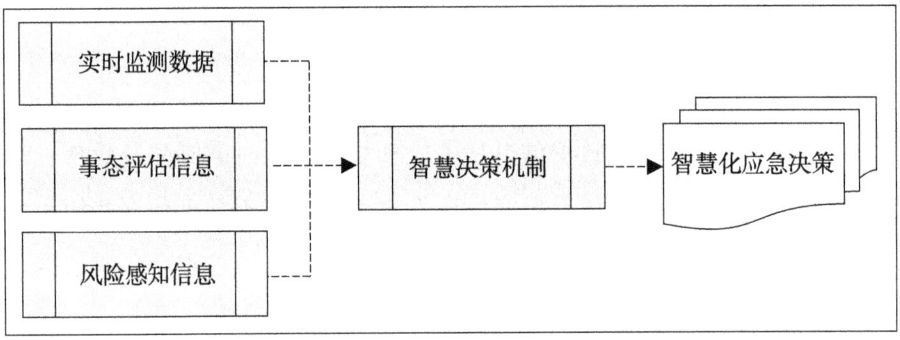

图 10-20　智慧决策机制：数据流向

10.2.8.1　智慧决策机制的依据

10.2.8.1.1　实时监测数据

通过突发事件信息系统，汇集、储存、分析、传输有关突发事件的实时信息、数据等。

10.2.8.1.2　事态评估信息

根据突发事件相关历史记录和运行状况等，准确评估突发事件状态和发展趋势，使应急管理者能够有目标地进行决策和防护。

10.2.8.1.3　风险感知信息

个体对某个特定风险的特征和严重性所做出的主观判断，是基于其通过直观判断和主观感受所积累的经验，结合环境刺激与信息进行记录、筛选、凝聚形成知识与记忆做出的；这一主观风险判定，会成为个体采取逃避、改变或接受风险的态度及行为决策的判断依据。

10.2.8.2 工具与技术

10.2.8.2.1 数字孪生技术

是指充分利用物理模型、传感器更新、运行历史等数据，集成多学科、多物理量、多尺度、多概率的仿真过程，在虚拟空间中完成映射，从而反映相对应的实体设施的全生命周期过程。

10.2.8.2.2 动态博弈网络

基于网络计划方法，根据突发事件发展过程中的状态变化及相应的信息补充，运用不完全信息动态博弈的数学模型调整网络结构，最终得出最有效的应急处置方案。

10.2.8.2.3 大群体智能

是由众多智能成员参与，根据所提供的决策信息对备选方案进行偏好表达，依据特定的规则将众多智能个体的判断集结成为大群体判断，以得出应急处置方案排序或从多个备选方案中选择最佳应急处置方案的过程。

10.2.8.3 智慧决策机制的结果

智慧化应急决策

应急决策是指当突发事件发生时，决策者在时间紧急、资源有限和事件不确定性高的情况下，为了尽可能减少人员伤亡、财产损失、环境破坏或社会影响，而确定采取的应对方案和应急措施。相较于一般决策，智慧化应急决策能够充分利用多方面的资源，发挥多智能主体的优势，使决策更加客观和贴近实际，提高决策的科学性。

10.2.9 现场评估反馈机制

在一个阶段的应急救援与处置基本结束后，需要对该阶段的应急方案以及实施效果进行评估总结。该过程的目的是总结和吸取应急救援与处置经验教训，运用智能化工具与技术调整应急方案，不断提升应急处置能力。图 10–21 描述现场评估反馈机制的依据、工具与技术、结果。图 10–22 是现场评估反馈机制的数据流向图。

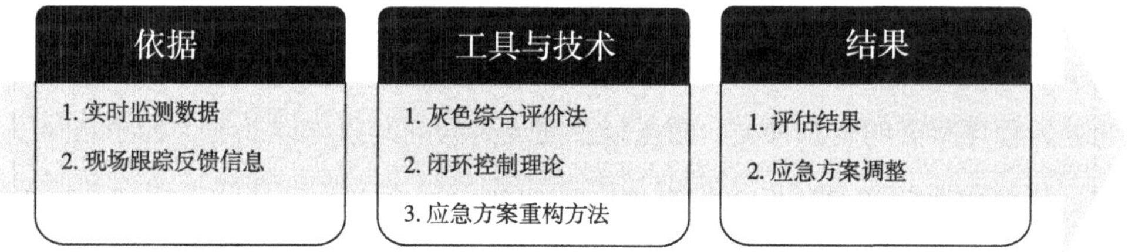

图 10–21 现场评估反馈机制：依据、工具与技术、结果

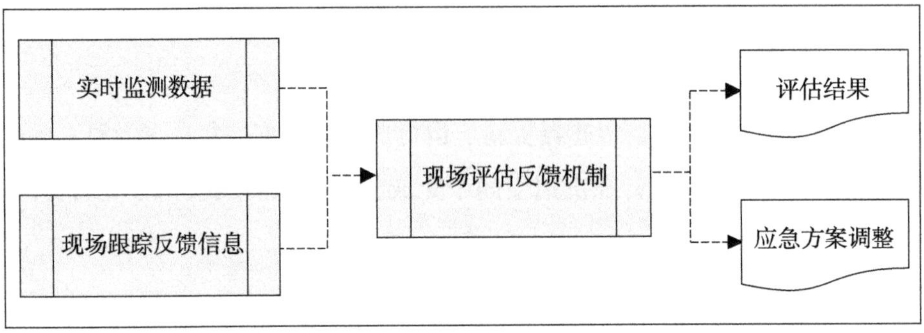

图 10-22 现场评估反馈机制：数据流向

10.2.9.1 现场评估反馈机制的依据

10.2.9.1.1 实时监测数据

通过突发事件信息系统，汇集、储存、分析、传输有关突发事件的实时信息、数据等。

10.2.9.1.2 现场跟踪反馈信息

应急决策单元依据一定的标准和程序，运用科学、系统、规范的评价方法，对应急决策执行效果做出综合评定并由此决定决策延续、调整或终结的相关信息。

10.2.9.2 工具与技术

10.2.9.2.1 灰色综合评价法

灰色关联分析的实质就是利用各应急处置方案与最优方案之间关联度大小对评价对象进行比较、排序。关联度越大，说明比较序列与参考序列变化的态势越一致。反之，变化态势则相悖，由此可得出评价结果。

10.2.9.2.2 闭环控制理论

闭环控制是指作为被控的结果量以一定方式返回到作为控制的依据端，并对依据端施加控制影响的一种控制关系。它是带有反馈信息的系统控制方式。

10.2.9.2.3 应急方案重构方法

当多类突发事件并发或发生次生灾害时，基于已数字化表达和模块化的应对单一类型突发事件的响应程序，根据突发事件的发展情况进行重新组合，形成可同时应对多类突发事件的综合响应程序，并生成相应的调整方案。可结合数学规划方法，考虑各个应急处置程序所需的资源种类、数量以及完成时间的约束，以及各个程序之间序关系的约束，尽量最小化处置时间、处置成本和造成的损失，从而在线生成新的应急响应程序。

10.2.9.3 现场评估反馈机制的结果

10.2.9.3.1 评估结果

在应急救援与处置基本结束后，需要对该阶段的方案以及实施效果进行评估总结。

10.2.9.3.2 应急方案调整

基于突发事件的发展态势以及方案实际执行情况，对方案进行动态调整，协调人员、资源、环境条件等，保障应急处置工作的顺利进行。

10.2.10 纠错改进机制

在对突发事件进行应急处置、控制住危机后，突发事件已经不再继续对社会、对民众造成冲击，并产生明显的外部危害后，并不表示应急管理工作已经结束，这时，应急管理进入了事后管理阶段。该过程的目的是总结和吸取应急救援与处置经验教训，并制定整改措施，同时进行责任追究与奖惩。图 10–23 描述本过程的依据、工具与技术、结果，图 10–24 是本过程的数据流向图。

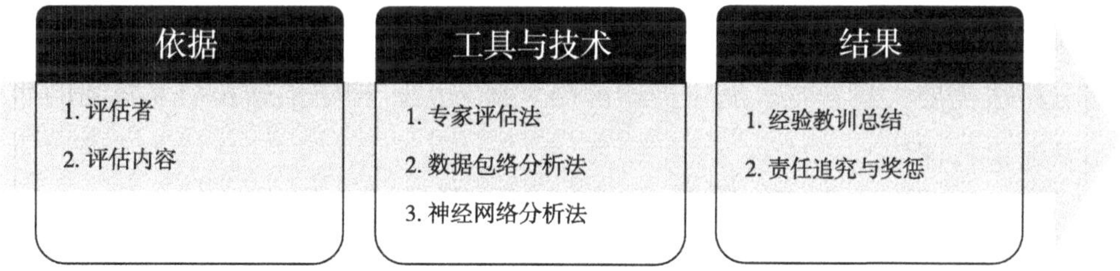

图 10–23 纠错改进机制：依据、工具与技术、结果

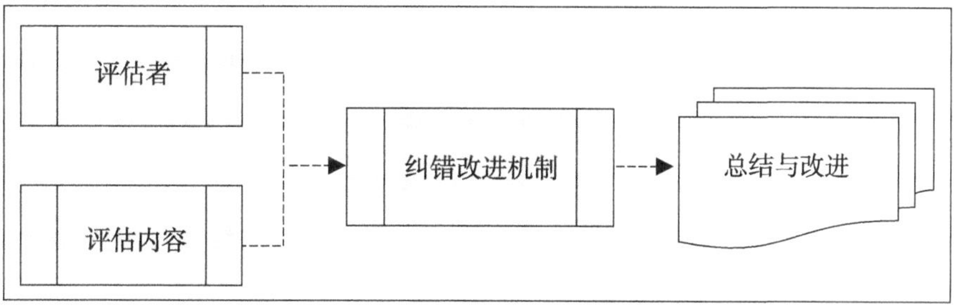

图 10–24 纠错改进机制：数据流向

10.2.10.1 纠错改进机制的依据

10.2.10.1.1 评估者

评估者包括应急现场指挥部以及相关应急处置评估组成员等，他们对应急救援与处置工作进行评估。

10.2.10.1.2 评估内容

参考《生产安全事故应急处置评估暂行办法》等，评估内容主要包括：突发事件基本情况、信息报送情况等；应急处置方案制定与执行情况；先期处置情况，包括搜寻与营救情况、控制危险源情况、防范次生灾害发生情况；应急救援队伍、人员、装备、物资储备、资金保障等方面的落实情况；环境监测与保护情况；舆情监测与信息发布情况等。

10.2.10.2 工具与技术

10.2.10.2.1 专家评估法

专家评估法的种类主要有个人判断法、专家会议法、头脑风暴法和德尔菲法，主要利用应急管理领域专家的知识和经验对评价对象做出判断和评价。

10.2.10.2.2 数据包络分析法

根据多指标投入和多指标产出对相同类型的单位或部门进行相对有效性或效益评价的一种系统分析方法。

10.2.10.2.3 神经网络分析法

该分析法需要大量样本，利用神经网络训练模型，构建依据和结果之间的非线性关系，从而进行评估。

10.2.10.3 纠错改进机制的结果

10.2.10.3.1 经验教训总结

针对应急救援与处置阶段多方面的内容，总结应急救援与处置阶段的成效、经验和教训，以便进一步提升突发事件应急管理能力，并向事故调查组和上一级监管监察部门提交总结报告。

10.2.10.3.2 责任追究与奖惩

突发公共事件应急处置工作实行责任追究制，迟报、谎报、瞒报和漏报突发公共事件重要情况或者应急管理工作中有其他失职、渎职行为的，依法对相关责任人给予行政处分；构成犯罪的，依法追究刑事责任。同时，对突发公共事件应急管理工作中做出突出贡献的先进集体和个人要给予表彰和奖励。

10.3 智慧应急场景管理之法制

智慧应急场景管理之法制是实施依法治国基本方略、坚持依法行政、建设法治政府的重要内容。常态管理需要法制，应急场景管理也需要法制，法律手段是有效应对突发事件最根本的手段。应急管理法律法规是与常态下的法律法规相对应的，是关于在突发事件状态下如何处理国家权力之间、国家权力和公民权利之间、公民权利之间的各种社会关系的法律规范和原则的总和。

应急法制具有如下特点。

① 主要调整应急时期国家机关如何行使紧急权力。

② 更注重对社会公共利益的保护。

③ 适用上具有很强的时效性。

④ 具有强制性。

⑤ 具有高于非应急法规的法律效力。

智慧应急法律规范所构成的应急法律体系是多角度、多层次的，具有应急法律规范的一般规范功能和法律特征，与非应急法律规范一起构成了国家统一的法律体系。

智慧应急法律规范的意义有以下两点。

① 应急管理需要法律法规。法律法规能够使应急管理更为有序和有效。应急管理的手段主要包括政治手段、行政手段、军事手段、经济手段等，法律手段是最为基本和主要的手段。

② 应急管理法律规范体系在于能够避免法制危机、保障人权。突发事件不仅对经济、社会造成巨大冲击，还会对已有的法制形成冲击。对自由裁量权的限定不周全可能还会侵犯人权。应急管理法律规范的重要意义就在于使法制的精神和原则在突发事件状态下得到坚持。

图 10-25 描述本过程的依据、工具与技术、结果，图 10-26 是本过程的流向图。

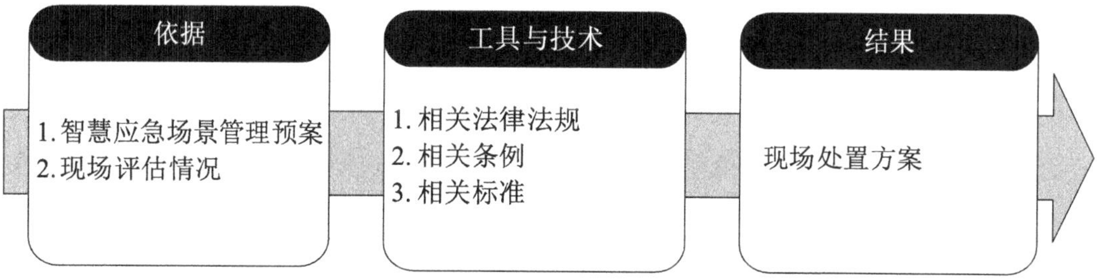

图 10-25　智慧应急场景管理之法制：依据、工具与技术、结果

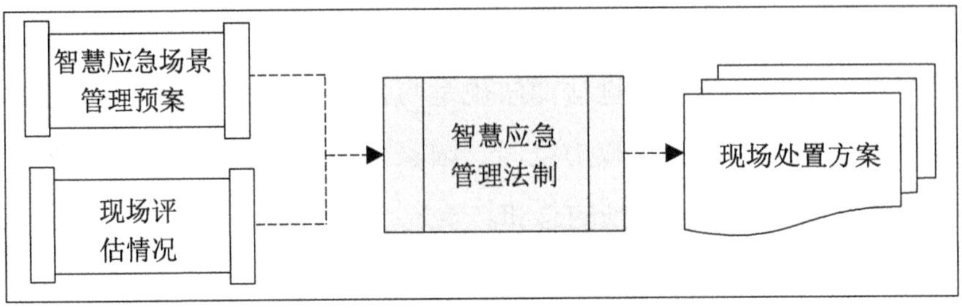

图 10-26　智慧应急场景管理之法制：数据流向

10.3.1　智慧应急场景管理之法制的依据

10.3.1.1　智慧应急场景管理预案

智慧应急场景管理预案所具有的智能化、模块化和可视化等特征，可以更好地利用应急预案所包含的知识信息，提高基于应急预案和现场评估情况制定的现场处置方案的可操作性。

智慧应急预案的智能化体现在：依托全息化应急信息平台，综合运用射频识别技术、智能机器人技术、物联网技术、遥感技术、地理信息系统技术等现代化监测技术，能够快速获取突发事件类型、过程及相关资源等动态信息，实现与突发事件现场的实时互动；同时，基于这些动态信息，借助云平台、大数据、人工智能、仿真模拟等智能化分析手段，可对现场处置方案进行利弊分析和优化评估。

智慧应急预案的模块化体现在：根据突发事件的类型和演化过程，应急预案被开发为既相对独立又相互关联的模块；在后续处置方案的编制中，可根据实际需求直接调用相关模块，通过类型模块和程序模块的组合，增加现场处置方案的适用性。具体而言，首先以突发事件类型为基准，收集不同类型突发事件的应急知识和典型案例，开发相应应急知识库和案例库；其次，根据突发事件演化过程，分解应急预案流程，分析智慧应急管理过程中的关键节点，如风险监测、风险识别、风险评估、风险预警、应急响应、应急防控等，得到详细的智慧应急流程图，并将其开发成预案程序模块；最后，将突发事件类型模块和程序模块结合，最大化模块间的关联程度，建构新的复合模块，并作为现场处置方案编制的依据。

智慧应急预案的可视化体现在：以模块化方式在计算机上存储的应急预案，运用视频监控等其他图文声像表达手段，结合仿真模拟等智能技术，可将突发事件现场信息以图像等可视化形式呈现。

10.3.1.2 现场评估情况

现场评估情况是应急现场指挥部所获得的关于突发事件类型、起因、影响、发展态势，以及可利用资源的相关信息。突发事件现场评估情况为制定现场处置方案提供决策支持。

（1）突发事件的类型

根据《中华人民共和国突发事件应对法》，突发事件是指突然发生，造成或可能造成严重社会危害，需要采取应急处置措施予以应对的自然灾害、事故灾难、公共卫生事件和社会安全事件。按照社会危害程度、影响范围等因素，自然灾害、事故灾难、公共卫生事件分为特别重大、重大、较大和一般四级。

（2）突发事件的起因、影响及发展态势

详见 8.2.3。根据突发事件的起因、影响、发展态势等情况，启动相应应急预案，制定救助性、控制性和稳定性等现场处置方案。

（3）可利用的资源

人力、物力、财力资源的来源、数量和质量评估情况为制定保障性现场处置方案提供决策支撑。

10.3.2 工具与技术

我国已颁布了一系列与应急管理有关的法律、行政法规和部门规章，特别是 2007 年，以《中华人民共和国突发事件应对法》颁布实施为标志，我国基本确立了系统应对突发事件的法律制度。根据该法，突发事件主要包括自然灾害、事故灾难、公共卫生事件和社会安全事件四类。

10.3.2.1 相关法律法规

10.3.2.1.1 自然灾害类突发事件法律法规

主要包括：①针对防震减灾，制定《中华人民共和国防震减灾法》；②针对洪涝灾害，制定《中华人民共和国防洪法》；③针对气象灾害，制定《中华人民共和国气象法》。

10.3.2.1.2 事故灾难类突发事件法律法规

主要包括：①针对交通安全事故，制定《中华人民共和国道路交通安全法》《中华人民共和国民用航空法》；②针对人为火灾事故，制定《中华人民共和国消防法》；③针对生态破坏事故，制定《中华人民共和国环境保护法》《中华人民共和国森林法》《中华人民共和国水污染防治法》《中华人民共和国固体废物污染环境防治法》等；④针对安全生产事故，制定《中华人民共和国安全生产法》《中华人民共和国矿山安全法》；⑤针对核事故，制定《中华人民共和国核安全法》。

10.3.2.1.3　公共卫生类突发事件法律法规

主要包括：①针对传染病疫情，制定《中华人民共和国传染病防治法》；②针对动物疫病，制定《中华人民共和国动物防疫法》；③针对食品安全，制定《中华人民共和国食品安全法》。

10.3.2.1.4　社会安全类突发事件法律法规

主要包括：①针对国家安全，制定《中华人民共和国国家安全法》；②针对国防安全，制定《中华人民共和国国防法》；③针对社会公共安全，制定《中华人民共和国戒严法》《中华人民共和国反恐怖主义法》；④针对网络安全，制定《中华人民共和国网络安全法》。

10.3.2.2　相关条例

在应急管理领域，根据法律法规，颁布了一系列适用于特定种类突发事件的条例。

10.3.2.2.1　针对自然灾害类突发事件的相关条例

主要包括：①针对综合减灾，制定《自然灾害救助条例》；②针对防震减灾，制定《地震安全性评价管理条例》《地震监测管理条例》《汶川地震灾后恢复重建条例》等；③针对洪涝灾害，制定《中华人民共和国水文条例》；④针对气象灾害，制定《气象设施和气象探测环境保护条例》《气象灾害防御条例》；⑤针对地质灾害，制定《地质灾害防治条例》。

10.3.2.2.2　事故灾难类突发事件相关条例

主要包括：①针对交通安全事故，制定《公路安全保护条例》《机动车交通事故责任强制保险条例》《中华人民共和国道路交通安全法实施条例》《通用航空飞行管制条例》《铁路交通事故应急救援和调查处理条例》；②针对人为火灾事故，制定《森林防火条例》《中华人民共和国消防救援衔条例》；③针对生态破坏事故，制定《防止拆船污染环境管理条例》《排污许可管理条例》《废弃电器电子产品回收处理管理条例》《危险化学品安全管理条例》等；④针对安全生产事故，制定《生产安全事故应急条例》《安全生产许可证条例》《生产安全事故报告和调查处理条例》《建设工程安全生产管理条例》《建设工程质量管理条例》《中华人民共和国矿山安全法实施条例》《煤矿安全监察条例》等；⑤针对核事故，制定《民用核安全设备监督管理条例》。

10.3.2.2.3　公共卫生类突发事件相关条例

主要包括：①针对综合性公共卫生事件，制定《突发公共卫生事件应急条例》；②针对传染病疫情，制定《血吸虫病防治条例》《艾滋病防治条例》《血液制品管理条例》《医疗废物管理条例》等；③针对动物疫病，制定《重大动物疫情应急条例》《生猪屠宰管理条例》等；④针对食品安全，制定《乳品质量安全监督管理条例》《中华人民共和国食品安全法实施条例》《农业转基因生物安全管理条例》等。

10.3.2.2.4　社会安全类突发事件相关条例

主要包括：①针对国防安全，制定《国防交通条例》《军队参加抢险救灾条例》《民用运力国防动员条例》等；②针对社会公共安全，制定《大型群众性活动安全管理条例》；③针对网络安全，制定《关键信息基础设施安全保护条例》《中华人民共和国计算机信息系统安全保护条例》等；④针对宗教安全，制定《宗教事务条例》。

10.3.2.3　相关标准

根据宪法、法律和行政法规，国务院各部委制定和发布部门行政规章，规章的名称一般称“规定”“办法”“标准”。在应急管理领域，主要的行政规章包括以下内容。

10.3.2.3.1　自然灾害类突发事件相关标准

主要包括：①针对地震灾害，制定《地震灾情上报暂行规定》《震后地震趋势判定公告规定》《建设工程抗震设防要求管理规定》《水库地震监测管理办法》等；②针对洪涝灾害，制定《水利水电建设工程蓄水安全鉴定暂行办法》《珠江河口管理办法》《三峡水库调度和库区水资源与河道管理办法》等；③针对气象灾害，制定《防雷减灾管理办法》《气象探测环境和设施保护办法》《气象灾害预警信号发布与传播办法》等；④针对地质灾害，制定《矿山地质环境保护规定》《地质环境监测管理办法》《地质灾害治理工程监理单位资质管理办法》等。

10.3.2.3.2　事故灾难类突发事件相关标准

主要包括：①为保障交通安全，公安部发布《道路交通安全违法行为处理程序规定》《道路机动车辆生产企业及产品准入管理办法》等、交通运输部发布《交通运输突发事件应急管理规定》《民用运输机场突发事件应急救援管理规则》《中国民用航空应急管理规定》等、中国民用航空局发布《民用航空气象探测环境管理办法》《民用航空器飞行事故应急反应和家属援助规定》等；②为防范应对火灾事故，公安部发布

《火灾事故调查规定》《消防监督检查规定》《机关、团体、企业、事业单位消防安全管理规定》《公共娱乐场所消防安全管理规定》等，应急管理部发布《高层民用建筑消防安全管理规定》等；③为减轻生态破坏，生态环境部发布《生态环境标准管理办法》《固定污染源排污许可分类管理名录》《国家级自然保护区监督检查办法》《排污许可管理办法》《工矿用地土壤环境管理办法》等；④为保障生产安全，应急管理部发布《工贸企业粉尘防爆安全规定》《煤矿重大事故隐患判定标准》《生产安全事故应急预案管理办法》《烟花爆竹生产经营安全规定》等；⑤为预防核事故，生态环境部发布《民用核设施操作人员资格管理规定》《核动力厂管理体系安全规定》《核动力厂、研究堆、核燃料循环设施安全许可程序规定》《民用核安全设备焊接人员资格管理规定》等。

10.3.2.3.3　公共卫生类突发事件相关标准

主要包括：①为防治传染病，原卫生部发布《结核病防治管理办法》《突发公共卫生事件与传染病疫情监测信息报告管理办法》《医院感染管理办法》《灾害事故医疗救援工作管理办法》等、原铁道部发布《铁路实施中华人民共和国传染病防治法细则》《铁路车站、旅客列车卫生监督管理办法》、海关总署发布《出入境邮轮检疫管理办法》《国境口岸突发公共卫生事件出入境检验检疫应急处理规定》；②为防控动物疫病，农业农村部发布《动物检疫管理办法》《无规定动物疫病区评估管理办法》《动物防疫条件审查办法》等；③为保障食品安全，国家市场监督管理总局发布《食品生产许可管理办法》《保健食品注册与备案管理办法》《食品安全抽样检验管理办法》《食品召回管理办法》等、海关总署发布《中华人民共和国进出口食品安全管理办法》《中华人民共和国进口食品境外生产企业注册管理规定》等、原国家食品药品监督管理总局发布《食品经营许可管理办法》《食品生产经营日常监督检查管理办法》等、原农业部发布《农产品质量安全监测管理办法》、原卫生部发布《食品安全国家标准管理办法》。

10.3.2.3.4　社会安全类突发事件相关标准

主要包括：①为保障国家安全，国家安全部发布《反间谍安全防范工作规定》、交通运输部发布《水路旅客运输实名制管理规定》、公安部和交通运输部发布《出境入境航空器载运人员信息预报预检实施办法》；②聚焦市场安全，中国人民银行发布《金融机构反洗钱和反恐怖融资监督管理办法》、中国银行保险监督管理委员会发布《银行业金融机构反洗钱和反恐怖融资管理办法》以保障金融市场安全；③为优化市场结构，保障供需平衡，商务部发布《不可靠实体清单规定》《生活必需品市场供应应急管理办法》；④为提高中央企业防范和处置各类突发事件的能力，国务院国有资产监督管理委员会发布《中央企业应急管理暂行办法》；⑤为保障网络安全，国家互联网信息办公室发布《网络信息内容生态治理规定》《儿童个人信息网络保护规定》《区块链信息服务管理规定》《互联网新闻信息服务管理规定》等、人力资源和社会保障部发布《网络招聘服务管理规定》、文化和旅游部发布《在线旅游经营服务管理暂行规定》、原文化部发布《互联网文化管理暂行规定》；⑥为维护宗教安全，国家宗教事务局发布《宗教院校管理办法》《宗教教职人员管理办法》《宗教团体管理办法》《中华人民共和国境内外国人宗教活动管理规定实施细则》等。

10.3.3 智慧应急场景管理之法制的实施结果

10.3.3.1 现场处置方案

突发事件发生后，根据智慧应急管理预案、现场评估情况，以相关法律法规、条例和标准为依循，应急现场指挥部制定救助性、保障性、控制性、稳定性等现场处置方案，以应对自然灾害、事故灾难、公共卫生事件、社会安全事件等不同类型的突发事件。

10.3.3.1.1 自然灾害现场处置方案

（1）救助性方案

根据受灾情况，相关部门组织受灾人员的解救、疏散、安置与医疗救助，比如迅速组织抢救地震灾害中被压埋人员，及时动员受到地质、气象、洪涝灾害威胁的人员转移、疏散，情况紧急时，可强行组织避灾疏散，并启用应急避难场所或设置临时避难场所，以安置受灾群众；同时，组织实施现场医疗救助，协调伤员转移、接收与救治，现场医疗救护遵循“先救命后治伤，先救重后救轻”的原则，并根据病情，向就近的省级、市级医院或专科医院分流。

（2）保障性方案

为保障应急所需物资，有关政府部门应做好应急物资调用、运输与分配，根据需要，政府相关部门在其管辖范围内调用物资、设备、交通运输工具和人力，通信、航空、铁路、交通等部门保证灾害应急的通信畅通和救灾物资、设备、药物、食品的运送，必要时，公安、交通等部门可依法实施陆地和水面交通管制。同时，相关部门做好基础设施和公共设施的抢修和保护工作；为保障救灾物资运送和灾区人民日常生活，交通运输、铁路等部门及时抢修被毁的道路交通设施，住房城乡建设部门保障供水、供气、供热等市政公用设施的安全运行。发生洪涝灾害后，根据《中华人民共和国防洪法》，水毁防洪工程设施的修复，应当优先列入有关部门的年度建设计划。

（3）控制性方案

自然灾害控制要求迅速控制危险源，封锁危险场所，做好次生灾害排查与监测预警工作。根据《中华人民共和国防震减灾法》，有关部门应采取控制性措施，防范地震引发的火灾、水灾、爆炸、山体滑坡和崩塌、泥石流、地面塌陷，或剧毒、强腐蚀性、放射性物质大量泄漏等次生灾害以及传染病疫情的发生；根据《气象灾害防御条例》，相关部门应加强对气象因素引发的衍生、次生灾害的联合监测。

（4）稳定性方案

自然灾害发生后，广播、电视、报纸、电信等媒体要及时、准确地向社会传播灾害的发生、发展和应急处置情况；公安等部门依法采取维持社会秩序、维护社会治安的必要措施。

10.3.3.1.2　事故灾难现场处置方案

（1）救助性方案

事故灾难发生后，民政部门及时设置避难场所和救灾物资供应点，紧急转移并妥善安置灾民，疏散可能受到威胁的人员，开展受灾群众救助工作；造成人身伤亡的，先组织抢救受伤人员，医疗机构对受伤人员进行及时抢救，不得因抢救费用未支付而拖延救治。根据《中华人民共和国道路交通安全法》，交通事故中，应先派出警察组织抢救伤者；根据《中华人民共和国消防法》，火灾救援中，消防救援机构应当优先保障遇险人员的生命安全。

（2）保障性方案

根据事故的紧急需要，有关政府部门及时调集、运送所需物资，交通管理部门尽快恢复交通，通信主管部门组织、提供应急通信保障。根据《中华人民共和国消防法》，为扑灭火灾，火灾现场总指挥有权调动供水、供电、供气、通信、医疗救护、交通运输、环境保护等有关单位协助灭火救援，且对于赶赴火灾现场的消防物资、装备，交通运输主管部门应当优先运输。

（3）控制性方案

为防止次生、衍生灾害发生，根据《中华人民共和国消防法》，火灾事故发生后，有关部门应对灾难现场进行全面检查，经验收检查合格后，方可撤出看守人员；根据《中华人民共和国安全生产法》，安全生产事故发生后，单位负责人应立即上报，根据事故救援需要，采取警戒、疏散等措施，防止事故扩大和次生灾害发生。

（4）稳定性方案

突发事件应急处置工作结束后，有关部门立即组织评估事件造成的影响和损失，并及时将评估结果向社会公布，同时，采取相关稳定和更新措施，以恢复突发事件现场原有秩序。根据《中华人民共和国水污染防治法》，饮用水水源发生水污染事故，饮用水供水单位应当采取应急处理措施，向所在地市、县级人民政府报告，并向社会公开；根据《中华人民共和国安全生产法》，行政区域内所发生的生产安全事故情况，县级以上地方政府应急管理部门应当定期统计分析并向社会公布；根据《森林防火条例》，森林火灾发生后，森林、林木、林地的经营单位和个人应当及时采取更新造林措施，恢复火烧迹地森林植被。

10.3.3.1.3　公共卫生事件现场处置方案

（1）救助性方案

根据突发事件应急处置需要，突发事件应急指挥部落实有关卫生控制措施，对人员进行疏散或隔离，并可以依法对传染病疫区实行封锁，同时，政府部门指定的医疗卫生机构对因突发事件致病的人员提供医疗救护和现场救援。比如，对传染病患者和疑似患者，采取就地隔离、就地观察、就地治疗措施；对其密切接触者，在指定场所进行医学观察和采取其他必要的预防措施；发生动物疫病时，农业农村主管部门和相关单位采取封锁、隔离、扑杀、销毁、消毒、无害化处理、紧急免疫接种等强制性措施；发生食品安全事故，食品安全监督管理部门会同有关部门开展应急救援工作，组织救治因食品安全事故导致人身伤害的人员。

（2）保障性方案

为满足相关应急物资需求，有关部门做好医疗救护设备、救治药品、医疗器械等应急物资的紧急调度和运输。应急处理指挥部负责调集人员、储备的物资、交通工具以及相关设施、设备；铁路、交通、民用航空行政主管部门保证及时运送；其他政府有关部门做好组织协调。

（3）控制性方案

根据需要，卫生行政主管部门对突发事件现场采取控制措施，比如，封闭或封存食物或水源，以减轻疫情扩散；宣传突发事件防治知识，及时对易受感染的人群和其他易受损害的人群采取应急接种、预防性投药、群体防护等措施。遵守《重大动物疫情应急条例》，动物疫病发生后，有关部门应当对被污染的物品、用具、动物圈舍、场地进行严格消毒，扑杀并销毁染疫动物和易感染的动物及其产品，并做好相关防疫知识的宣传和普及工作。

（4）稳定性方案

接到公共卫生突发事故报告后，政府有关部门应做好信息发布工作，依法对事故及其处理情况进行公布，并对可能产生的危害加以解释、说明。根据《中华人民共和国食品安全法》，食品安全监督管理部门接到食品安全事故报告后，应会同有关部门做好信息发布和解释工作。

10.3.3.1.4　社会安全事件现场处置方案

（1）救助性方案

应对社会安全事故，有关部门优先保护直接受到事故威胁人员的人身安全，及时组织营救和救治受害人员，疏散、撤离并妥善安置受威胁人员，必要时，可封锁现场和周边道路，在有关场所附近设置警戒线，禁止或限制有关设施的使用，并在特定区域实施交通、通信、无线电等管制措施。

（2）保障性方案

为促进现场处置方案的实施，有关部门及时调用储备物资，尽快抢修被损坏的交通、电信、互联网、广播电视、供水、排水、供电、供气、供热等公共设施，以保障相关地区人民基本生活必需品的供应。根据《中华人民共和国国防法》，国家建立战略物资储备制度，保障战时相关物资需求；根据《中华人民共和国戒严法》，戒严期间，戒严实施机关可以对基本生活必需品的生产、运输、供应、价格采取特别管理措施。

（3）控制性方案

为防范因社会安全事故而衍生的其他事故，有关部门可禁止或限制群众集聚活动、有关场所和设施的使用，对交通、新闻、通信、邮政、电信等实施管制，并及时向社会发布与公众有关的警示信息。

（4）稳定性方案

社会安全事故发生后，遵守国家安全危机的信息报告和发布机制，有关机关要准确、及时地进行信息报告，并依法将危机事件发生、发展、管控处置及善后情况统一向社会发布；同时，组织有关部门帮助受影响的单位和个人尽快恢复生产生活，稳定受影响地区的社会秩序和公众情绪。

第 11 章　智慧应急场景管理之 IT 技术

智慧应急场景管理之 IT 技术是指为传统应急管理赋能“智慧”的大数据、互联网、人工智能等新一代信息技术，其智慧过程遵从“感知数据——交互信息——洞察分析——决策行动”逻辑主线，实现应急管理自动研判、自主决策、自我演进，达到智慧应急管理，最终完成应急管理的数字化转型、智慧化提升。智慧应急场景管理之 IT 技术概述见图 11–1。

图 11–1　智慧应急场景管理之 IT 技术概述

11.1　感知数据

感知数据是指通过先进、稳定且高效的工具与技术，对智慧风险监测、识别、评估、预警，以及智慧应急响应、防控、体制、机制、法制等各类结构化数据进行采集获取和规范治理，进而形成原始库、资源库、主题库及专题库数据，为信息交互和洞察分析提供支撑。图 11–2 描述本过程的依据、工具与技术、结果，图 11–3 是本过程的数据流向图。

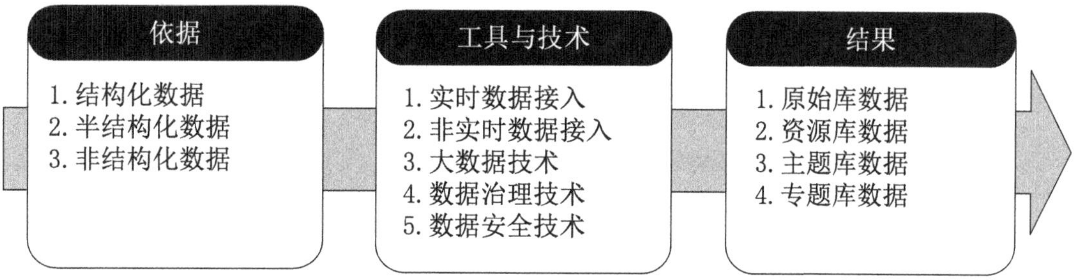

图 11-2　感知数据：依据、工具与技术、结果

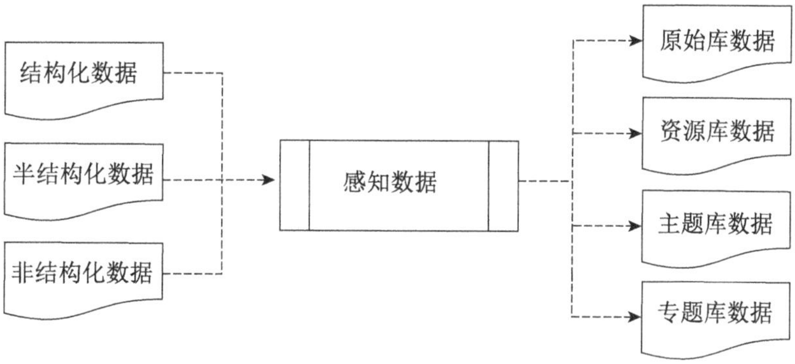

图 11-3　感知数据：数据流向

应急业务数据源具有“多源”与“异构”的特性。

“多源”是指数据源多样。应急业务产生的数据，横向涉及不同机关单位、政府部门、社会单位及团体等，数据范围囊括了风险监测、识别、评估、预警、响应、防控、体制机制法制政务管理等各业务域的数据；纵向数据从省级、市级数据中心向国家级数据中心汇聚，部级、省级数据中心可以将数据资源根据共享范围按需推送到下级数据中心。

“异构”是指来源数据结构和对接系统的差异性，数据涉及结构化、半结构化和非结构化各类数据，以及不同类型的各种业务系统与平台。

11.1.1　感知数据的依据

1. 结构化数据

应急业务相关的结构化数据主要指以二维表结构逻辑来表达和实现的数据，包括关系数据库表、对象数据库表等。

2. 半结构化数据

应急业务相关的半结构化数据一般指日志文件、XML 文档、JSON 文档等。

3. 非结构化数据

应急业务相关的非结构化数据一般指图像、音频、视频等。

11.1.2 工具与技术

1. 实时数据接入

实时数据接入主要是指针对应急业务中产生的实时数据，如物联网实时感知预警数据等，通过实时分布式消息技术、实时流计算技术、DPI（Deep Packet Inspection，深度包检测）/DFI（Deep Flow Inspection，深度流检测）探针技术等进行实时的采集获取。

2. 非实时数据接入

非实时数据接入主要是指针对应急业务中产生的普通数据、历史数据，通过各类采集工具与技术，如 ETL（Extract-Transform-Load，抽取、转换、加载），API 接口等，进行全量、增量、定时的采集获取。

3. 大数据技术

应急业务在感知数据过程中涉及海量数据的采集接入与存储，采集数据的治理。大数据技术可以解决各类复杂来源、不同类型数据的实时与非实时采集接入、有效存储与利用，采集数据治理，数据质量提升等问题。

4. 数据治理技术

应急数据治理以应急海量数据为基础，在确保数据安全的前提下，运用大数据技术建立数据接入、数据处理、数据管控、数据资源池、数据服务、数据共享交换、数据安全等功能体系，生成高质量标准化基础数据。

5. 数据安全技术

数据安全技术是以数据为中心，综合运用云计算技术、大数据技术、密码技术、人工智能技术、流量检测技术等先进技术与工具，保障数据全生命周期各阶段，包括数据采集、数据传输、数据存储、数据处理、数据交换和数据销毁的数据安全，保障数据完整性、可用性和机密性的技术集合。

运用加密、授权、校验、清理、转换等工具与技术，保障数据采集的完整性、一致性和可用性等，保障数据采集安全。

运用身份鉴别和认证、安全通道、可信通道、加密传输等工具与技术，防止数据遭泄露和篡改等，保障数据传输安全。

运用身份鉴别和认证、加密算法与密钥、访问控制、数据复制、备份、恢复、归档等工具与技术，保障数据存储的完整性、一致性、可用性、时效性等，保障数据存储安全。

运用身份鉴别和认证、数据加密、数据脱敏、数字水印、数据库审计、数据库防火墙等工具与技术，风险监控，数据溯源及非法分析操作阻断，防止处理过程中数据泄露、未授权访问等，保障数据处理安全。

运用身份鉴别和认证、安全通道、数据加密、数据脱敏、数字水印、数据库审计、数据库防火墙等工具与技术，共享交换操作监控与预警，非法操作阻断，防止数据滥用、数据泄露等，保障数据交换安全。

运用物理摧毁、消磁设备等工具与技术，确保以不可逆方式销毁数据及副本内容，防止因介质丢失、被窃或未授权物理访问导致介质中数据泄露，保障数据销毁安全。

11.1.3 感知数据的应用结果

1. 原始库数据

应急业务多源异构数据以实时、定时、全量、增量等方式完整安全接入大数据原始库中，包括应急管理部门的内部数据、其他部门的共享数据、社会团体及互联网数据、各类系统感知数据等各类型数据，并在不影响应急业务数据使用分析的基础上，利用数据安全技术，进行数据的分级、加密、脱敏、审计、授权管理等数据安全防护。原始库保留了原始数据，原则上要求数据内容与源数据保持一致，反映原始业务场景，半结构化、非结构化数据经过处理后接入大数据原始库中。

2. 资源库数据

资源库是运用大数据及数据治理技术对原始库数据基于一定规则与标准进行提取、清洗、转换等处理而形成的标准化数据集合，如监督管理数据、政务管理数据、监测预警数据、指挥救援数据等，并在不影响应急业务数据使用分析的基础上，利用数据安全技术，进行数据的分级、加密、脱敏、审计、授权管理等数据安全防护。

3. 主题库数据

主题库是运用大数据和数据治理技术对资源库数据进行融合处理，常用模型技术，如隐含狄利克雷分布（Latent Dirichlet Allocation，LDA）主题模型等，形成多种维度的主题信息公共数据集合，如灾害事故主题、应急管理对象主题、应急环境主题、救援资源主题等，并在不影响应急业务数据使用分析的基础上，利用数据安全技术，进行数据的分级、加密、脱敏、审计、授权管理等数据安全防护。

4. 专题库数据

专题库是运用大数据和数据治理技术对资源库、主题库等数据进行关联、融合、标识、汇总等处理形成的业务领域维度的数据集合，如自然灾害监测专题、安全生产监管专题、火灾事故监测专题、地质灾害监测专题等，并在不影响应急业务数据使用分析的基础上，利用数据安全技术，进行数据的分级、加密、脱敏、审计、授权管理等数据安全防护。

11.2 交互信息

交互信息是指运用先进、稳定和高效的工具和技术，在横向和纵向上对资源库、主题库、专题库等数据信息进行数据共享交换及安全防护的过程，为应急业务的洞察分析提供支撑。图 11–4 描述本过程的依据、工具与技术、结果，图 11–5 是本过程的数据流向图。

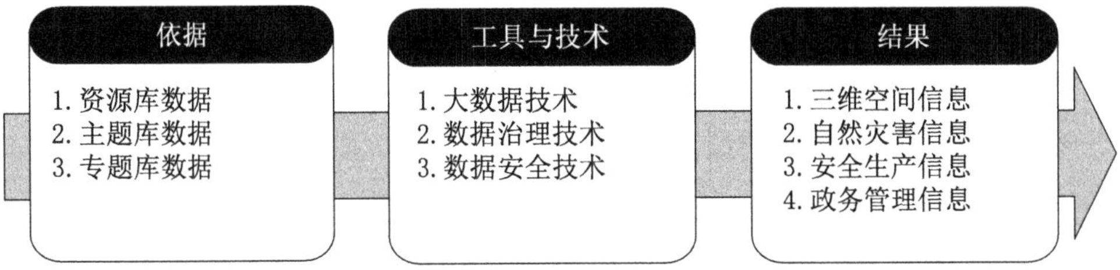

图 11–4　交互信息：依据、工具与技术和结果

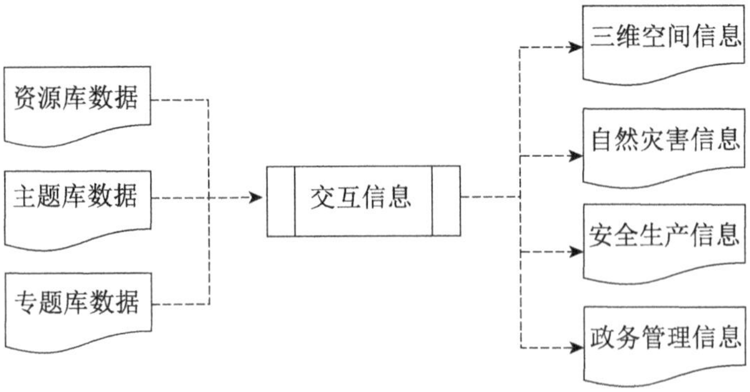

图 11–5　交互信息：数据流向

11.2.1　交互信息的依据

1. 资源库数据

详见 11.1.3 节中的“2. 资源库数据”。

2. 主题库数据

详见 11.1.3 节中的“3. 主题库数据”。

3. 专题库数据

详见 11.1.3 节中的“4. 专题库数据”。

11.2.2　工具与技术

1. 大数据技术

详见 11.1.2 节中的“3. 大数据技术”。

2. 数据治理技术

详见 11.1.2 节中的“4. 数据治理技术”。

3. 数据安全技术

详见 11.1.2 节中的“5. 数据安全技术”。

11.2.3　交互信息的应用结果

1. 三维空间信息

应急业务要处理大量以三维立体为特征的空间基础信息，包括基础空间信息、空间遥感信息和国土空间信息等信息数据。

2. 自然灾害信息

自然灾害信息包括地震灾害、地质灾害、防汛抗旱等领域的监测、预警、突发事件、现场处置和事后处理等信息数据。

3. 安全生产信息

安全生产信息包括矿山（煤矿和非煤矿山）生产、危险化学品安全生产、烟花爆竹安全监管、国家油气输送监管等领域的监测、预警、突发事件、现场处置和事后处理等信息数据。

4. 政务管理信息

政务管理信息包括行政管理信息、党建管理信息、政策法规信息、财务管理信息、人事管理信息和救援队伍管理信息等信息数据。

11.3　洞察分析

洞察分析是指运用先进、稳定的工具和技术，将三维空间、自然灾害、安全生产、疫情防控、城市安全和政务管理等方面积累的大量基础数据，经过分析处理，形成直观的、可供决策的信息，为应急业务的决策行动提供支撑。图 11–6 描述本过程的依据、工具与技术、结果，图 11–7 是本过程的数据流向图。

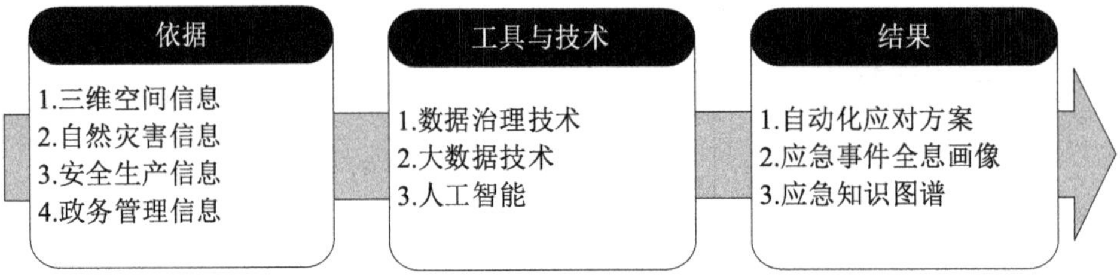

图 11–6　洞察分析：依据、工具与技术和结果

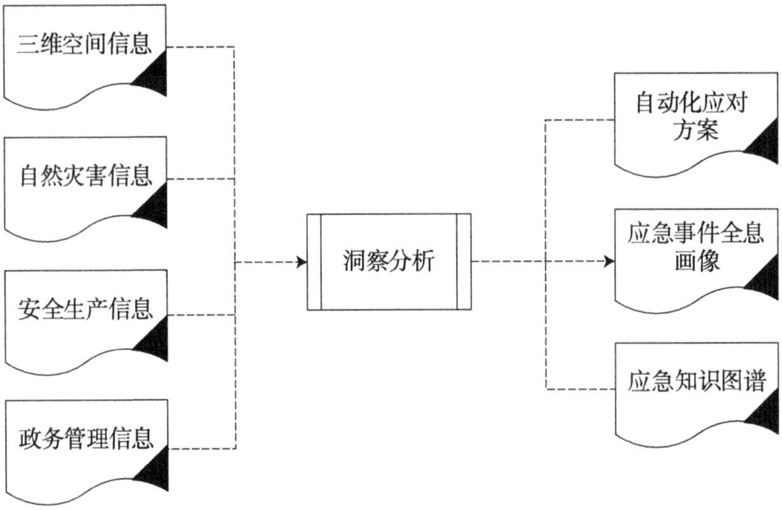

图 11–7　洞察分析：数据流向

国家通过多年的信息化建设，建立了“四库一平台”，即法人库、地理信息库、人口库、宏观经济库以及国家信息共享交换平台，积累了大量的可以共享的公用基础数据。同时，经过多年发展，在三维空间、自然灾害、安全生产和政务管理等领域同样积累了大量的应急专用基础数据。这些数据不仅业务门类繁多，而且数据类型多种多样，包括业务数据、音视频数据、矢量空间数据、电子档案数据、办公公文数据以及物联感知数据，这些数据中蕴含着大量有效信息，常规的统计分析如果不加入应急专业的复杂算法，将难以应对应急应用所需要的对大数据的复杂度要求。经过对三维空间信息、自然灾害信息、安全生产信息和政务管理信息进行综合分析，可形成自动化应对方案、应急事件的全息画像和应急知识图谱。

11.3.1 洞察分析的依据

1. 三维空间信息

应急业务要处理大量以三维立体为特征的空间基础信息，包括基础空间信息、空间遥感信息和国土空间信息等信息数据。这些三维空间数据在智慧应急应用中起到基础性的作用。例如，室内三维电子地图在消防领域获得了极大的应用，以室内三维电子地图为基础，构建的作战指挥系统和预案管理系统，大大提升了消防应急救援领域的作战功能，为消防应急救援领域提高作战效率、保证受困人员与消防救援人员的人身安全、降低发生二次突发事件的风险带来更多的安全保障。

2. 自然灾害信息

突发性自然灾害一般指地震、海啸、火山喷发、飓风、洪水、泥石流以及暴雨雪、冰冻等自然灾害，特别是地震，往往会造成电力、通信等基础设施的瘫痪，使信息传输中断。保证自然灾害信息收集的完整性和及时性是非常重要的。自然灾害信息包括地震灾害、地质灾害、防汛抗旱等领域的监测、预警、突发事件、现场处置和事后处理等方面的信息数据。自然灾害信息是应急管理的源头之一，没有自然灾害、安全生产等事件的发生，就不会有后面的应急处理。

3. 安全生产信息

安全生产信息包括矿山（煤矿和非煤矿山）生产、危险化学品安全生产、烟花爆竹安全监管、国家油气输送监管等领域的监测、预警、突发事件、现场处置和事后处理等方面的信息数据。相对于自然灾害数据，安全生产数据的收集受自然条件影响较小，信息的收集依赖各生产单位安全生产预警等系统的建设。

4. 政务管理信息

政务管理信息包括行政管理信息、党建管理信息、政策法规信息、财务管理信息、人事管理信息和救援队伍管理信息等信息数据。政务管理信息需要同各级应急管理部门、安全监督管理部门以及住房和城乡建设部门进行对接，获得官方、及时和权威的数据。

11.3.2 工具与技术

1. 数据治理技术

应急数据源于多种渠道，每种渠道的数据都具有不同的数据标准和表现形式，如果不能实现数据在应急体系内部的标准化和统一化，就无法保证数据质量，也无法为大数据等技术的运用提供保障，无法充分发挥数据价值，也就无法对分析决策提供有效支持。

数据治理是对采集和交互而来的数据在全部生命周期中进行管理，实现数据的标准化和统一化，确保其符合应用质量和完整性标准。通过建立数据标准、管控数据质量、保证数据安全、规划数据架构，再配以相应的政治制度、组织架构、管理流程和技术手段，保证数据治理的正常实施。

若要体现“智慧应急”中的“智慧”二字，必须充分发挥数据的内在逻辑价值，必须有明确的数据战略和数据标准。在数据战略方面，要明确应急管理的主要职责，在深入调查的基础上进行业务分析，理解应急业务流程，建立应急业务模型，厘清应急数据资产，明确数据治理的重点。在数据标准方面，应急数据源于多种渠道，应急数据往往在具体的独立应用中，但这些应用中的数据彼此间存在一定的关联关系，应急数据治理就是要通过制定统一的应急数据标准和规范、数据管理规则，定义统一的数据模型，找到这些关联关系，为实现应急数据集成、数据共享、业务协同奠定基础。

2. 大数据技术

应急业务需要处理和分析大量的基础空间数据、自然灾害数据、安全生产数据和政务管理数据。大数据技术可以解决地方数据、外部各类复杂来源的数据和部级数据的有效融合问题，更丰富的分析和可视化服务提供支撑。

大数据技术的有效应用能为应急事件的处理提供翔实的数据信息支撑，提升应急响应的准确性和效率。在进行应急响应时，需要打通应急决策指挥和事故现场的信息交流通道，需要强大的数据传输能力和数据计算能力作为基础支撑，协助指挥管理部门，一体化协同各方面进行现场救援和处置，协调一切可以利用的力量，通过多元化协作的应急处置，将事故造成的危害降到最低。同时，在应急管理中引入大数据技术，使得政府制定的应急措施更能符合人民的需求，能够有效控制突发事件对社会公众生命财产造成的危害，充分发挥相关政府部门的职能。

3. 人工智能

人工智能是一门综合学科，融合了 IT、信息理论、自动控制理论等学科领域，以计算机为物理基础，对人的思维过程进行模拟的技术方法。人工智能通过运用机器学习、模式识别等技术方法，使计算机通过学习训练后实现对人类思维过程的模拟，进而拥有认知、推理、分析和决策等功能。人工智能技术包括过程和决策两个维度。过程维度是指通过计算机系统模拟人的动作、意识和思维的过程。决策维度是指对计算机系统赋予只有人类智慧才能完成的研究和决策，例如视觉判断、在不确定条件下做出的应急决策、学习和语言翻译等。

如今没有统一的原理或范式指导人工智能研究，在许多问题上研究者存在争论，但可以肯定的是，人工智能技术的应用，已经对社会经济的发展形成了积极的影响，在一度被认为计算机根本无法与人类抗衡的围棋领域，阿尔法狗已经战胜了世界冠军，并且将差距越拉越大，在最考验智力和决策力的即时战略游戏领域，人工智能已经可以与人类并驾齐驱。

在应急救援中，由于受到主观经验的影响和客观环境的限制，相关部门无法掌握应急事件的全部信息、无法预测应急事件的发展，对应急处置无法决策。人工智能技术可以在灾情预测、应急情况追踪、救援地点定位、高危作业、辅助决策和应急处置效果评估等方面发挥积极作用，与人工救援产生合力。人工智能技术可对海量灾害信息进行自发性学习，在海量数据中发现有价值的信息，建立认知模型，实现更加精准的预测；学习目标特征，按照一定规则识别应急对象，建立应急对象间的相互联系，实现救援地点的准确定位；通过智能机器人进入高危地点实施灾情探测和灾情救援，降低人工救援的风险，有效处理救援作业。因此，在应急处理的规划、决策、预测、评估等过程中，人工智能技术将发挥越来越重要的作用。

11.3.3　洞察分析的应用结果

1. 自动化应对方案

大数据技术具有强大的海量数据分析能力，人工智能技术则支持在警情触发阈值的情况下，自动为应急决策者提供即时应对方案，支持复杂度较高的突发性决策。现在的应急决策往往是综合性决策，而作为个体的决策者所熟悉的领域则比较单一，为使决策者突破这一瓶颈，可以通过人机智能接口，将应急领域专家、数据分析员和最终决策者等多元决策者进行统合，实现协同决策，从而提升决策的智能化和科学化水平。即时应对方案还包括应急事件的指挥协调方案及相应的数据服务，如组织人员和物资装备的统筹调配，人员疏散、现场处置、财产保护的具体措施等，以及配置气象数据接入、地理信息系统（GIS）等外部系统接口服务。

2. 应急事件全息画像

通过对三维空间、自然灾害、安全生产、政务管理信息的分析，利用大数据和人工智能技术，可以绘制应急事件的全息图像。应急事件全息画像，是建立应急事件的各个组成要素及相关要素的关联，从组成和时间维度进行形象化展现。组成维度展现是指：针对不同类别应急事件的各项特征要素，结合应急大数据资源体系中涉及的灾害类型、事故类型、组织机构、救援人员、灾害等级、次生灾害、应急预案、调度指挥、环境信息及事后评估结果等内容，明确其描述、属性、层次等概念和定义，进而确定应急事件组成要素之间及应急事件之间的隶属关系。

时间维度是指：对应急事件发生的全过程进行动态描述，同时全景展示应急事件管理中预防、准备、响应和恢复等阶段。

3. 应急知识图谱

利用大数据和人工智能技术对三维空间、自然灾害、安全生产、政务管理信息进行分析的另一个产物就是知识图谱。知识图谱是将数据进行结构化并和已有的结构化数据进行关联，是一种比较通用的语义知识的形式化描述框架，它用节点表示语义符号，用边表示符号之间的语义关系。

应急知识图谱用于存储和管理应急领域的实体、实体属性及实体间的关系。每个实体形成一个独立节点，每个实体有相关的属性信息进行描述，实体和实体之间通过关系链接，形成网状接口，并通过知识学习不断完善和优化。应急知识图谱通过知识依据、知识推理和知识发现，对语义进行解析、判断及转写。这里的实体可以是组织机构、物资装备和救援人员，也可以是环境信息、应急预案、指挥调度信息等。

应急知识图谱实现了数据、知识、专家经验的汇集，通过综合的分析计算、研判和预测，完成了应急知识的提取、应急图谱的构建和图谱上知识的推理，建立知识和知识之间的关联关系、实体和实体间的关系，以及实体属性和关系的属性，形成体系化的应急知识网络结构。通过场景化的应急图谱构建，形成针对性的应急知识图谱能力，为应急业务应用提供深层次、体系化的能力支撑。

11.4　决策行动

决策是人们为达到一定目的而进行的有意识的、有选择的行动。在一定的人力、设备、材料、技术、资金和时间因素约束下，人们为了实现特定目标从多种可供选择的策略中作出判断，以求得最优或者较好效果的过程就是决策。智慧应急管理中的决策有同样的特点。图 11-8 描述了本过程的依据、工具与技术、结果，图 11-9 是本过程的数据流向图。

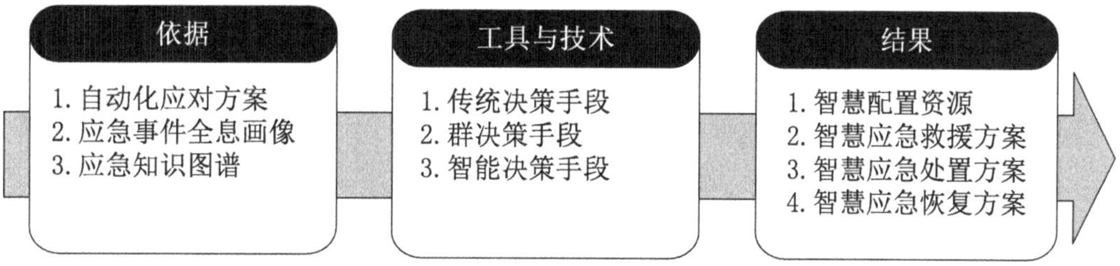

图 11-8　决策行动：依据、工具与技术和结果

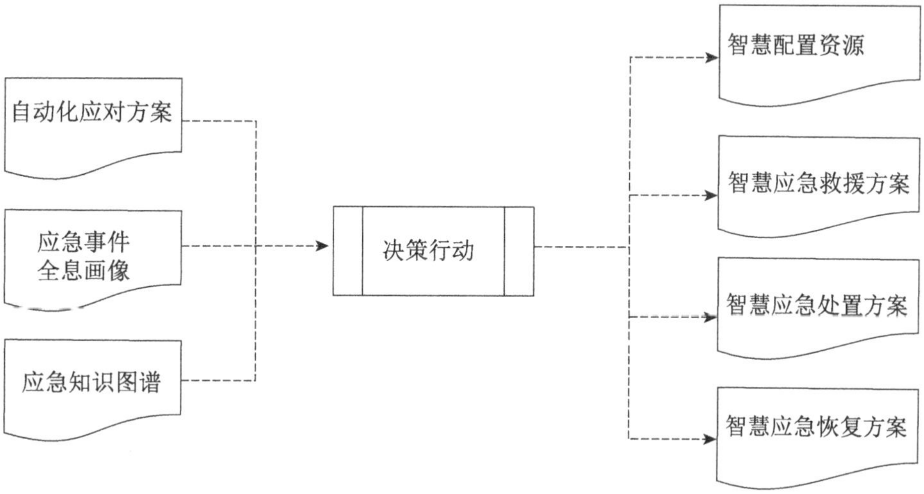

图 11-9　决策行动：数据流向

决策是领导者的基本职能，尤其在智慧应急管理中社会公共安全等方面尤为重要。进行科学的决策是保证社会、政治、经济、文化、社会、科技、教育、卫生等领域工作顺利进行的重要条件，也是领导水平的重要标志。

决策是随着人类社会活动的发展而产生的。长期以来，决策主要是依靠人的经验。随着科学技术的迅速发展，领导者单凭个人的知识、经验、智慧和胆量来作决策，难免出现重大失误。在这种形势下，经验决策逐步被科学决策替代。

信息是决策的基础与依据，决策是信息积累的结果。对决策问题的有关信息掌握得越具体，越有助于做出正确的、明智的决策。在现代科技的发展下，更好地结合大数据、人工智能等新兴技术有利于决策的制定。

11.4.1 决策行动的依据

自动化应对方案、应急事件全息画像、应急知识图谱详见 11.3.3。

11.4.2 工具与技术

1. 传统决策手段

（1）投票

投票是一种为达成某种期望结果，而对多个未来行动方案进行评估的集体决策技术和过程。

① 一致同意。每个人都同意某个行动方案。

② 大多数同意。获得群体中超过 50% 人员的支持，就能做出决策。把参与决策的小组人数定为奇数，可防止因平局而无法达成决策。

③ 相对多数同意。根据群体中相对多数人的意见做出决策，即便未能获得大多数人的支持。通常在候选项超过两个时使用。

④ 拳五法是从投票方法衍生出来的一种形式，经常用于敏捷项目中。采用这种技术时，负责人会让团队成员针对某个决定示意支持程度，举拳头表示不支持，伸五根手指表示完全支持，伸出三根以下手指的团队成员有机会与团队讨论其反对意见。会不断进行表决，直到整个团队达成共识（所有人都伸出三根以上手指）或同意进入下一个决定。

（2）独裁型决策制定

这种决策模式下，将由一个人负责为整个集体制定决策。

（3）多标准决策分析

多标准决策分析工具（如优先矩阵）可用于识别关键事项和合适的备选方案，并通过一系列决策排列出备选方案的优先顺序。先对标准排序和加权，再应用于所有备选方案，计算出各个备选方案的数学得分，然后根据得分对备选方案排序。在本过程中，多标准决策分析工具有助于排定质量测量指标的优先顺序。

（4）优先级排序或分级

应该对相关方需求以及相关方本身进行优先级排序或分级。具有最大利益和最高影响的相关方，通常应该排在优先级清单的最前面。

2. 群决策手段

（1）头脑风暴法

参与决策的人无拘无束地提意见，再将提出的意见公开为大家提供启发，鼓励结合他人的想法提出新的构想，参与者不分职位高低，都是团队成员，平等议事，不允许在点子汇集阶段评价某个点子的好坏，也不允许反驳别人的意见。

（2）德尔菲法

让专家以匿名群众的身份参与问题的解决，有专门的工作小组通过信函的方式进行交流，避免大家面对面讨论带来消极的影响。使用德尔菲法进行决策，需要先由工作小组确定问题的内容，并设计一系列征询解决问题调查表，然后专家根据调查表填写相关内容，在此期间，专家彼此不沟通，待专家填写完毕后，工作小组根据专家们填写的调查表，整理出专家意见的共同点和各种意见的统计分析情况，将统计结果返还给专家，专家结合他人意见完善自己的建议并说明原因。以上过程往复几次，最终得到一份满意的决策结果。

（3）名义群体法

这种决策技术是指在群体决策时对群体成员之间的讨论和人际沟通进行限制，群体成员召开会议进行决策时，他们必须首先进行个体决策，分别充分表达自己的意见，然后再进行群体的讨论。

（4）阶梯法

该方法也是用于群体决策的一种方法。这种方法也是为了避免群体成员迫于群体压力不愿直接表达自己的观点而采取的一种方法。该方法中，首先有两位成员提出自己的想法，在这两位成员的意见达成一致后，再加入一名成员，该成员发表意见后，应与前两位成员进行沟通，待意见达到一致后，再加入一名成员进行讨论，重复以上过程，直至所有成员都加入讨论中。在阶梯法中，群体的决策是由每个群体成员的意见不断叠加进去而形成的。这种方法使得群体中的每个成员都有独立决策的机会，每个人都不会受到别人的干扰。但是，该方法只适合在较小规模的群体中使用，如果群体规模较大，将会浪费很多时间。

（5）异地思考法

该方法就是让决策团队离开原来的工作环境，摆脱日常事务的干扰，到另外的地方进行专门研究。该方法使得参与决策的人员摆脱工作环境中上下级界限问题，隔离烦琐事情的干扰，更容易让大家畅所欲言，思维活跃，进而做出高水平的决策。

（6）思路转换法

该方法是突破旧的思维模式进行变革的一种决策方式。其具体是指有意识地变换常规的思维方法，从不同的角度，甚至从相反方向探索一个新的方案。

3. 智能决策手段

（1）数据库技术

数据库是信息的来源，数据库管理系统是管理数据库数据的软件。

① 数据仓库。数据仓库的功能是查询分析数据，这里的数据指事务数据，适用于信息分析和决策支持领域。其中的数据具有集成性、时变性和非易失性。小型的本地化数据被称为数据集市，由不同的部门创建，从而为他们的决策提供支持。

② 知识存储库。创建的知识必须存储起来，以便将来在组织中使用和共享。

（2）数据挖掘

数据挖掘又称数据库中的知识发现。它可以将数据库中的知识发现定义为从数据库中提取隐含的、以前未知的、可能有用的信息。它融合了多个学科的知识，如统计、数学、数据库、并行计算等。

（3）人工智能技术

人工智能技术在知识工程、隐性知识向显性知识转移、知识识别、理解和传播等领域进行了大量工作。人工智能技术包括很多方面，如神经网络、遗传算法、数据挖掘、专家系统、基于案例的推理、模糊逻辑和智能代理等。

人工智能技术的使用使组织能够有效地从其专有业务数据中提取见解，从而进行准确、及时的决策。当然，组织必须首先采用自动化技术生成此数据。例如，通过对实时数据进行准确的预测，自动化和分析结果数据可以提高流程的效率。

同时，减少重复性任务使人能够专注于更具价值和意义的战略和创造性工作。人工智能通过增强知识工作者的能力使工作更令人愉快和充实。

人工智能处理大量数据并提取见解的能力至关重要。它可以帮助人们摆脱混乱，弄清楚应将注意力集中在哪里，以增强战略思维和决策能力。

① Agent 技术。Agent 是指驻留在某一特定环境下能感知环境，并能自主运行以代表其设计者或使用者实现一系列目标的计算实体。多 Agent 系统由一组具有一定资源和能力、相对独立且相互作用的 Agent 组成。多 Agent 协同支持的工作原理为 DSS（决策支持系统）的数据获取、辅助建模和交互模式展现提供了新的前景。同时，面向 Agent 的编程方法也为新一代 DSS 的构成与软集成提供了实现基础。

② 归纳学习。利用决策树作为知识表示形式的智能决策系统不仅可以用于分类预测，还可以通过分析各种决策方案及其可能出现的状态，比较各种决策方案的优劣，从而做出较好的判断。决策问题的结构、决策人可能采取的方案、环境因素、随机要素以及可能出现的后果之间的关系都可以用决策树来直观地、形象地表示出来。因而，在 IDSS（智能决策支持系统）中用决策树技术作为决策分析的一种图形化分析手段，既直观又大方。

③ 神经网络。神经网络是由大量的、简单的神经元广泛地相互连接而形成的复杂网络系统，是一个具有高度非线性的超大规模连续时间动力系统，其最主要的特征为网络的全局作用、大规模并行分布处理能力、高度的鲁棒性和学习联想能力，同时它又具有一般非线性系统的共性，即吸引性、耗散性、非平衡性、不可逆性、高维性、广泛联结性和自适应性。因而，结合神经网络的智能决策支持系统研究极具理论和实用价值，成为决策支持系统的研究前沿之一。

④ 机器学习。机器学习是指通过对数据、观察和以往问题求解经验进行分析，推导出关于求解新问题的知识。机器学习包括学习的计算理论和构造学习系统。人工智能的相关技术为智能决策支持系统提供了强大的技术支持。

（4）数据驱动

相比过去的流程驱动，数据驱动能够利用海量、多维度的数据建立起更加全面的评估体系，或通过不断优化低效、问题环节提升效率。

（5）知识图谱

在图书情报界被称为知识域可视化或知识领域映射地图，是显示知识发展进程与结构关系的一系列各种不同的图形，用可视化技术描述知识资源及其载体，挖掘、分析、构建、绘制和显示知识及它们之间的相互联系。

（6）脑科学技术驱动

脑科学是研究生物大脑的结构、功能和运行机制的科学，例如探究大脑如何处理信息、做出决策以及与环境交互。

（7）区块链技术

区块链是一个信息技术领域的术语。从本质上讲，它是一个共享数据库，存储于其中的数据或信息,具有“不可伪造”“全程留痕”“可以追溯”“公开透明”“集体维护”等特征。基于这些特征区块链技术奠定了坚实的“信任”基础，创造了可靠的“合作”机制，具有广阔的运用前景。

（8）物联网技术

物联网是指通过各种信息传感器、射频识别技术、全球定位系统、红外感应器、激光扫描器等各种装置与技术，实时采集任何需要监控、连接、互动的物体或过程，采集其声、光、热、电、力学、化学、生物、位置等需要的信息，通过各类可能的网络接入，实现物与物、物与人的泛在连接，实现对物品和过程的智能化感知、识别和管理。物联网是一个基于互联网、传统电信网等的信息承载体，它让所有能够被独立寻址的普通物理对象形成互联互通的网络。

11.4.3　决策行动的应用结果

1. 智慧配置资源

资源配置，也可称配置资源。它是指对相对稀缺的资源在各种不同用途上加以比较做出的选择。资源是指社会经济活动中人力、物力和财力的总和，是社会经济发展的基本物质条件。在社会经济发展的一定阶段上，相对于人们的需求而言，资源总是表现出相对的稀缺性，从而要求人们对有限的、相对稀缺的资源进行合理配置，以便用最少的资源耗费，生产出最适用的商品和劳务，获取最佳的效益。资源配置不仅对一个国家经济发展有着极其重要的影响，对智慧应急管理也有关键的影响。

2. 智慧应急救援方案

包括人员搜寻与营救方案制定等，详见 8.3.1。

3. 智慧应急处置方案

包括人员疏散与安置方案制定等，详见 8.3.2。

4. 智慧应急恢复方案

详见 9.2“智慧应急恢复与重建的方案制定”。

第 12 章　应急场景管理之典型案例分析

12.1　典型场景案例一：油机废气致人死亡事故

1. 事故经过

2024 年 4 月 29 日 17 点 58 分，某公司所属居委会接入网点设备停电。值班人员于 20 点 30 分左右通知中心维护人员到接入网点发电。21 点 30 分，维护人员启动了网点油机，使电源系统恢复正常工作。之后，维护人员回到公司，在值班室观察到网点市电、蓄电池工作正常，遂各自回家。油机运转产生了大量废气，废气从机房窗户泄漏到相邻居民家，致使一居民中毒死亡。事故发生后，公司立即成立事故调查组，对事故发生的经过、原因进行了调查、取证，并对责任人进行了严肃处理。

2. 主要原因

经公司会同当地公安机关查证，本次事故发生的主要原因是：油机在运转过程中，产生大量有毒废气，由于机房风扇孔未能有效排放，致使浓度较大的废气从机房窗户泄漏到居民家的封闭式阳台，继而通过窗户渗透进卧室，造成居民中毒死亡。

3. 主要教训

① 维护人员严重违反维护规程。维护规程明确规定，备用小型发电油机，在运转供电时必须有专人在场，且在室外发电。维护人员违反操作规程，将油机置于室内，并在发电时离开现场，导致了事故的发生。

② 维护人员安全意识淡薄。维护人员麻痹大意，存有侥幸心理，盲目认为机房与住户主楼有一定的通风空间，油机发电时所产生的有毒废气能通过机房风扇孔排走，不会危及居民安全，但在调查时发现，机房与住户之间的通风空间已被住户封闭，根本起不到通风的作用。

③ 机房设置不合理。接入网点机房离居民住房过近，周边房屋构造不利于有毒废气排放，尤其在机房与住户之间的通风空间被住户封闭后，客观上形成了安全隐患。

4. 意见

本次事故造成了一定经济损失和社会影响。此前因油机发电违反操作规程造成人员死亡的事故，近年来在通信部门已经发生数起，造成数名员工或社会人员死亡。各单位务必要高度重视；警钟长鸣，深刻吸取事故惨痛教训，切实加强安全生产工作，坚决杜绝类似事故的发生。当前主要做好以下工作。

① 加强安全教育。对维护人员要进行安全意识教育、安全常识教育和操作规程教育，特别要经常性地宣讲安全生产事故、案例，使其具有安全生产意识，具备安全生产常识，熟悉安全操作规程，从而夯实安全生产工作基础。

② 狠抓规程落实。操作规程是安全生产的保障，生产安全事故的发生，均与操作规程落实不到位有关。各单位要加强安全检查、抽查，严防操作规程流于形式，确保各项制度落到实处。省公司再次重申，严禁将油机置于室内发电，要将电信电源维护规程的落实当成目前安全工作、维护工作的重点，坚决避免类似事故的再次发生。

③ 规范机房选址。新建机房特别是接入网、模块局机房，在选址时除应注意自身安全外,应充分考虑对周边环境尤其是对附近居民的影响。对现有接入网、模块局机房，各单位要立即进行一次普查，凡存在安全隐患，可能影响附近居民等安全的，应抓紧整改，严防事故发生。

12.2 典型场景案例二：管道人孔内的毒气毒死两人事故

1. 事故经过

2024 年 3 月 12 日，某省邮电工程公司第五线路施工队在某市进行管道电缆施工。工程进入后期阶段，7 月 29 日上午 8 点 30 分施工人员李某、谢某两人到长途汽车站第 8 号巷道人孔测量气压，到达施工现场后李某打开井盖随即跳进人孔，十分钟后谢某见李某还没上来也跳进人孔……一直等到 10 点 10 分施工人员赵某和张某经过此处发现井盖开着，并看到两辆自行车挡在井口附近，再仔细观察才发现两人已经躺在人孔中，面部呈紫黑色，已中毒死亡。事故发生后，施工单位立即通过当地邮电局报告当地公安局，并报告给上级主管部门省电信管理局。

2. 主要原因

各相关部门立即赶赴事故现场，会同当地公安、医院、防疫、城建等部门成立事故调查组。对事故发生的经过、原因进行了调查、分析、取证。最终得出结论：一是井内有毒气体主要成分硫化氢致人中毒而死；二是施工人员违反操作规程。

3. 主要教训

① 施工人员严重违反操作规程。操作规程规定：井盖打开后要通风换气，确认安全后才能下去，并且上下人井时要使用梯子。施工人员没有按操作规程去做，打开井盖后马上下去，并且是跳下去的。

② 施工人员安全意识淡薄，麻痹大意。第五线路施工队 3 月 15 日就进驻该市进行管道电缆施工，并没发生过较大事故，工程接近尾声施工人员思想麻痹大意。

③ 施工人员缺乏安全知识。施工人员不清楚井下有毒气体在不同的季节、不同的施工阶段浓度不一样。

4. 事故预防、整改措施

① 施工管理人员和一线施工人员必须牢固树立“安全第一”的思想，正确处理好安全与生产、安全与效益的关系，确保必要的安全投入，保证人孔井下的施工安全。

② 各级管理人员立即检查各项规章制度、操作规程的落实情况，纠正施工人员安全意识淡薄、麻痹大意、心存侥幸的错误思想。

③ 立即配备有毒气体检测仪，根据施工进度经常测量人孔内有毒气体含量，确保安全方能下人孔工作。同时以科学态度教育施工人员克服恐慌心理，保证安全生产顺利进行。

12.3　典型场景案例三：操作失误酿成中断通信事故

1. 事故经过

2024 年 10 月 11 日，某省通信工程公司第二分公司在某市进行程控交换设备扩容工程。上午 10 点 10 分在布放电源柜的直流电源线时，由于原有电源线塞得很满，新布放的线很难穿过，施工人员就小心翼翼地把要放的新电源线固定在一把长螺丝刀上，并用绝缘胶带将长螺丝刀的裸露的金属部分包好，然后很快就把新电源线穿好。这时他发现要接新电源线的接线柱与相邻的接线柱缝隙太小且有点歪，他就想用螺丝刀去“撬一下”。万万没想到用力过猛，螺丝刀滑脱碰到了机壳，致使电源短路中断了交换机的电源，使得 1 万门交换机瘫痪。等值班人员换上保险送上电，恢复数据重新运行交换机，时间过去了13分钟。

2. 事故的主要原因及教训

事故原因很简单，但造成的后果很严重：整座城市的电话中断了13分钟，给当地电信局造成了无法挽回的损失。

① 该项目负责人严重失职，在工程管理上严重失误。对交换机扩容工程的风险性估计不足，是造成事故的主要原因，应负主要责任。

② 该项目负责人在施工方案中没有针对扩容工程的特点制定相应的技术措施、预防措施及事故应急方案，致使事故发生后措手不及延误了时间。

③ 施工人员虽然针对带电作业采取了防范措施，但是缺乏经验对其操作的重要性、危险性估计不足，麻痹大意操作失误是造成事故的直接原因。

3. 整改措施

① 选派责任心强，经验丰富的人担任重要工程项目负责人，针对工程的特点制定多套风险应急预案。加强对全体员工的风险意识教育，增强和提高应对突发事故的应变能力。

② 工程中的关键工序要选派有经验的、胆大心细的技术人员。对于工程中关键环节确有风险、难度很大的，不要蛮干，可会同建设单位、设计单位、监理单位修改施工方案，减少风险，规避风险。

③ 对于不能规避风险的施工工序，选择适合的时间段施工，制定周密的施工方案、预防措施，万一发生事故尽量减少损失。

12.4 典型场景案例四：感应电流击伤事故

1. 事故经过

2024年10月9日，某施工队在某山区敷设架空吊线。下午5点30分左右，天已渐黑，已经放出的钢绞线很难架完，施工队长决定收工，但考虑到施工场地是山区，附近没有居民，已放出的约400米钢绞线不再缠绕到钢绞线盘上。其间有一条小路，为避免有人晚上从小路通过，可能被地上的钢绞线绊倒，施工人员准备把横放在小路上的钢绞线两头挂到电杆上。21个人拉着钢线的一端一齐用劲向杆上抛，小路两侧的电杆上各有一人用手接钢绞线。结果在钢绞线上抛的瞬间发生了与线路交叉的高压输电线路感应放电。强烈的感应电流把 21 人全部击倒在地，离放电点越近被击伤得越严重，有两人终身残疾。

2. 事故原因分析

① 违章指挥违章操作是导致事故发生的主要原因，向空中抛钢绞线是严重的违规操作。

② 没有进行有关强电方面的安全知识教育和培训，包括施工队长和安全员也不懂强电知识、放电距离与电压的关系。

③ 工作计划不周，处理不得当是导致事故发生的间接原因。当天放出的钢绞线应当全部紧固到电杆上，不允许散放在施工现场，如当天完不成应将放出的钢绞线收回。因为散放在工地上可能造成丢失，被人割盗或绊倒过路行人等，导致人身财产安全事故的发生。

④ 思想麻痹大意，在事故发生后，询问当事人，大多数人认为施工地点在人烟较少的山区，车辆和行人很少，不可能发生丢失或被割盗。同时认为当时如不考虑可能绊倒行人，可能不会造成电击事故。

⑤ 本次事故被电击的 21 人全部为临时工，上岗前没有对他们进行安全教育。

3. 建议整改措施

① 加强检查监督力度，检查各项制度、措施的落实，并对落实效果进行检查。

② 加强安全培训，特别是对临时工的岗前培训工作，选好培训内容，培训内容应结合工程实际遇到的问题、危险源的存在统一考虑。

③ 对施工队进行整改，分析违章指挥、违章操作的根源，结合存在问题的症结，制定有效的措施。

编后语

本书结合智慧应急管理全生命周期的十二个宏观场景，以及若干多元微观场景，重点分析了各个场景的业务关系、数据信息流向，进而使得新一代信息技术赋能各个场景，实际解决“新一代信息技术 + 实际场景 + 管理”数字化转型升级问题，实现智慧应急场景管理。

本书基于新一轮科技革命和产业变革，契合《“十四五”国家应急体系规划》目标，即到 2035 年，建立与基本实现现代化相适应的中国特色大国应急体系，全面实现依法应急、科学应急、智慧应急，形成共建共治共享的应急管理新格局。本书一方面从复杂系统“总体性”方法论视角，实现了我国智慧应急场景管理理论的突破；另一方面从智慧过程逻辑视角，实现了传统应急管理理论向智慧应急场景管理理论数智化转型的突破，为提升我国应急管理体系和能力现代化提供了理论支撑。

编写组在编写本书过程中，深刻认知“互联网 +X（场景）”“智能 +X（场景）”“人工智能（AI）+X（场景）”逐渐升级的内涵，探索了传统应急场景管理向数字化转型的思想、方法和工具，探索了一条有效的路径，但是，对于智能化升级，智慧化提升认识还仍然不够完全到位，需要进一步提高对 AI 驱动或者云脑驱动的，且具有人类“智慧”综合体——应急智脑认知，今后必然继续开展相关研究，弥补研究之不足。

贯彻“互联网 +X（场景）”“智能 +X（场景）”“人工智能（AI）+X（场景）”认知不断提升的数智化转型的思想，并在高等院校形成教材落地实施，是提升我国应急管理体系和能力现代化的组成部分，也是其快速发展不可或缺的引擎，是培养高层次交叉学科专业人才的必然要求；到 2035 年，全面实现依法应急、科学应急、智慧应急，形成共建共治共享的应急管理新格局发展目标，已经是指引我国应急管理未来发展的方向。

参考文献

[1] 涂扬举，等 . 智慧企业——框架与实践 [M].2 版 . 北京：经济日报出版社，2018.

[2] 王长峰，张星明，池宏，等 . 智慧应急管理知识体系指南 [M]. 北京：电子工业出版社，2023.

[3] 彭俊松，智慧企业工业互联网平台开发与创新 [M]. 北京：机械工业出版社，2020.

[4] 郑鹏，瞿丽莉，何子春，等 .5G 技术生态背景下风电场应急管理信息化平台架构 [J]. 实验技术与管理，2022（11）：209–214+231.

[5] 许致远，张慧 . 应急管理场景中的手机信令数据应用探索 [J]. 移动通信，2022，46（10）：77–81.

[6] 南京东大智能化系统有限公司 . 智慧应急安全大脑综合管理平台 [J]. 自动化博览，2022，39（9）：46–49.

[7] 常丁懿，石娟，瞿丽莉，等 . 智慧风电场应急管理体系及应用研究：5G 技术赋能 [J]. 中国安全科学学报，2022，32（9）：57–67.

[8] 张省，魏慧敏 . 基于人工智能的突发公共卫生事件数字化应急管理系统构建研究 [J]. 经济界，2022（3）：73–81.

[9] 宋义，邵开丽，王艳杰 . 智慧社区应急服务管理系统构建 [J]. 物联网技术，2022，12（3）：60–63.

[10] 焦建彬，王海燕，詹伟 . 应急管理 2.0：基于数字化及多学科交叉融合的智慧应急管理 [J]. 工程研究——跨学科视野中的工程，2022，14（1）：40–47.

[11] 李贺，张锐，蒋长帅，等 . 基于大数据的突发公共事件应急辅助决策平台设计与研究 [J]. 电子技术与软件工程，2022（4）：202–205.

[12] 周天墨，陈佳林，诸云强 . 面向应急管理的事故和灾害网络舆情监管系统 [J]. 计算机应用与软件，2022，39（1）：19–23.

[13] 黄晶，付鹏，许叶军 . 基于随机 Petri 网的多部门协同农业抗旱应急处置流程建模——以内蒙古巴彦淖尔市为例 [J]. 系统管理学报，2021，30（6）：1142–1151.

[14] 郭滕达，段林霄 . 区块链技术在国家治理中的应用：情景设计与建议 [J]，中国科技论坛，2021（11）：142–148.

[15] 李冠，王璐琪，花嵘，等 . 基于区块链中台架构的城市应急管理协同机制研究——以突发公共卫生事件为例 [J]. 山东科技大学学报（社会科学版），2021，23（4）：64–72.

[16] 詹承豫，高叶，李治博 . 应急管理中技术赋能的双螺旋机理研究——以人脸识别技术在疫情常态化防控中的应用为例 [J]. 行政管理改革，2021（7）：68–78.

[17] 金华 . 区块链架构下的应急管理：可能图景、潜在风险与因应之道 [J]. 宁夏社会科学，2021（3）：118–125.

[18] 滕硕 . 大数据在智慧城市应急管理中的应用 [J]. 智能计算机与应用，2021，11（4）：179–181.

[19] 杨月江，田立勤，张志远 . 基于云计算技术的应急管理研究 [J]. 华北科技学院学报，2020，17（6）：101–106.

[20] 李健，宋昱光，张文 . 区块链在突发事件应急管理中的应用研究 [J]. 经济与管理评论，2020，36（4）：5–16.

[21] 赵跃 . 突发公共卫生事件社区应急管理系统设计——以新型冠状病毒肺炎事件为例 [J]. 北京测绘，2020，34（6）：731–734.

[22] 朱秀梅，林晓玥，王天东 . 基层社区数字化应急管理系统构建研究 [J]. 软科学，2020，34（7）：67–74.

[23] 孙潇潇，黄弘，李瑞奇 . 基于多智能体的突发事件下城市应急管理机制仿真 [J]. 清华大学学报（自然科学版），2021，61（10）：70–76.